살아 있는 역사 재미 있는 답사

살아 있는 역사 재미 있는 답사 2권

2013. 11. 4 초판 1쇄 인쇄
2013. 11. 11 초판 1쇄 발행

지은이 | 모난돌역사논술모임
펴낸이 | 이종춘
펴낸곳 | BM 성안당
주소 | 121-838 서울시 마포구 양화로 127 첨단빌딩 5층(출판기획 R&D 센터)
413-120 경기도 파주시 문발로 112 출판도시(제작 및 물류)
전화 | 02)3142-0036
031)955-0511
팩스 | 031)955-0510
등록 | 1973.2.1 제13-12호
출판사 홈페이지 | www.cyber.co.kr
ISBN | 978-89-315-7687-0 (64900)
978-89-315-7685-6 (세트)
정가 | 15,000원

이 책을 만든 사람들
기획 | 최옥현
진행 · 교정 · 교열 | 박재언
사진 | 김하늘
본문 · 표지디자인 | 想 company
일러스트 | 최리
홍보 | 최고운
마케팅 | 변재업, 구본철, 차정욱, 이상무, 채재석, 강호묵
제작 | 김유석

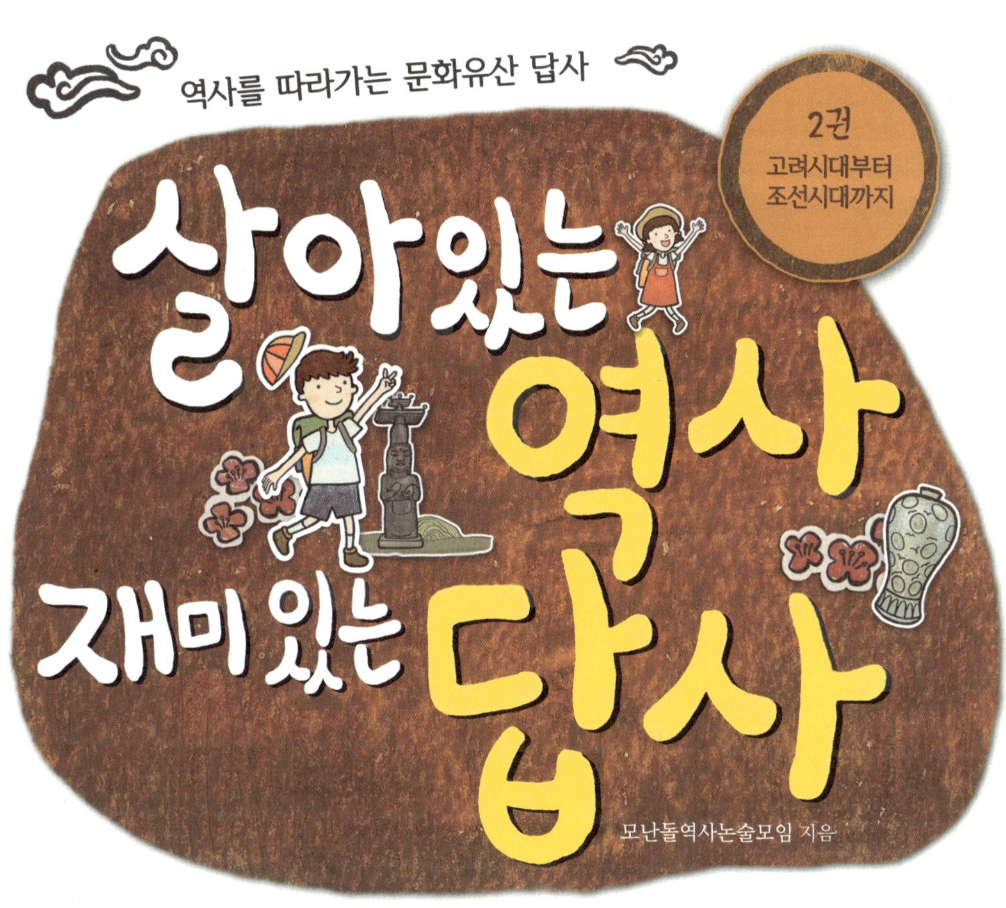

살아 있는 역사 재미 있는 답사

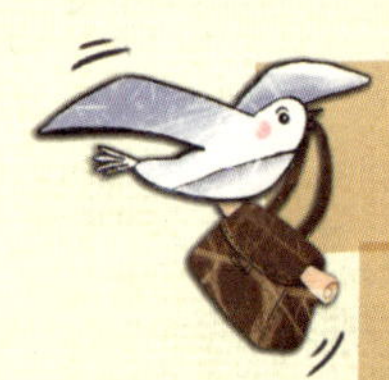

외우는 역사가 아닌
생각하는 역사로 남아야 한다

살아있는 역사 재미있는 답사는 역사중심 답사책이다. 특정지역에 중심을 둔 것이 아니라, 우리나라 역사 흐름에 따라 전국을 무대로, 우리나라 전체를 놓고 생각해 볼 수 있도록 구성한 것이다. 사건과 지역, 인물 사이에 연관관계를 고민하고, 사건 속에서 지역이 가지는 의미를, 지역을 보면서 그 사건이 일어나는 무대가 될 수밖에 없는 상황 등을 충분히 생각해 볼 수 있도록 하기 위함이다. 또 역사를 중심으로 답사를 따라가면 역사사건과 인물에 대해 다시 생각해 볼 수 있는 계기와 전후관계를 파악하기도 더 쉽다.

병자호란이라고 하면 광해군, 인조, 남한산성, 삼전도비 등을 떠올릴 수 있다. 먼저 광해군묘를 찾아가보면 인조반정으로 쫓겨난 광해군에 대한 대우와 평가가 당시에 어떠했는지 짐작할 수 있다. 반면 남한산성과 삼전도비를 찾아가면 뼈아픈 역사가 반복되지 않도록 무엇을 해야 할지에 대한 고민과 함께 나라를 바로 세우고 백성을 편안케 하기 위해 광해군을 내쫓았다는 명분을 내세운 인조에 대해 다시 생각해 보는 계기도 될 수 있다.

2권은 고려 초기 거란 침입부터 조선 후기 천주교 전래까지 다루고 있다. 고려시대에는 무신의 난과 천민봉기, 항몽전쟁, 고려문화, 왜구 침략과 활약 인물 등을, 조선시대는 수도 한양이 만들어진 과정, 유교 전래로 인한 변화상과 세종 시절 업적, 임진왜란과 병자호란, 조선 후기 천주교 전래 등 시대 순서대로 사건들과 관련이 있는 답사지를 소개하고 있다.

　　최근 몇 년 사이 역사 교육과 관련해 일어난 변화가 가족기행, 모둠형 체험학습, 또는 학교에서 이뤄지는 현장학습 등 아이들이 직접 보고 느끼는 체험이 중시되고 있다는 것이다. 하지만 시간여유 때문인지 대부분이 초등학교 시기에 이루어지고, 여전히 중·고등학생 때는 직접 보고 느끼고, 생각하는 것이 아닌 글자와 사진으로만 역사를 배우게 된다. 그래서 다양한 상상력이나 느낌 등이 사라져 버리고, 그때부터 역사는 살아있는 것이 아니라, 다시 외워야만 하는 과목으로 바뀌어 버린다.

　　2017학년도 대학입학수학능력시험부터 한국사가 필수 과목이 되었다. 한국사가 필수로 지정이 되면서 그동안 등한시되어 왔던 우리나라 역사에 대해 아이들이 제대로 알 수 있는 기회가 생겼다는 기대감이 커졌다. 동시에 한국사가 필수 과목이 되면서 생각하는 역사는 사라지고 외우는 역사만 남지 않을까 하는 우려도 있다.

　　유물과 유적은 직접 보고 스스로 생각하고 느낄 때 되살아나 존재가치와 보존의 미를 말해준다. 그래서 책속에서만 배우는 역사가 아니라, 시험을 보기 위해서만 배우고 공부하는 역사가 아니라 생각하는 역사로 남아야 한다. 현재는 과거가 만든 결과물이다. 지금 남아 있는 유물이나 유적들이 오늘날과 어떤 관련이 있고, 우리들에게 어떤 의미이며, 어떤 역사 이야기를 들려주는지 생각해야 한다. 선조들은 무엇을 위해, 무엇을 말하기 위해, 그러한 것을 만들었는지 자주 보고 생각하는 것이 진정한 역사 공부일 것이다. 초등학교 시절 잠깐 다니고 마는 것이 아닌 계속 느끼고 생각하는 기회를 가져야 역사가 다르게 다가올 것이다. 그러한 방향으로 자리 잡아 가는 길에 이 책이 작은 도움이나마 되길 간절히 바란다.

2013년 10월에 **정상우**

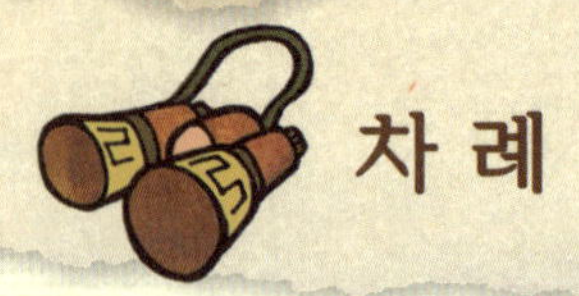

차 례

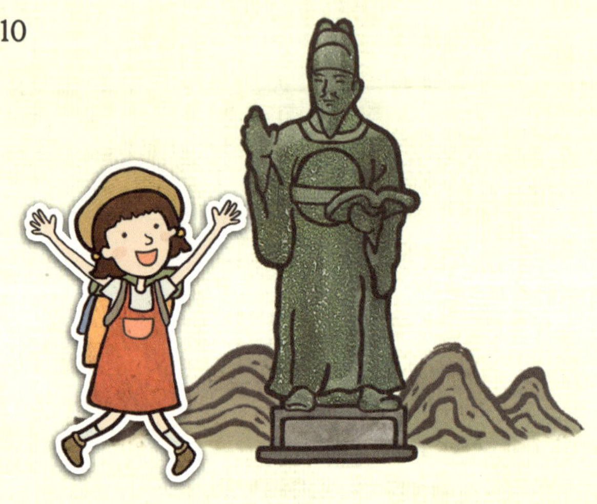

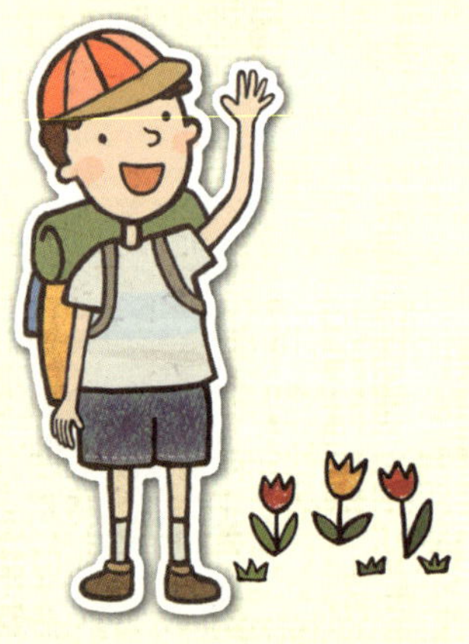

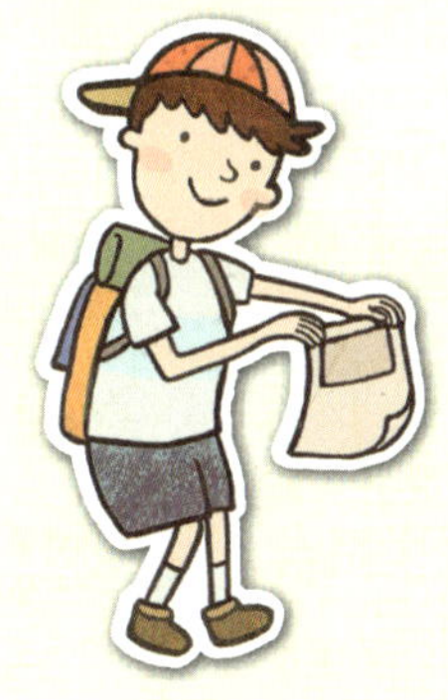

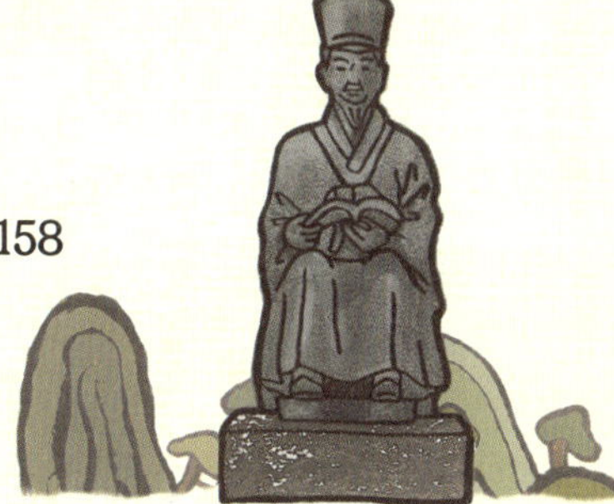

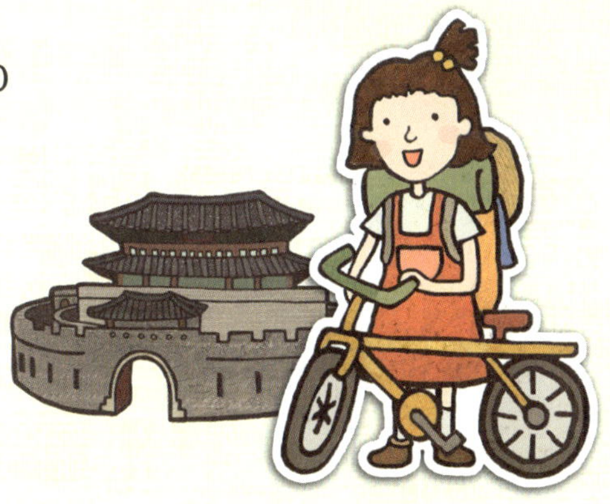

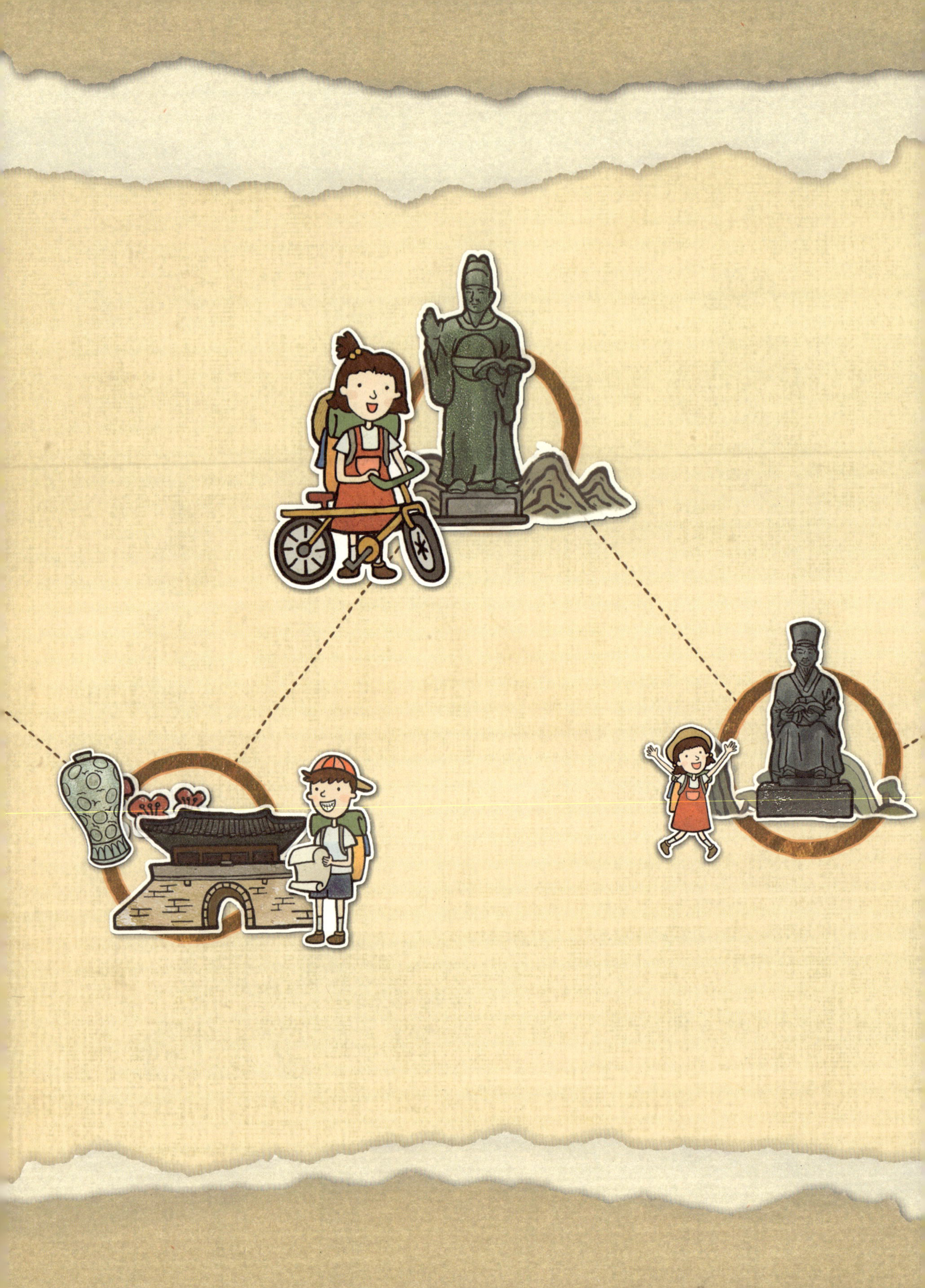

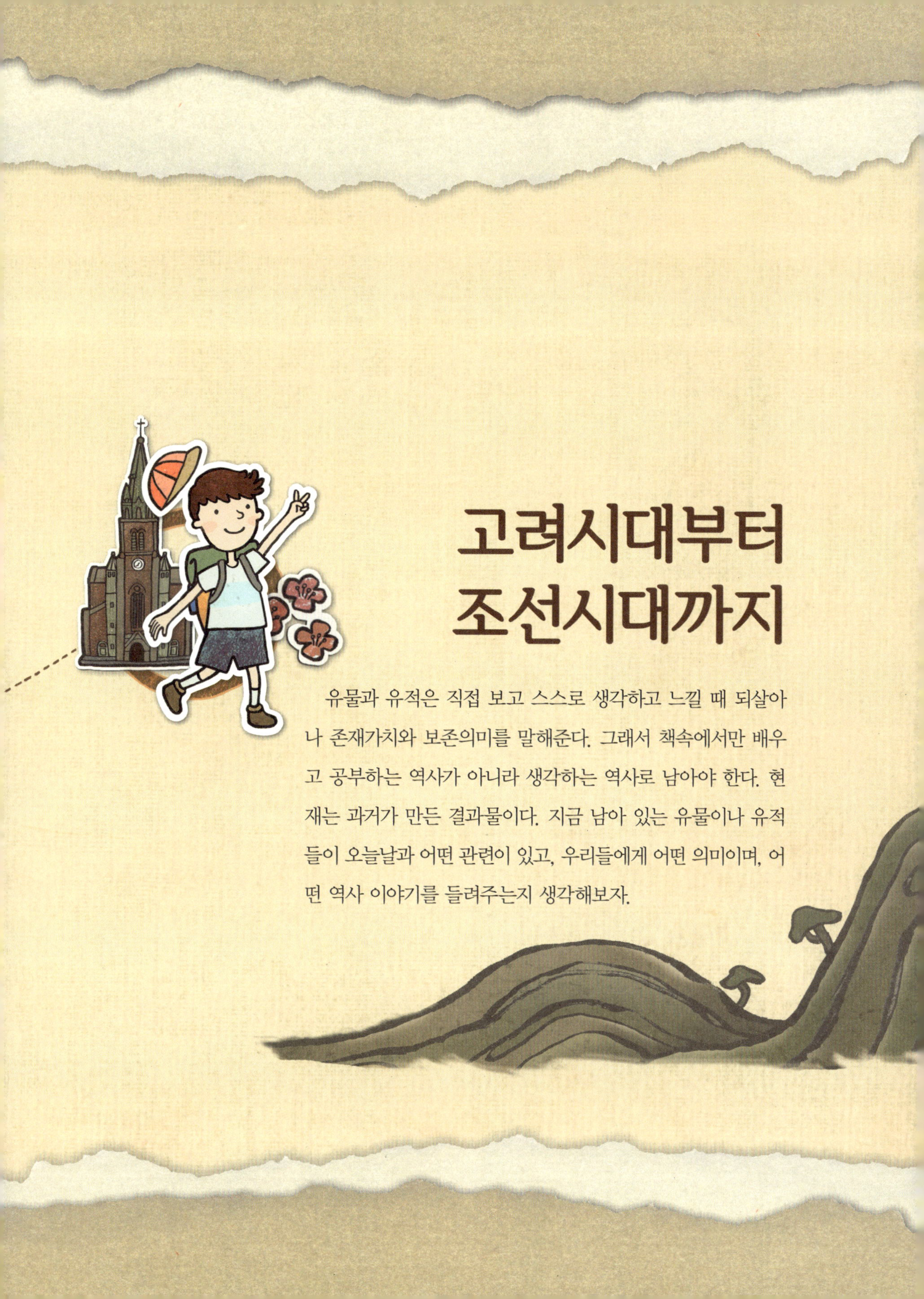

고려시대부터
조선시대까지

　유물과 유적은 직접 보고 스스로 생각하고 느낄 때 되살아나 존재가치와 보존의미를 말해준다. 그래서 책속에서만 배우고 공부하는 역사가 아니라 생각하는 역사로 남아야 한다. 현재는 과거가 만든 결과물이다. 지금 남아 있는 유물이나 유적들이 오늘날과 어떤 관련이 있고, 우리들에게 어떤 의미이며, 어떤 역사 이야기를 들려주는지 생각해보자.

17 거란 침입과 서경 천도 운동

후삼국을 통일한 고려는 왕건이 죽자 두 번째 임금인 혜종과 세 번째 임금인 정종 때까지는 왕권이 아주 약했다. 그러나 네 번째 임금인 광종이 출신계급이나 신분에 관계없이 실력으로 관리를 뽑는 과거제를 실시하자 임금에게 충성하는 신하가 많아지면서 귀족들 힘이 약해졌다. 계급에 따라 옷을 다르게 입도록 하는 사색공복제를 시행하여 신하들이 임금보다 더 좋은 옷을 입지 못하게 되자 왕도 권위가 더욱 높아졌다.

고려는 송나라와 화친을 맺고 사이좋게 지냈으나 거란과는 사이가 좋지 않았다. 태조 왕건은 거란이 발해를 멸망시켰다며 거란 사신 30명을 섬으로 유배 보내버리고, 거란에서 보낸 낙타 50마리를 선죽교 아래에 매어 두고 굶겨 죽이기도 했다.

이렇게 거란과 사이가 좋지 않던 993년에 소손녕이 이끄는 거란군이 고려로 쳐들어왔다. 봉산군을 함락시킨 소손녕은 고려 임금과 신하들이 직접 나와 항복하라고 했다.

그러자 서희가 거란장수 소손녕과 담판을 지었다. 소손녕은 국경을 마주하고 있는 거란과는 사이좋게 지내지 않으면서 바다 건너 송나라와 가깝게 지내는 것을 따졌다. 서희는 여진족이 막고 있어서 갈 수가 없다면서 여진족을 내쫓고 고려 땅이 된다면 거란과 사이좋게 지내겠다고 했다. 소손녕을 설득하여 홍화진, 통주, 귀주, 곽주, 용주, 철주, 이렇게 여섯 주를 얻었다. 압록강 동쪽에 있는 여섯 주라고 해서 이곳을 강동6주라고 부른다.

그러나 고려가 송나라와 계속 화친관계를 이어가자 자신들과 맺은 약속을 지키지 않았다면서 거란이 다시 쳐들어왔다. 이때는 고려 임금이 거란으로 가서 거란 임금에게 절하는 친조를 하겠다는 약속을 하고 화친을 맺었다. 하지만 고려 임금이 친조하지도 않고 강동6주도 돌려주지 않자, 소배압이 10만 군사를 이끌고 쳐들어왔다. 이때 강감찬이 이끄는 고려군이 귀주에서 물리쳐버렸다. 그 뒤로 고려는 천리장성을 쌓고 거란 침입에 대비했고, 거란도 더 이상은 고려로 쳐들어오지 못했다.

고려는 과거로 관리를 뽑았으나 귀족 자식들은 과거를 보지 않고도 관리가 될 수 있는 음서제도가 있었다. 이 제도 때문에 한 사람이 권력을 잡으면 자기 세력들을 음서로 등용해 모든 권력을 독차지하는 일이 벌어졌다.

예종에게 딸을 시집보낸 이자겸은 딸이 낳은 아들이 왕위에 올라 인종이 되자 둘째 딸과 셋째 딸을 또 인종에게 시집보냈다. 임금에게 장인이 되기도 하고, 외할아버지가 되기도 하는 이자겸은 아무도 넘볼 수 없는 큰 권력을 차지했다.

임금을 능가하는 권력을 휘두르는 이자겸에게 위협을 느낀 인종이 이자겸을 몰아내려고 하자 이자겸이 먼저 난을 일으켰다. 이때 임금을 죽이려고 궁궐로 쳐들어온 척준경을 인종이 설득해 이자겸을 제거했으나 척준경 또한 권력을 독차지하고 임금을 위협했다. 겨우 척준경을 귀양 보내고 한숨 돌리나 싶었지만 권력은 또다시 김부식을 중심으로 한 경주 김씨들에게 돌아갔을 뿐이었다. 이 과정에서 궁궐은 불타고 왕권은 더욱 땅에 떨어지고 말았다.

이때 묘청을 비롯한 서경 세력들이 개경 땅은 기운이 다해서 나라가 혼란스러운 것이니 서경으로 천도를 하자고 주장했다. 중국처럼 독자연호를 쓰고 황제국으로 바꾸며 고려가 내세우는 정책인 북진정책을 힘차게 밀고 나가서 북쪽에 있는 금나라를 정벌하여 옛 고구려 영토를 되찾자고 했다.

임금도 개경 귀족들에게 벗어나 왕권을 강화하려고 서경에 궁궐인 대화궁을 짓고 천도할 준비를 했다.

하지만 김부식을 중심으로 한 개경 세력들은 자기들이 권력을 잃을 것이 두려워서 금나라가 크게 노할 것이라는 사대주의를 내세웠다. 마침 천둥이 쳐서 대화궁 건물이 불타자 하늘이 가로막는 것이라며 천도를 반대했다. 개경 귀족들이 반발하자 인종 임금도 서경 천도를 주저하게 되었다.

천도가 무산되자 묘청이 서경에서 들고 일어났다. 나라 이름을 '대위국', 연호를 '천개'라 하며 군사를 이끌고 개경으로 쳐들어갔다.

개경에서는 김부식을 사령관으로 삼아 진압에 나섰고, 1년 만에 묘청을 진압했다. 이때부터 고려는 더 이상 북진정책을 쓰지 않게 되었고, 고구려 영토를 다시 찾아야 한다는 생각도 사라지고 말았다.

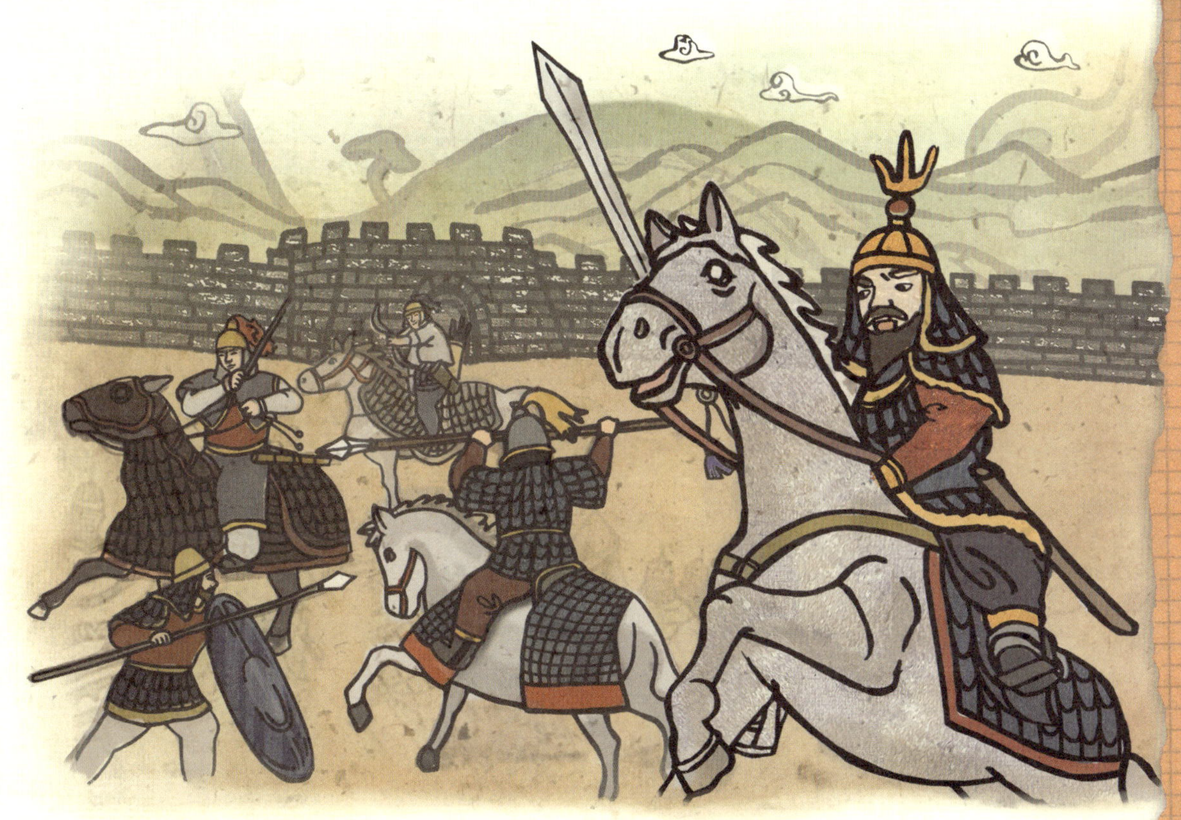

18 무신정변과 천민봉기

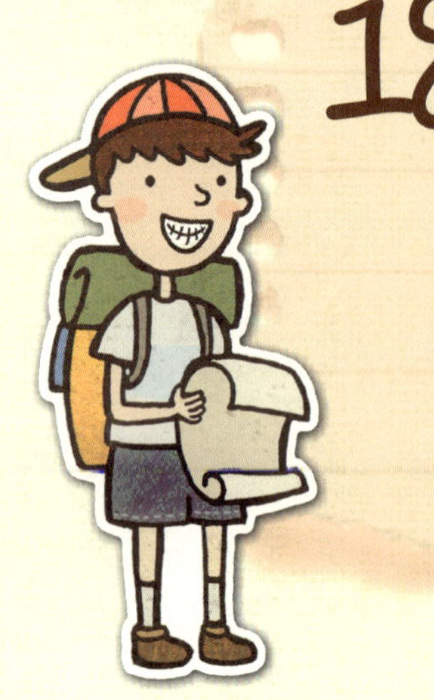

태조 왕건이 죽은 뒤 권력다툼으로 혼란에 빠지자 4대 임금인 광종은 왕권을 강화하기 위해 과거제도와 노비안검법을 실시했다.

고려시대 과거제도는 문과, 승과, 잡과 시험만 있었고 무신을 뽑는 시험은 없었다. 또한 귀족들은 음서와 공음전을 통해 권력기반을 다지고 혼인이나 가문을 통해 문벌귀족이 되었다. 대표 문벌귀족이 바로 경원 이씨인 이자겸과 경주 김씨인 김부식이었다. 군사를 이끄는 우두머리도 무신이 아니라 문신이었다. 문벌귀족들이 무신들에게 돌아가야 하는 벼슬마저도 독차지해 버린 것이었다. 묘청이 일으킨 서경 천도 운동을 진압한 군대 우두머리도 문벌귀족인 김부식이었다.

의종 때 주먹질로 서로 싸우는 수박희를 하던 중에 젊은 문신 한뢰가 나이 많은 무신인 이소응 뺨을 때리는 사건이 일어났고, 벼슬이 낮은 김돈중이 아버지인 김부식이 차지한 권력을 업고 대장군인 정중부 수염을 장난삼아 촛불로 태우는 사건도 일어났다. 이런 차별에 대한 무신들 분노가 극에 달했고 보현원에 모였던 문신들을 죽이고 무신정변을 일으켰다. 정권을 잡은 무신들은 정중부, 경대승, 이의민, 최충헌 등으로 이어가며 권력을 독차지했다. 가장 낮은 신분이던 사람이 가장 높은 권력자가 되었다.

억울하게 차별을 받았던 무신들이 권력을 잡았지만 백성들 생활은 나아지지 않았다. 무신들도 문신들처럼 사치와 향락을 즐겼고 백성들을 돌보지 않았다. 농민들은 여전히 무거운 세금에 시달렸고, 특수 행정 구역인 향, 소, 부곡에 살고 있던 사람들은 세금에 특산물까지 바쳐야 했다.

그러자 12세기 중반부터 전국에서 농민들이 들고 일어났다. 무신정권에 반대하는 조위총이 난을 일으키자 이에 가담했던 서북 지방 농민들 봉기가 5년 동안이나 이어졌다. 명종 때에는 공주 명학소에서 망이, 망소이가 차별받는 향, 소, 부곡 사람들을 해방시켜 달라며 일어났고, 경상도에서는 김사미와 효심이 난을 일으켰다. 최충헌 집 노비였던 만적은 "왕후장상은 씨가 따로 없다."를 외치며 난을 일으키려다 발각되어 많은 노비들이 죽임을 당했다. 비록 실패로 돌아가기는 했으나 처음으로 일어난 신분해방운동이었다. 그러자 무신들도 백성들 삶을 돌보지 않을 수 없었고, 부패한 관리를 처벌한다거나 소를 현으로 승격시키고 조세를 줄여 주기도 했다.

이런 과정에서 백성들은 자주의식이 더욱 성장했고, 몽골이 침략했을 때에도 스스로 일어나 막아내는 힘이 되었다.

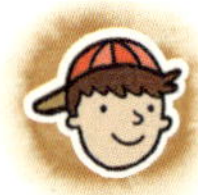

운문사

위치 경상북도 청도군 운문면 운문사길 264

『삼국유사』를 쓴 일연이 머물렀던 곳으로, 신라에서 화랑도가 만들어질 무렵인 진흥왕 때(557년) 세웠다. 진평왕 때 황룡사에 머물다 운문사로 옮겨온 원광법사가 이곳을 더욱 넓혀 지었다. 원광법사는 다시 가슬갑사로 옮겨갔는데 그곳에서 화랑들이 지켜야 할 규약인 세속오계를 만들었다고 한다.

고려시대에 무신들이 정권을 잡은 뒤 농민과 천민들이 전국에서 들고 일어났을 때인 1193년, 김사미와 효심이 중심이 되어 일어난 곳

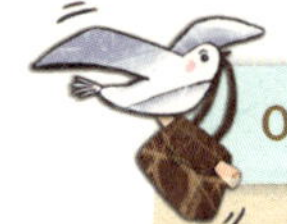

이곳도 보고 오세요

운문사 처진 소나무

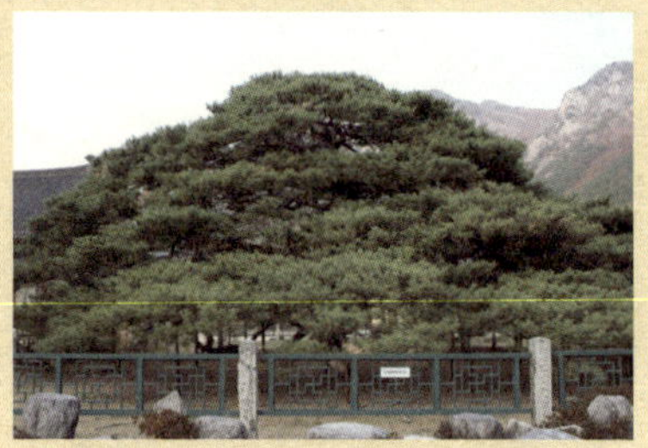

운문사에 있는 처진 소나무는 운문사 앞뜰에 있는 소나무로, 높이는 9.4미터, 둘레는 3.37미터이다. 옆으로 넓게 펴졌다고 해서 반송(盤松:키가 작고 밑동부터 가지가 옆으로 퍼지는 소나무)이라고도 불렀으나, 가지가 사방으로 퍼지면서 밑으로 처지기 때문에 처진 소나무라고 한다. 옛날에 어느 스님이 시든 나뭇가지를 꺾어다 꽂은 것이 살아난 것이라고 하는데, 해마다 봄, 가을 운문사 스님들이 뿌리 둘레에 막걸리를 뿌려주기도 한다.

악착동자 이야기

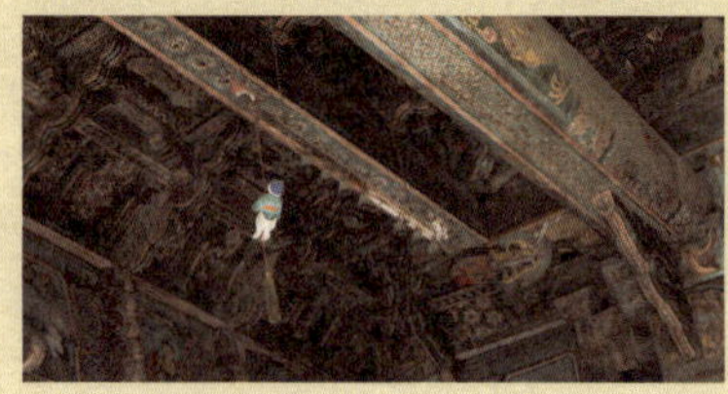

운문사 대웅보전 천장에는 악착동자가 매달려 있다. '악착같다'는 말에 나오는 그 악착이다.

극락으로 가려면 '반야용선'이라는 배를 타야 하는데 지각한 사람을 그냥 버리고 갈 수가 없어서 줄을 던져 주어 극락으로 이끌었다고 한다. 운문사에 가면 이 악착동자를 꼭 찾아보시길!

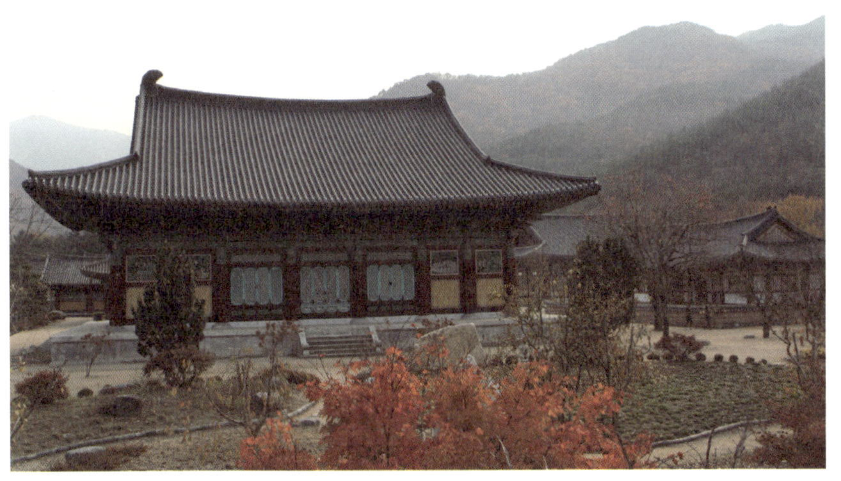
청도 운문사

이기도 하다. 김사미는 운문(청도)에, 그리고 효심은 초전(밀양)에 근
거지를 마련하고, 서로 힘을 합쳐 토벌군에 맞섰다.

 청평사

고려 광종 24년인 973년에 세운 절로 백암선원이라고 불렀다.

고려시대에 무신정변이 일어난 곳으로 그때는 보현원이라고 불
렀다. 조선 명종 5년인 1550년에 보
우선사가 절을 다시 고쳐 세우고 청
평사라고 부르기 시작했다. 춘천에
있는 소양댐에서 배를 타고 들어가
면 계곡을 따라 청평사로 들어갈 수
있다.

청평사

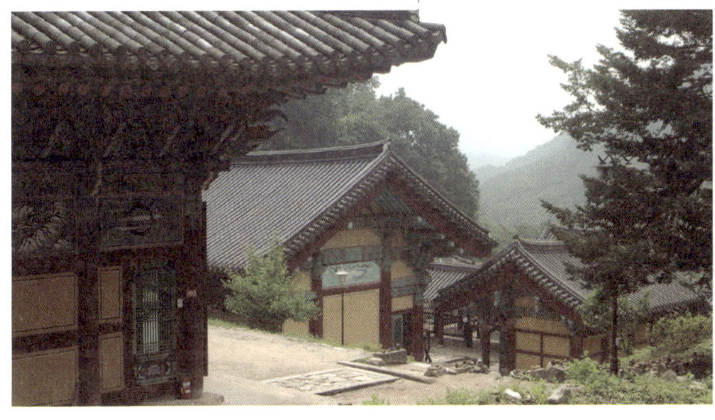

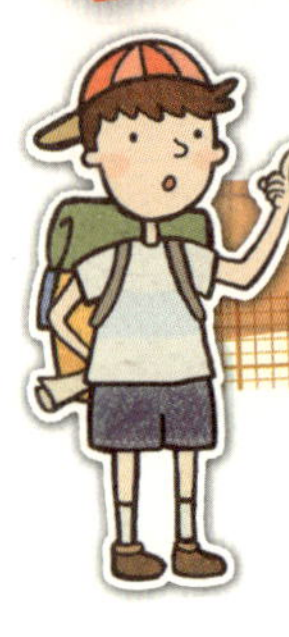

더 깊이 알기

1. 태조 왕건이 죽고 왕자들 사이에 권력다툼이 일어났다. 이로 인해 왕권이 약화
되자 4대 임금인 광종이 실시했던 정책에는 무엇이 있나요?

2. 고려가 귀족중심 사회였다는 것을 알 수 있는 제도에는 무엇이 있나요?

3. 고려시대를 대표하는 문벌귀족 가문에는 누가 있나요?

4. 고려 의종 때 무신들 난이 일어나게 된다. 당시 젊은 문신인 한뢰가 나이 많은
무신인 이소응 뺨을 때리고, 김부식 아들인 김돈중이 무신인 이 사람 수염을
태우는 사건 등으로 인해 무신들 분노는 극에 달했다고 합니다. 수염이 탄 이
사람은 누구인가요?

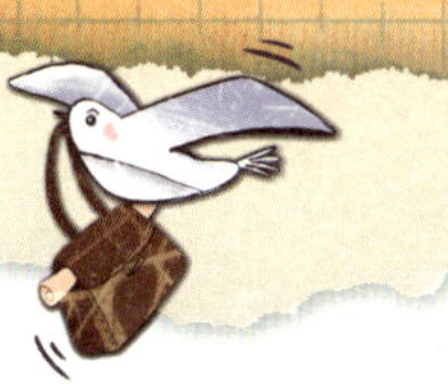

5. 고려시대 특수 행정구역은 무엇인가요?

6. 무신정권 시기에도 백성들 생활이 나아지지 않자 각 지역에서 농민이나 천민
   들이 들고 일어나게 된다. 이때 공주 명학소에서 난을 일으킨 사람은 누구인
   가요?

7. 최충헌 집 노비로 "왕후장상은 씨가 따로 없다"를 외치며 신분해방운동을 일
   으켰던 사람은 누구인가요?

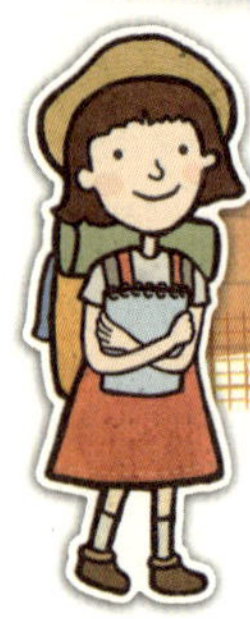

1. 무신정변이 성공할 수 있었던 까닭은 무엇일까요?

2. 무신들이 정권을 잡았는데도 백성들 삶은 나아지지 않은 까닭은 무엇일까요?

3. 몽골이 침략했을 때 수도를 개경에서 강화도로 옮긴 까닭은 무엇일까요?

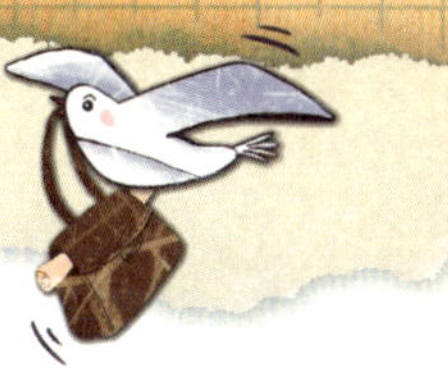

4. 이번 답사에서 가장 기억에 남는 것은 무엇인지 그린 다음, 그 까닭을 써 보세요.

가장 기억에 남는 것
그린 까닭

19 몽골에 맞선 항쟁

13세기에 몽골고원에서 유목생활을 하던 부족들이 칭기즈칸을 중심으로 통일되었다. 힘이 강해진 몽골제국은 고려에 공물을 요구했다. 그런데 몽골 사신 '저고여'가 공물을 가지고 돌아가는 길에 죽임을 당하는 사건이 일어났다. 몽골은 이를 트집 잡아 1231년인 고종 18년부터 30여 년 동안 일곱 차례에 걸쳐 고려로 쳐들어왔다.

고려 조정은 몽골과 맞서 싸울 생각은 않고 강화도로 피난을 간 뒤 육지에 남은 백성들에게는 도망치라고만 했다. 지배층은 강화도에서 호화롭고 사치스러운 생활을 하며 백성들을 수탈하고 공사에 강제로 동원시켰다.

몽골에 맞서 끈질기게 저항한 사람은 대부분 백성들과 천민들이었다. 승려인 김윤후는 백성들과 승려들을 이끌고 처인성(용인)에서 살리타를 죽였다.

이때 대구 부인사에 있던 초조대장경이 몽골군에 의해서 불타고 말았다. 황룡사 목탑이 불타버린 3차 침입 때는 부처님 힘으로 외적을 물리치고, 민심을 모으기 위해 팔만대장경을 만들었다.

5차 침입 때는 충주성에서 김윤후가 노비문서를 불태우고 노비해방을 외치며 백성과 노비들을 이끌고 몽골군을 물리쳤다.

6차 침입 때는 충주 다인철소에서 노비들이 맞서 싸워 몽골군을 물리쳤으나 1254년 한 해에만 20여만 명이 포로로 잡혀갔다. 전쟁이 길어지자 지배층이 분열되고, 몽골과 강화 여론이 강해져서 강화를 맺었다. 최우에 이어 최항, 최의, 김준, 임연, 임유무로 이어지던 무신정권도 100년 만에 막을 내렸다. 그러나 무신정권을 떠받치던 삼별초는 배중손을 중심으로 개경으로 돌아가지 않고, 여·몽 진압군을 피해 진도와 제주도로 옮겨가며 3년 동안 맞섰다.

고려는 몽골제후국이 되었고 고려 왕은 원나라 공주와 결혼했다. 임금 이름도 몽골에 충성한다는 뜻으로 '충'자를 붙여 충렬왕, 충선왕, 충숙왕, 충혜왕, 충목왕, 충정왕이라고 불렸다. 곧이어 몽골이 국호를 원으로 바꾸고 일본을 정벌할 때 고려는 군량과 군함, 병력을 징발당했으며, 중앙관제가 지방관제로 낮추어졌고 공녀를 비롯해 금, 인삼, 매 같은 특산물을 바쳐야 했다. 또 쌍성총관부를 설치해 철령 이북 땅을 원이 차지했으며, 일본원정 때 설치했던 정동행성은 계속 유지되었고 다루가치라는 감찰관이 파견되어 고려 내정을 간섭했다. 80여 년 동안 원나라 간섭을 받던 시기에 친원파 세력인 권문세족이 등장했다. 이들은 노비와 토지를 독차지하여 백성들을 더욱 살기 힘들게 만들었다.

강화 고려궁지

위치 인천광역시 강화군 강화읍
북문길 42

몽골이 쳐들어오자 고려 조정은(고종 19년) 도읍을 개경에서 강화로 옮기고 궁궐 뒤 야산을 송악산이라 부르며 개성에 있던 궁궐 모양을 본떠 새 궁궐을 지었다. 부처님 힘으로 외적을 물리치기 위해 팔만대장경도 이곳에서 지휘해서 만들었다. 3년여에 걸쳐 완성된 궁궐은 본궁인 연경궁을 비롯해 강안전, 경령궁, 건덕전이 있었다.

원종 11년(1270)에 몽고에 항복하고 다시 개경으로 돌아갈 때 몽골이 내걸었던 조건에 따라 궁궐을 완전히 허물었다.

조선시대에는 궁궐터에 행궁과 강화유수부 건물이 들어섰고, 조선 정조 때는 왕실에서 보는 책을 보관했던 외규장각이 세워졌다. 그러나 외규장각은 병인양요 때 프랑스군에 의해 불타고 서적들이 약탈당했다. 지금은 강화유수부 동헌과 이방청이 남아 있고 외규장각과 고려궁 일부도 복원되었다.

외규장각

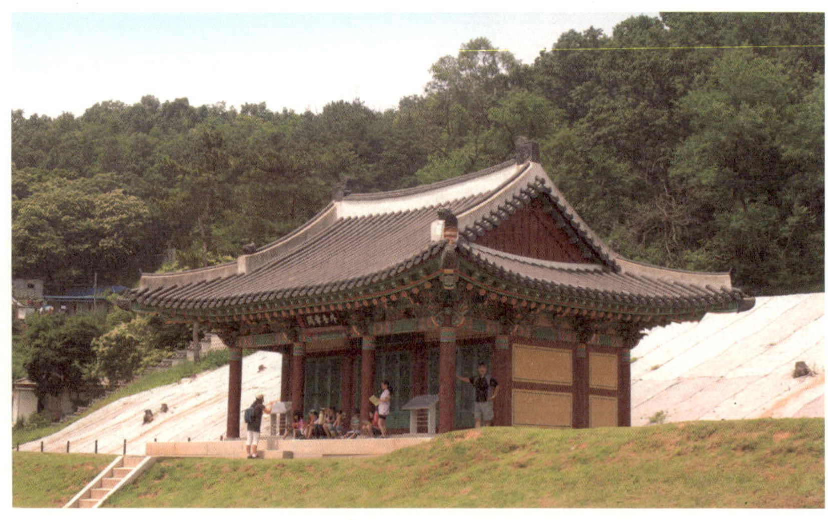

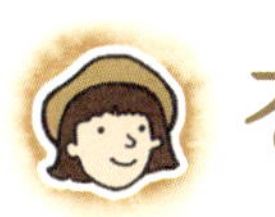

강화산성

강화읍을 둘러싸고 있는 고려시대 산성으로 성벽은 흙으로 쌓았으며 내성·중성·외성으로 이루어져 있다. 내성은 지금 남아 있는 강화성으로 둘레가 약 1,200미터이다. 중성은 내성을 지키기 위해 쌓았으며, 외성은 1233년 강화 동쪽 해안을 따라 쌓았다. 이 외성은 몽골군이 바다를 건너와 공격하는 것을 막기 위해 쌓은 것이다.

고려 원종 11년(1270)에 개경으로 수도를 다시 옮기면서 몽골과 강화 조건으로 성을 모두 헐게 되었다. 조선 전기에는 내성이었던 강화성을 축소해 다시 쌓았다. 그러나 1637년 병자호란 때 청나라 군에 의해 다시 파괴당했고, 숙종 3년(1677)에 성을 보수하면서 둘레를 넓히고 돌로 쌓았다.

지금은 남문 문루인 안파루, 북문인 진송루, 서문인 첨화루와 동문인 망한루가 남아 있으며, 비밀통로인 암문 4개 그리고 수문 2개가 남아 있다. 높은 곳에서 망을 보기 위한 장대와 성 위에서 몸을 감추기 위한 여장 같은 방어시설도 갖추고 있었으나 여장은 모두 무너졌고, 지금은 남북쪽 산자락에만 복원되어 있다.

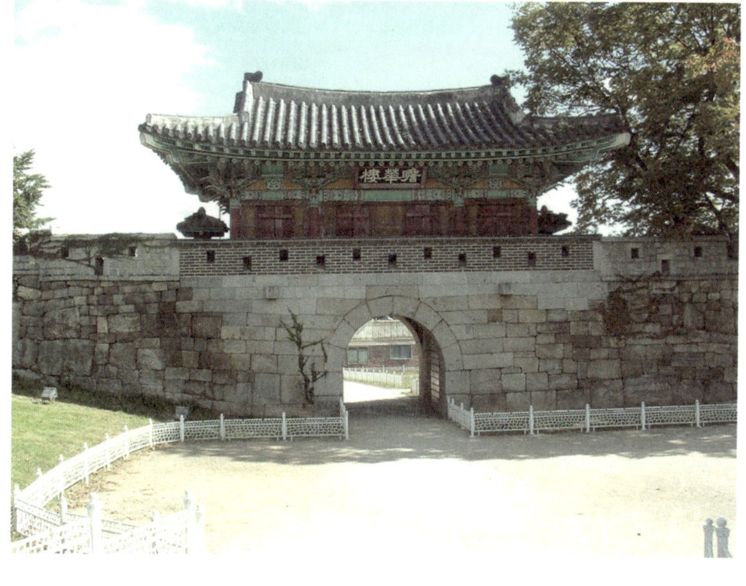

강화산성 서문 첨화루

합천 해인사

위치 경상남도 합천군 가야면
해인사길 122

해인사는 신라 때 의상대사 제자인 순응과 이정 스님에 의해 창건된 화엄종 사찰이다. 통도사, 송광사와 함께 우리나라 3대 사찰이다.

고려 때 만들어진 팔만대장경을 봉안하고 있는 곳으로, 강화도에 보관하던 대장경을 서울 지천사로 옮겼다가 다시 해인사로 옮겨 보관했다.

조선 태조 때 부처님 가르침인 '법'을 담고 있는 법보사찰이 되었다. 그리고 세조와 성종 때 건물들을 새로 지어 큰 절이 되었다.

주차장에서부터 일주문까지 제법 걸어가야 하는데 올라가는 길에 성보박물관이 있다. 그곳에는 귀한 유물들과 팔만대장경 및 여러 가지 목판을 전시해 놓아서 우리나라 목판인쇄기술 역사를 알 수 있게 해 놓았다.

장경판전에는 몽골이 침입했을 때 부처님 힘으로 외적을 물리치기

● 장경판전 입구
●● 해인사

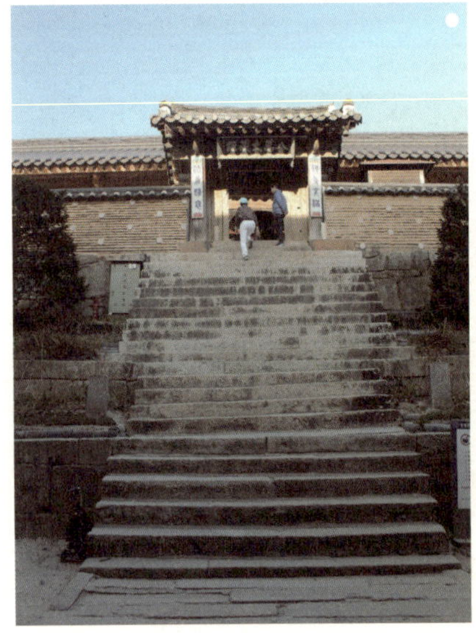

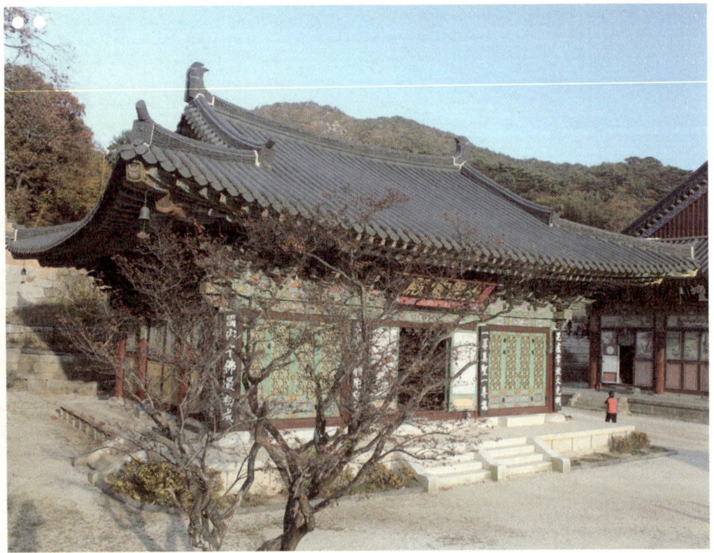

위해 만든 팔만대장경이 보관되어 있는데, 그 전에 만든 초조대장경
이 불에 타서 다시 만들었기 때문에 재조대장경이라고도 부른다. 자
연 원리를 이용해 햇빛, 온도, 습도, 환기 등을 조절할 수 있는 곳으
로 유네스코 세계문화유산으로 지정되어 있다.

용인 처인성

고려시대에 처인 부곡이었던 곳으로, 고려 고종 19년(1232)에 몽골
이 2차 침입을 했을 때 승려인 김윤후 장군이 이끄는 의병 2천여 명
이 몽골군 4만여 명을 물리친 곳이다. 정규군이 아닌 승려와 부곡
백성들이 몽골군과 싸웠고, 몽골 장군 살리타를 사살했다. 대제국을
건설한 세계 최강 군대인 몽골군을 맞아 적장을 죽이고 승리한 것이
다. 살리타가 전사하자 몽골군은 침략을 멈추고 고려에서 물러갔다.

처인성은 구릉 위에 흙으로 쌓은 평지성으로 오랜 세월동안 비바
람에 훼손되어 지금은 약 250미터 정도만 남았다.

위치 경기도 용인시 남사면
경기동로 380

● 처인성 승전 기념비
●● 처인성

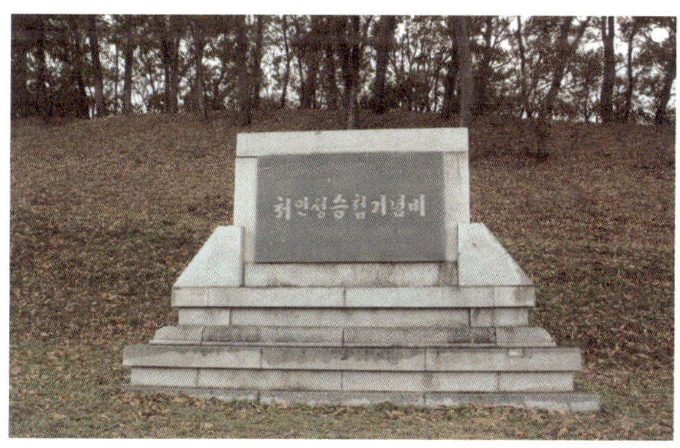

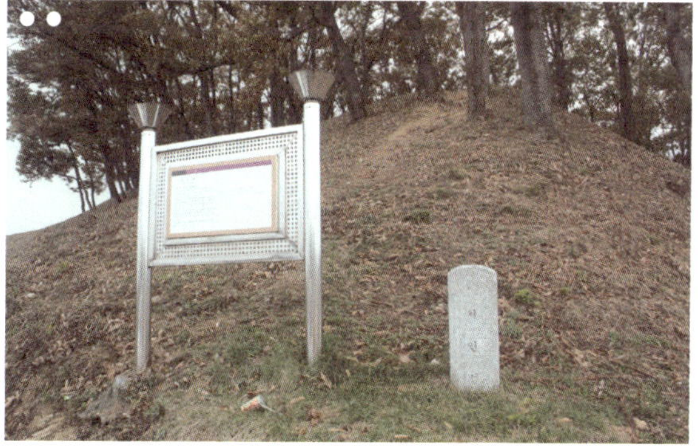

위치 충청북도 충주시 가금면
중앙탑길 112-28

좁은 지방도로를 따라가야 해서 찾아가기 쉽지 않다. 직접 가보면 시골에서 흔히 볼 수 있는 언덕처럼 생겼다. 훼손이 심하여 몽골과 맞서 싸운 역사가 있는 성이었다고 믿기지 않는다.

 국립 충주 박물관

탑평리 7층 석탑이 있는 남한강 가에 자리 잡은 박물관으로, 2관인 충주항쟁실에는 대몽항쟁 때 70일 동안 백정·천민·노비들이 앞장서서 몽골군과 용감하게 싸우며 몽골군 장군인 저고여를 죽이고 전투를 승리로 이끈 충주성 싸움을 전투도로 그려놓았다. 또 김윤후 장군 영정도 전시되어 있다. 또 다른 전시물로는 임진왜란 때 관군이 일본군에게 패하자 탄금대로 돌아와 김여물과 함께 적병 수십 명을 죽인 뒤, 강물에 몸을 던져 자결한 신립 장군 영정도 있다. 그리고 을사조약이 맺어지자 단식으로 항거하다가 생을 마친 권종석 장군이 쓰던 관복과 유품 등도 전시되어 있다.

 진도 용장산성

위치 전라남도 진도군 군내면
용장산성길 92

삼별초는 1219년 최충헌 정권을 이어받은 최우가 치안 유지를 위해서 만든 야별초에서 시작되었다.

무신정권이 무너지고 고려와 몽골 사이에 강화가 맺어지고 개경으로 돌아갔으나 삼별초는 돌아가는 것을 거부하고 여몽연합군과 맞서 싸웠다.

용장산성은 원종 11년(1270)에 삼별초를 이끌던 고려 장군 배중손이 쌓은 산성이다.

강화도에서 진도로 근거지를 옮긴 삼별초군은 진도 용장리 용장사 옆 선황봉 둘레에 산성을 쌓았다. 산성 석축은 대부분 무너졌고 지금은 발굴을 하고 있다.

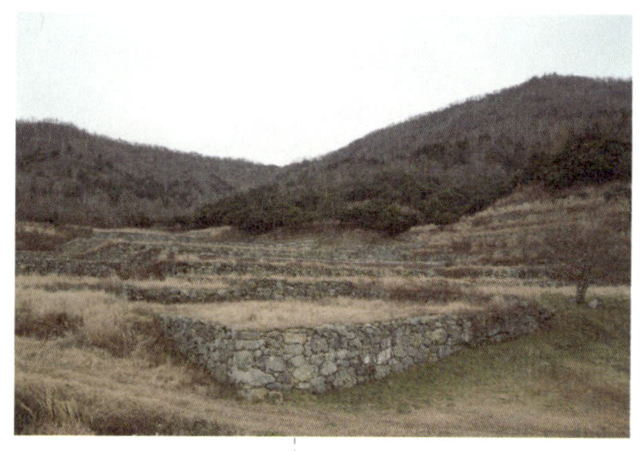

용장산성

제주 항파두리

삼별초가 진도에서 여몽연합군에게 패하자 다시 한 번 근거지를 옮긴 곳이 제주도이다. 내성을 비롯해 외성과 건물들을 세운 곳이 바로 항파두리성이다. 이곳에 머물며 남해안 해상권을 장악해 일본을 정벌하려는 원나라를 방해하고 항쟁했다. 그러나 고려와 몽골군을 합친 여몽연합군으로부터 공격을 받아 패하여 삼별초는 역사 속으로 사라졌다. 삼별초가 여몽연합군에 맞서 마지막까지 싸운 항파두리성에 기념비를 세우고 돌로 쌓은 내성과 흙으로 만든 외성을 복원해 놓았다.

위치 제주특별자치도 제주시 애월읍 항파두리로 1012

항파두리

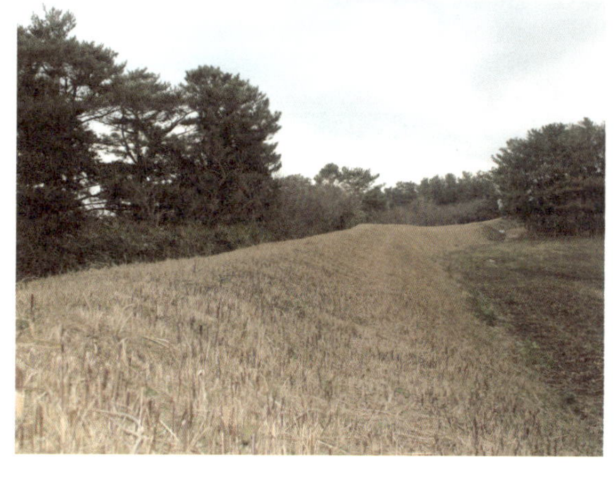

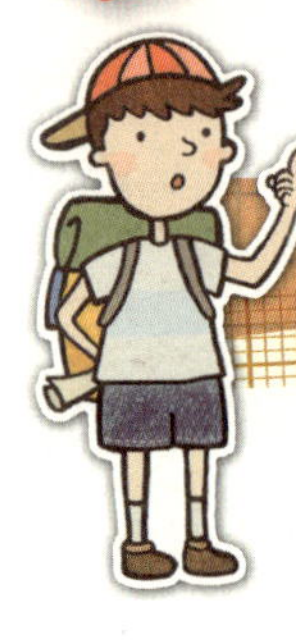

더 깊이 알기

1. 몽골이 고려에 어떤 일을 계기로 쳐들어왔나요?

2. 고려 조정은 왜 싸우지 않고 강화도로 도읍을 옮겼나요?

3. 팔만대장경은 왜 만들었나요?

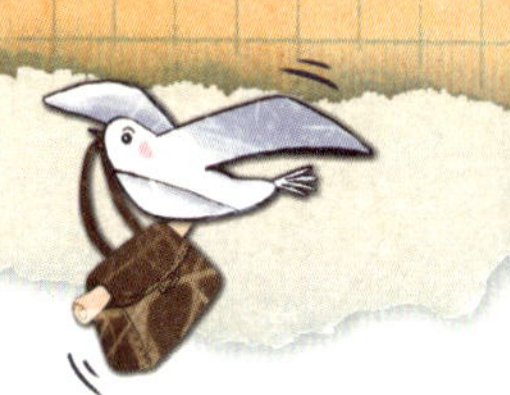

4. 몽골에 맞서 끈질기게 저항하고 싸운 사람들은 누구였나요?

5. 배중손을 중심으로 한 삼별초는 왜 개경으로 돌아가지 않으려 했나요?

6. 삼별초가 마지막으로 근거지를 삼은 곳은 어디인가요?

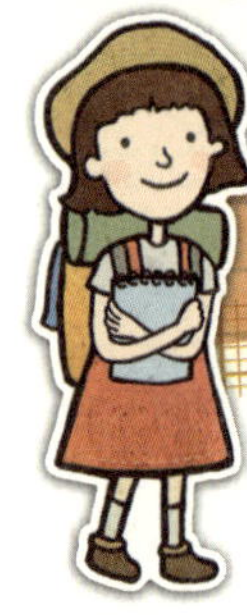

1. 몽골제후국이 된 고려 왕들은 왜 원나라 공주와 결혼을 했을까요?

2. 백성과 천민들은 왜 끈질기게 몽고와 저항하며 싸웠을까요?

3. 고려가 몽골에 항복하고 제후국이 되었을 때 백성들 생활은 어땠을까요?

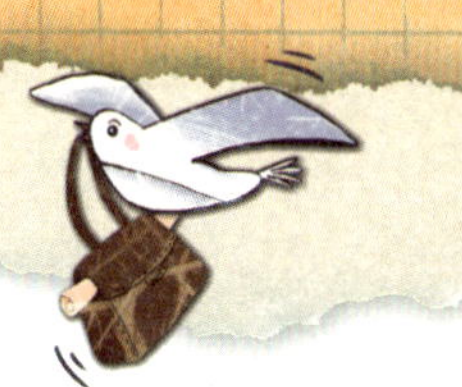

4. 이번 답사에서 가장 기억에 남는 것은 무엇인지 그린 다음, 그 까닭을 써 보
   세요.

가장 기억에 남는 것

그린 까닭

20 공민왕과 신진 세력들

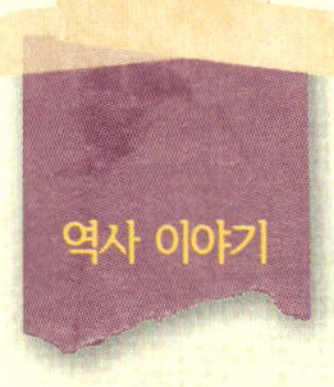

14세기가 되자 원나라는 홍건적이 일으킨 난으로 혼란에 빠져 들었다.

충정왕을 이어 왕위에 오른 공민왕은 원나라로부터 벗어나고 나라를 든든히 세우기 위해 개혁정책을 추진했다.

인사권을 휘두르던 정방을 없애고, 서연을 다시 열었다. 변발과 호복을 금지하고, 통치제도를 몽골 침입 이전으로 되돌렸다. 전민변정도감을 설치해 권문세족에게 빼앗긴 토지를 돌려주고 노비를 해방시켰다. 성리학자인 이색, 정몽주, 정도전을 등용하였다. 정동행성을 폐지하고 쌍성총관부를 공격해 철령 북쪽 땅을 되찾았다. 그러나 신돈이 권문세족들에게 탄핵을 받고, 공민왕이 죽임을 당하면서 개혁은 힘을 잃고 말았다.

공민왕이 개혁정치를 추진하던 때, 홍건적과 왜구가 고려로 자주 침범했다. 홍건적이 개경까지 쳐들어와 공민왕은 복주(안동)로 피난을 가야했다. 고려는 이성계, 정세윤, 이방실, 최영 등이 군대를 이끌고 나가 개경을 탈환했다.

왜구는 공민왕 때 115차례, 우왕 때는 무려 378 차례나 침입했다. 공민왕은 수군을 다시 만들고, 우왕 때는 화통도감을 설치해 왜구 토벌에 나섰다.

1376년에는 금강을 거슬러 올라와 연산 개태사까지 침범한 왜구를 홍산에서 최영이 물리쳤다.

1380년에는 최무선이 만든 화포로 금강 하류에 있는 진포(서천)에서 500여 척이나 되는 왜선을 불태웠다. 또 이성계는 진포에서 패한 왜구가 육지로 올라오자 황산에서 물리쳤다.

홍건적과 왜구를 물리치면서 공을 세운 최영과 최무선, 이성계는 영웅이 되었고, 신흥무인세력으로 성장했다.

그러나 명나라가 쌍성총관부 자리에 철령위를 세우고 자기 영토로 삼으려 하자 최영과 우왕은 이성계에게 요동을 정벌하라고 보냈다.

압록강에 있는 위화도에 도착한 이성계는 '사불가론'을 내세워 군대를 이끌고 돌아와 우왕을 폐위하고 최영을 귀양보냈다. 정몽주가 죽임을 당하자 1392년에 공양왕은 이성계에게 왕위를 물려주었다. 이로써 475년간 이어져 내려온 고려가 망하고 조선이 건국되었다.

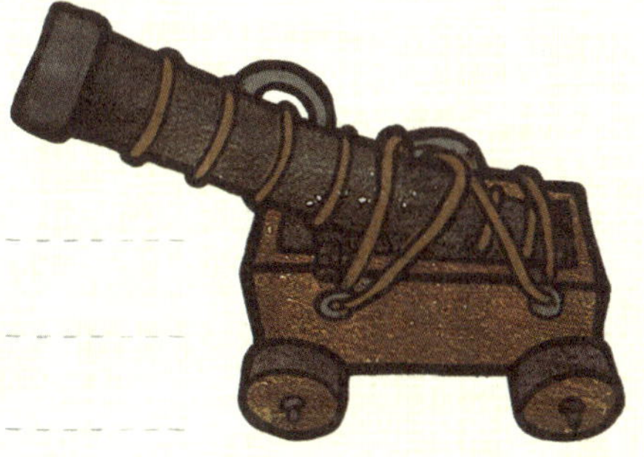

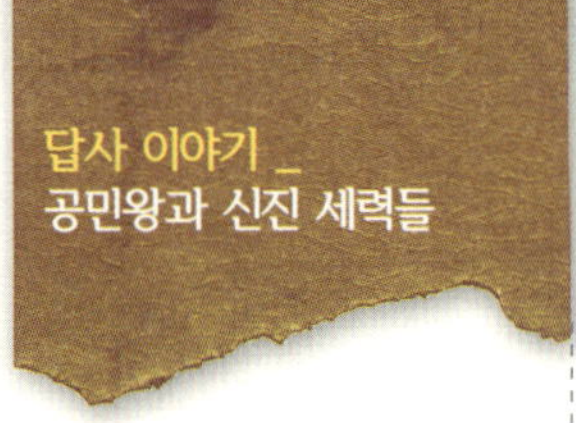

서울 공민왕 사당

위치 서울특별시 마포구 독막로
21길

● 공민왕 사당
●● 광흥창 표지석

조선 태조 때 곡식을 보관하는 창고를 지으려고 창전동에 터를 닦고 있는데 동네 노인이 와서 자기 꿈에 공민왕이 나타나서 한 말을 전해주었다. 그 말대로 옛날에 정자가 있던 자리를 파보니 공민왕 화상이 나왔다. 그 자리에 공민왕 사당을 짓고 제를 올린 다음, 다시 공사를 시작했다. 사당은 한국전쟁 때 파괴되었으나 지역주민들이 다시 지었다. 전면 2칸으로 되어 있는 사당 안에는 공민왕과 노국대장

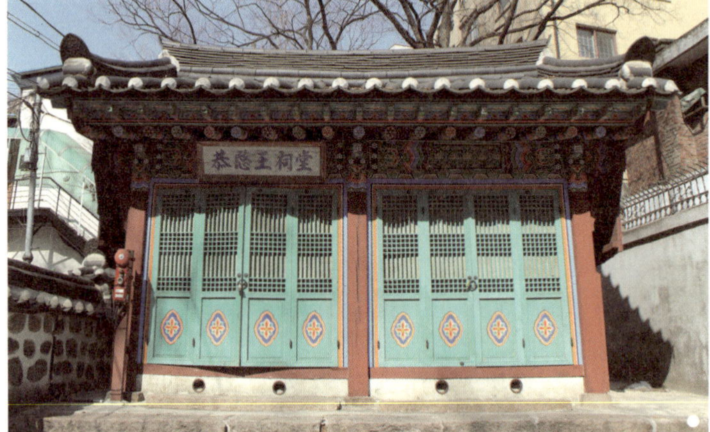

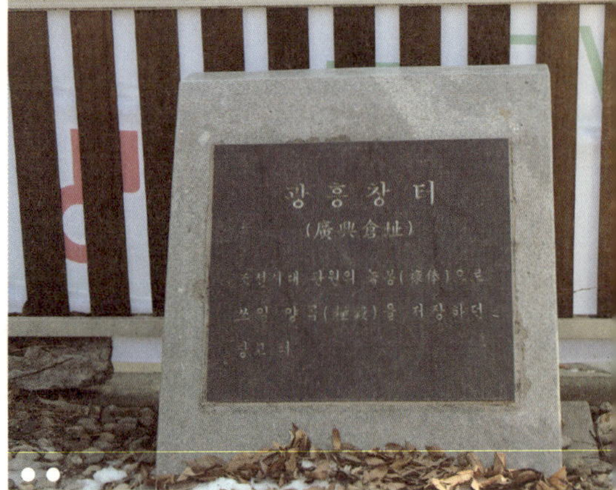

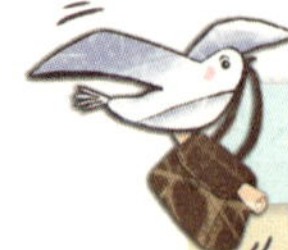

이것도 보고 오세요

공민왕 사당제

서울특별시 마포구는 해마다 음력 시월 초하루 날에 공민왕 사당제를 지낸다. 사람들이 편안하기를 빌고 동네에 전해지는 귀한 문화유산을 지켜나가고 있는 공민왕 사당제는 등록문화제 231호로 지정되어 있으며 600년을 이어오고 있다.

공주, 왕자, 공주, 옹주 화상과 함께 최영 장군 화상도 걸려 있다. 공민왕 때 왜구와 전쟁이 끊이지 않던 역사가 있어서인지 일제강점기에도 일본 사람이 공민왕 사당에 가까이 갔다가는 반드시 안 좋은 일을 당했다는 전설이 전해 내려온다. 사당 앞에는 광흥창 터 표지석과 서울시 지정 보호수 다섯 그루가 서 있다.

 종묘 공민왕 신당

종묘에 세운 고려 공민왕을 위한 별당으로 정식 이름은 '고려 공민왕 영정 봉안지당'이다. 종묘를 세울 때 함께 세운 신당으로, 고려를 무너뜨리고 세운 나라인 조선에 대한 정통성을 세우고 백성들을 달래기 위해서 조선왕조 임금들 사당인 종묘에 고려왕인 공민왕을 모신 것으로 보인다. 신당 중앙 벽에는 공민왕과 노국대장공주 영정이, 옆면 벽에는 공민왕이 직접 그렸다는 준마도가 봉안되어 있다. 임진왜란 때 불탔으나 다시 지었다.

● 공민왕 신당
●● 공민왕과 노국대장공주 영정

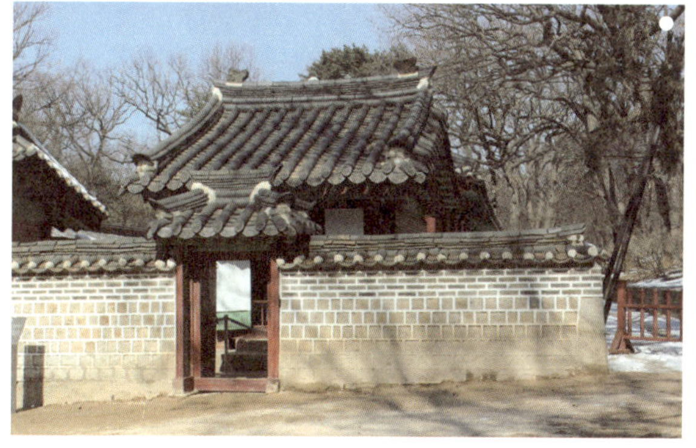

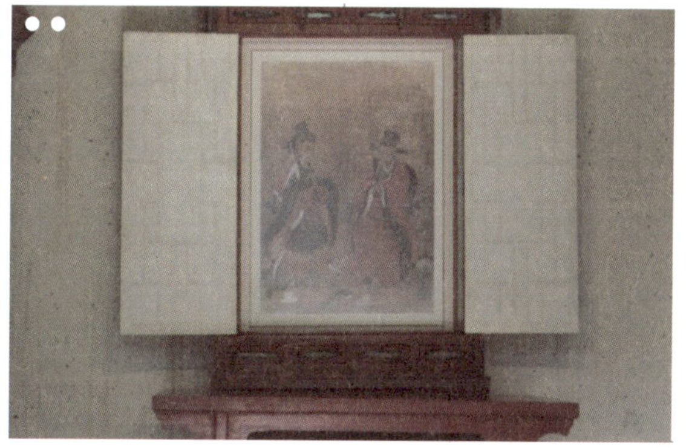

안동 영호루

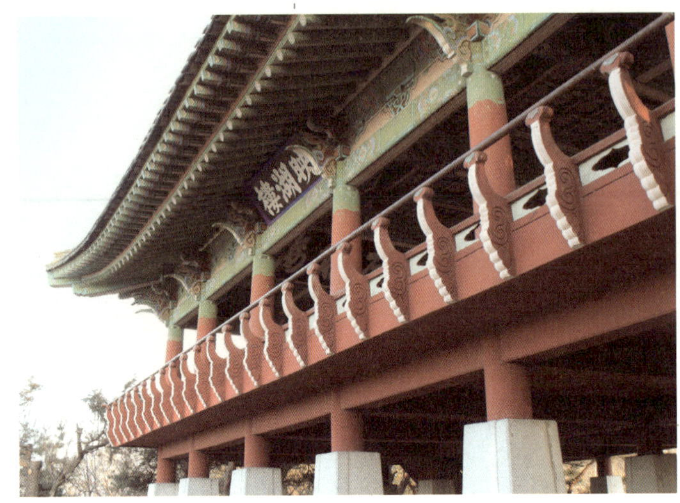

홍건적이 고려로 쳐들어오자 안동으로 피난을 간 공민왕이 자주 들렀다는 곳이다. 공민왕은 이곳에서 누각 아래 강물에 배를 띄우거나 사장에서 활쏘기를 하는 것으로 피난 온 시름을 잊었다고 한다. 개경으로 환궁한 뒤에는 안동을 도호부로 승격하고 친필로 쓴 영호루 현판을 하사했다고 한다. 밀양 영남루, 진주 촉석루, 남원 광한루와 함께 남도를 대표하는 누각으로 손꼽힌다.

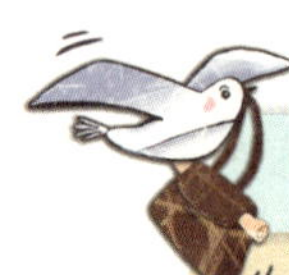

이것도 보고 오세요

뮤지컬 '산수실경 왕의 나라'

홍건적이 침입하자 안동으로 피난 간 공민왕과 노국대장공주를 주인공으로 한 창작 뮤지컬이다. 피난 갔던 70일 동안 공민왕이 겪은 아픔을 노래하고, 노국대장공주가 다리 없는 냇물을 건널 수 있도록 등을 내어준 안동 부녀자들을 기리기 위해서 생겼다는 '놋다리 건너기' 등을 재현해 뮤지컬로 만들었다. 2011년에 처음 공연을 했고, 2012년 8월에 두 번째 공연을 했다. 제작진 대부분과 출연진은 안동에 사는 사람들로 이루어져 있다.

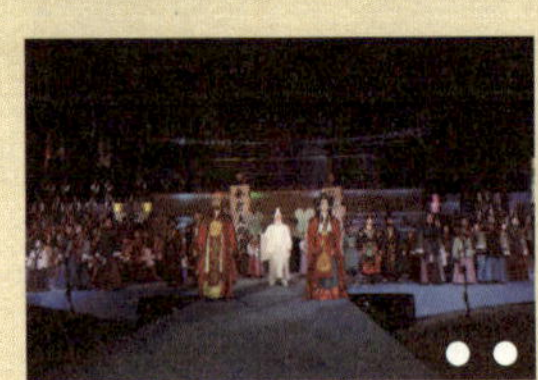

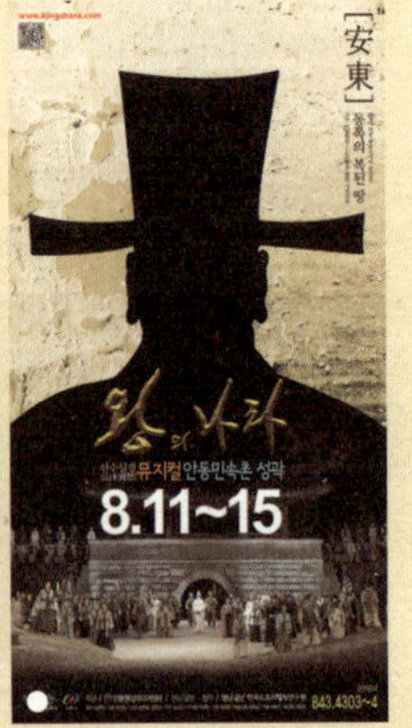

● 왕의 나라 포스터
●● 뮤지컬 '왕의 나라' 공연 장면

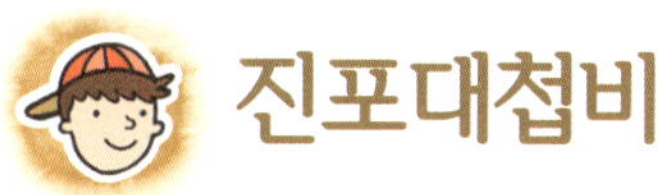

진포대첩비

진포는 군산을 부르는 옛 이름으로 금강과 서해가 만나는 중요한 바닷길목이다. 최무선이 화포를 이용해 왜구를 물리친 진포대첩이 바로 이곳에서 벌어졌으며 세계 해전사에서 처음으로 화포를 사용한 전투라고 한다. 그 진포대첩을 기념하는 진포대첩비는 1999년 군산시 개항 100주년을 기념해 금강호 시민공원 중앙광장에 세웠다.

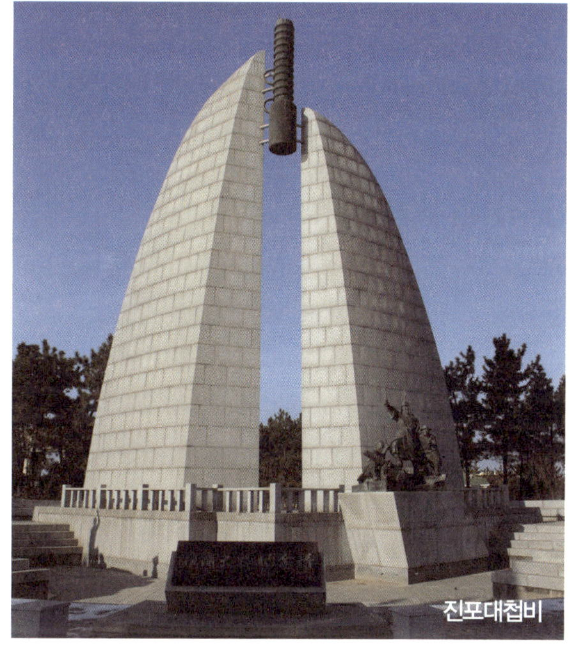

진포대첩비

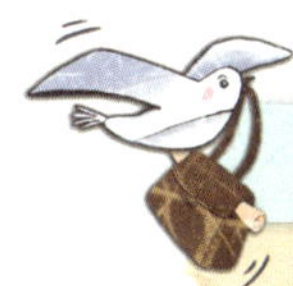

이것도 보고 오세요

진포대첩제

군산시는 해마다 10월에 군산 내항에서 군산문화원이 주최하는 축제를 열어서 진포대첩 승리를 기념하고 있다. 또한 내항에는 진포해양테마공원을 만들어 진포대첩을 기리고, 여러 가지 군사 장비를 전시하고 있다.

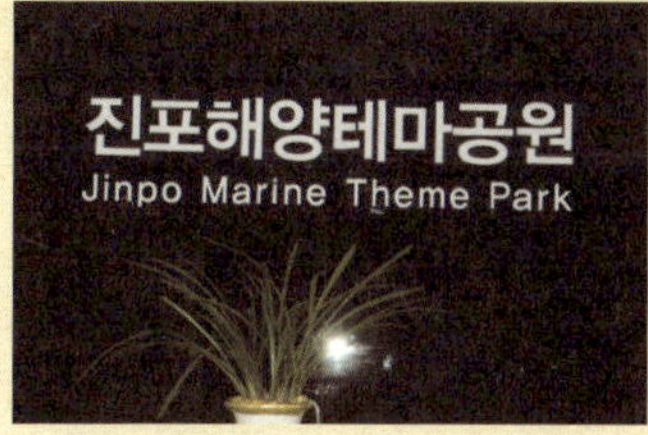

진포해양테마공원

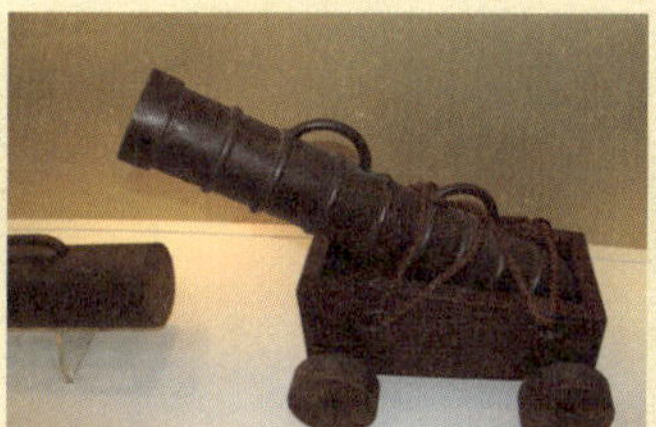

지자총통

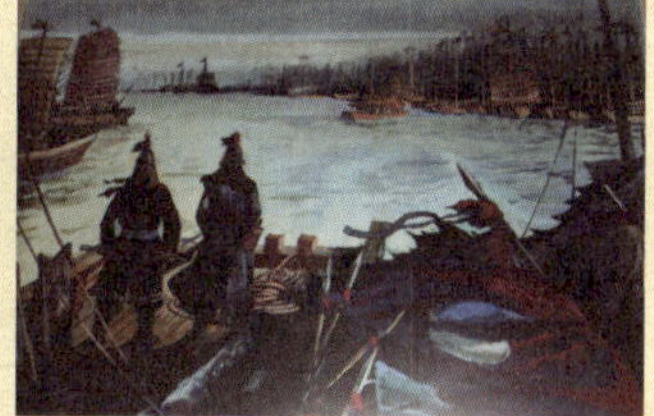

진포대첩도

황산대첩비

　1577년(선조 10년)에 세워진 비석으로, 고려 말에 이성계와 이두
란이 운봉군 화수리에 있는 황산에서 왜구를 물리친 것을 기념하기
위한 것이다. 비문에는 고려군이 열 배가 넘는 왜구를 크게 물리쳐
서 만세에 평안을 이루었고, 그 업적을 기려 비를 세운다는 글이 새
겨져 있다.

　일제강점기에는 일본인들이 조선을 침략한 역사를 지우기 위해 유
물과 유적들을 없애려고 폭파했으나, 1957년에 파손된 귀부와 이수
를 모아 옛 모습을 되찾았다. 하지만 흔적이 남지 않은 비석 부분은
검은 대리석으로 다시 만들어 대첩비각 안에 복원했다. 그리고 폭파
된 비석 파편들은 따로 모아 파비각을 세워 놓았다.

파비각

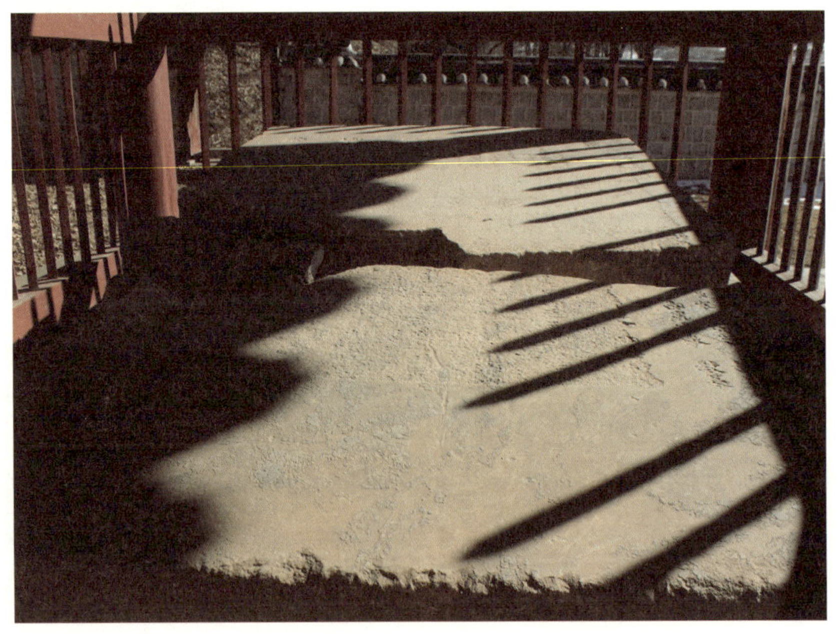

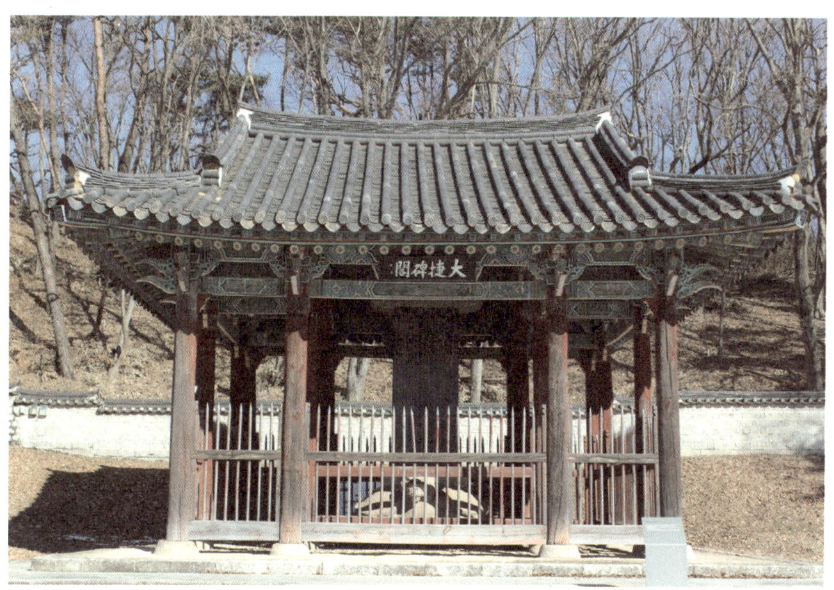

황산대첩비

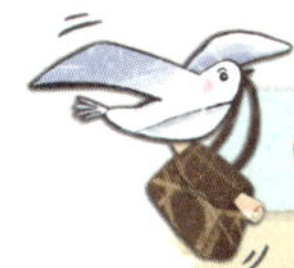

황산대첩제

　　남원시 운봉읍은 해마다 8월 15일을 읍민의 날로 정하고 여행사와 함께 황산대첩에 대한 의미를 되살리는 축제를 열고 있다. 각종 민속놀이 대회와 초·중·고 백일장 대회를 열고 있으며 2년에 한 번씩은 황산대첩 때 왜구를 물리친 상황을 재현하고 있다.

더 깊이 알기

1. 몽골식 풍습을 버리고 빼앗긴 철령 이북 땅을 되찾는 등 원나라로부터 벗어나기 위해 개혁정책을 펼쳤던 왕은 누구인가요?

2. 공민왕이 개혁을 펼치기 위해 등용한 이색, 정몽주, 정도전 같은 성리학자들을 부르는 말은 무엇인가요?

3. 왜구를 물리치기 위해 최무선이 나라에 건의해서 설치된 관청으로 화약과 화포를 만들던 곳은 어디인가요?

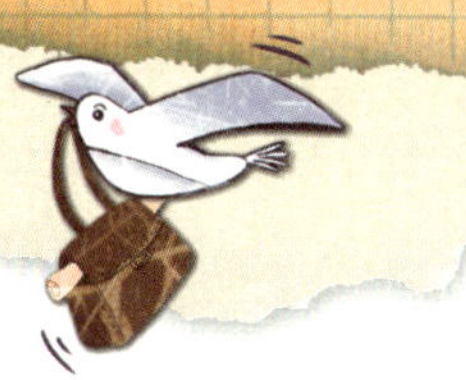

4. 금강을 거슬러 올라 노략질을 일삼던 왜구를 최영 장군이 나서서 물리친 전투는 무엇인가요?

5. 금강 하류 진포에서 500여 척이나 되는 왜선을 화포로 물리친 장군은 누구인가요?

6. 황산전투를 승리로 이끌었고, 요동정벌 중에 위화도에서 회군해 개경을 점령하고 조선을 세우게 되는 인물은 누구인가요?

생각해보기

1. 공민왕이 실시한 개혁정책이 실패한 까닭은 무엇일까요?

2. 최무선이 화약과 화포를 이용한 신무기를 만들려 했던 까닭은 무엇일까요?

3. 이성계가 요동정벌 명령을 어기고 위화도에서 회군해서 개경을 점령한 까닭은 무엇일까요?

4. 이번 답사에서 가장 기억에 남는 것은 무엇인지 그린 다음, 그 까닭을 써 보

세요.

가장 기억에 남는 것

그린 까닭

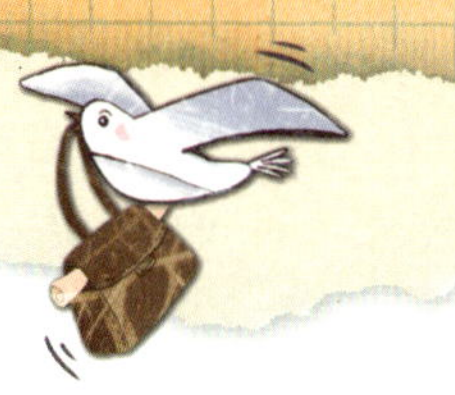

21 빛나는 고려문화

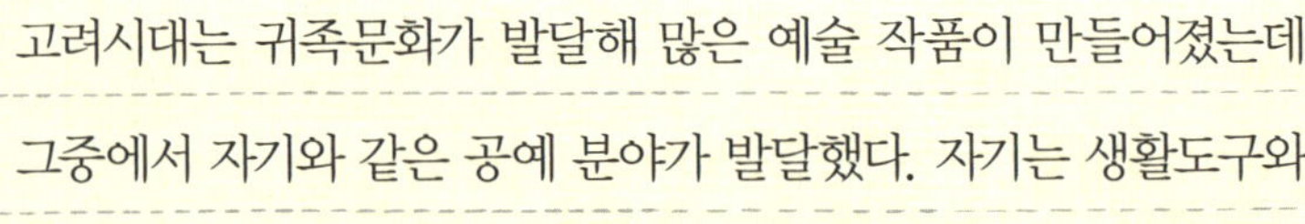

고려시대는 귀족문화가 발달해 많은 예술 작품이 만들어졌는데 그중에서 자기와 같은 공예 분야가 발달했다. 자기는 생활도구와 불교의식에 사용되었다.

12세기 중엽에는 그릇 표면을 파내고 다른 흙을 메워서 무늬를 나타내는 상감기법이 개발되었다. 대표적인 작품으로는 국보 제68호 청자상감운학문매병이 있다. 청자는 전라도 강진과 부안에서 주로 생산되었다. 그러나 대몽항쟁을 겪으면서 청자기술은 점점 쇠퇴하고 말았다.

금속공예는 청동기 표면을 파내고 실처럼 만든 은을 채워 넣어 무늬를 장식하는 은입사 기술이 발달했다. 은입사로 무늬를 새긴 청동향로와 버드나무와 동물무늬를 새긴 청동정병이 전해진다.

나전칠기는 옻칠한 바탕에 자개를 붙여 무늬를 나타내는 것으로 화장품갑, 문방구 등을 만들 때 쓰는 기법이다. 이러한 나전칠기공예는 조선시대를 거쳐서 현재까지 전해지고 있다. 그림에서는 공민왕이 그렸다는 천산대렵도와 혜허가 그린 관음보살도가 대표적인 작품이다.

고려시대 건축물로는 개성 만월대와 안동 봉정사 극락전, 영주 부석사 무량수전, 예산 수덕사 대웅전, 성불사 응진전이 유명하다.

고려시대 석탑은 신라 양식을 일부 이어받았으나 획일화된 사각형에서 벗어나 다양한 각수와 다양한 층수로 발달했다. 개성 불일사 5층 석탑, 오대산 월정사 8각 9층 석탑, 개성 현화사 7층 석탑 등이 있으며 원나라 영향을 받은 고려 후기에는 화려하게 조각한 경천사 10층 석탑 같은 탑들이 만들어졌다.

불상은 시기와 지역에 따라 독특한 모습을 보여 주었는데 신라시대에 비해 균형미가 떨어지지만 부석사에 있는 소조 아미타여래 좌상과 같은 걸작이 나오기도 했다. 고려 초기에는 광주 춘궁리 철불 같은 대형 철불이 많이 만들어지기도 했다. 또한 사람들이 많이 지나가는 길목에 석불을 만들어 세우기도 했다. 논산 관촉사 석조 미륵보살 입상이나 안동시 이천동 석불 등이 있다.

과거제를 실시하여 한문학이 발달하자 다양한 문학작품이 등장했다. 박인량이 쓴 수이전과 정지상이 쓴 송인, 이규보가 쓴 백운소설, 이제현이 쓴 역옹패설 등이 있다. 백성들 사이에서는 작가를 알 수 없는 가요인 속요가 유행하였는데 청산별곡, 가시리, 쌍화점 등이 있다. 속요는 백성들 감정을 대담하고 자유롭게 표현해 조선시대에는 남녀상열지사라는 비판을 받기도 했다.

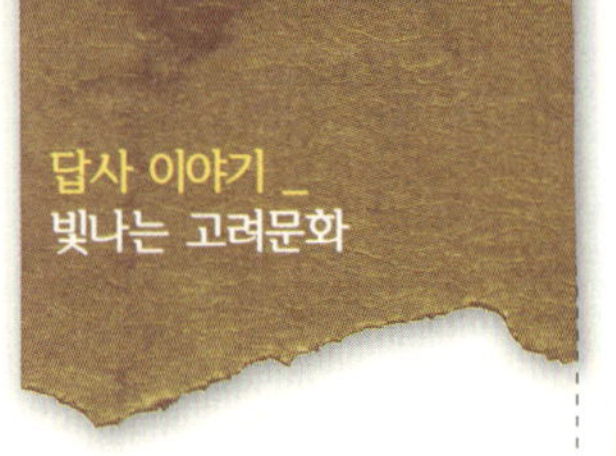

국립중앙박물관 고려청자

위치 서울특별시 용산구
서빙고로 137

고려청자가 높은 가치를 인정받는 까닭은 색깔과 모양, 그리고 새겨져 있는 문양이 매우 아름답고 정교하기 때문이다.

고려 초기에는 중국 도자기에서 영향을 받았지만, 12세기부터는 스스로 발전해 섬세하고 부드러운 곡선으로 아름다움이 나타났다.

11세기 말에서 13세기까지 2세기 동안에는 동물이나 식물, 사람 모양으로 된 청자인 상형청자가 나타나고, 음각, 양각, 투각 등으로 무늬를 새겼으나, 그 뒤에는 상감기법이 등장했다. 고려청자는 1231년에 몽골이 침입한 뒤부터는 쇠퇴하기 시작해 조선이 세워질 무렵부터 분청사기로 이어졌다.

고려청자

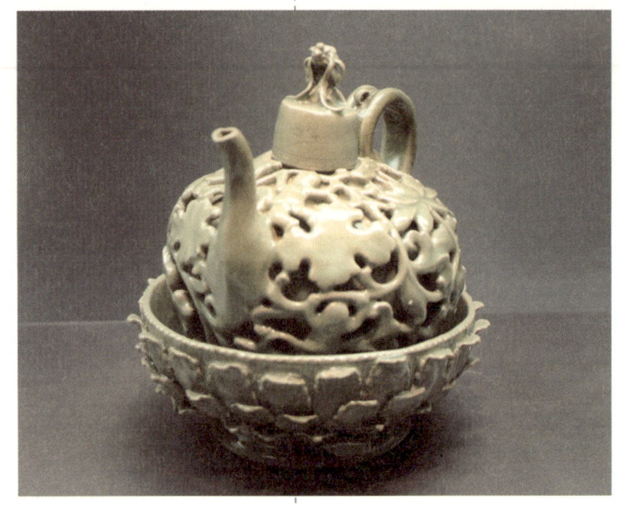

안동 봉정사 극락전

위치 경상북도 안동시 서후면
봉정사길 222

우리나라에 남아 있는 목조건물 가운데 가장 오래된 것으로 국보 15호이다.

통일신라시대 건축 양식을 본받고 있으며, 배흘림기둥과 단조로운 공포 짜임새 등이 멋진 건물이다.

건물을 이루는 재료 하나하나를 다룬 기법이 매우 뛰어나 고려시대 목조건물이 얼마나 아름다웠는지를 잘 보여준다.

앞면 3칸, 옆면 4칸으로 지붕은 맞배지붕이고 앞면 가운데 칸에는 문을 달았다. 양옆 칸에는 창문을 낸

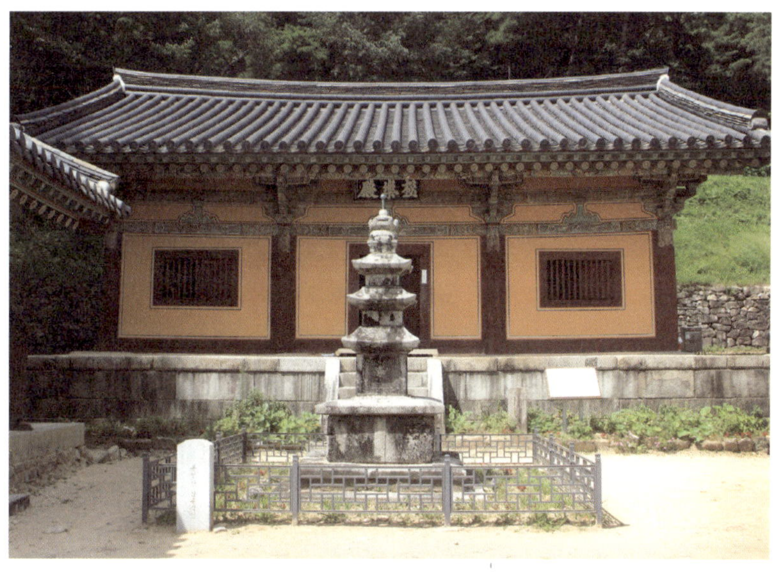

봉정사 극락전

감실형 법당으로 이런 집 모양은 고려시대에 유행했던 양식이다. 건물 안에 아미타 불상을 모셔놓고 그 위로 화려한 닫집(불상 위를 장식하는 덮개)을 만들었으며 불단 옆면에는 덩굴무늬를 새겨 놓았다.

기둥은 가운데가 볼록한 배흘림 형태이며, 지붕 처마를 받치기 위해 다는 장식이 기둥 위에만 있는 주심포 양식이다.

 영주 부석사 무량수전

부석사는 신라 문무왕 때 의상대사가 세운 절이다. 그리고 무량수전은 고려시대에 지은 부석사 주불전(대웅전)이다. 앞면 5칸, 옆면 3칸으로 된 단층 팔작지붕인 주심포식 건물로, 기둥은 중간 부분이 볼록한 배흘림기둥이다. 건물 가운데보다 귀 부분인 처마 끝이 더 튀

위치 경상북도 영주시 부석면 부석사로 345

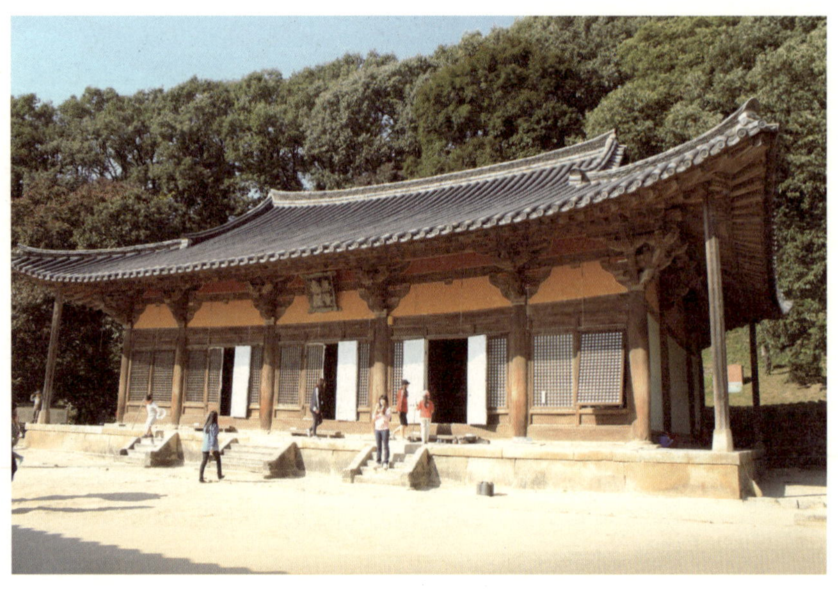

부석사 무량수전

어나오게 한 안허리곡과 기둥 위쪽을 안으로 경사지게 세운 안쏠림, 건물 귀 부분 기둥이 가운데보다 높은 귀솟음 등 아주 수준 높은 기법을 사용하여 지은 건물이다. 우리나라에서 봉정사 극락전 다음으로 오래된 목조건물이다.

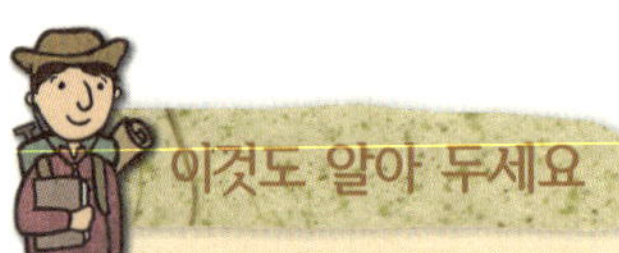

의상대사와 선묘낭자 이야기

『삼국유사』에 있는 설화를 보면, 의상대사가 당나라에서 유학을 마치고 신라로 돌아올 때 선묘라는 여인이 용으로 변해 이곳까지 따라와서 줄곧 의상대사를 보호하면서 절을 지을 수 있게 도와주었다고 한다. 이곳에 숨어 있던 도적떼를 바위로 변한 선묘가 물리친 뒤 무량수전 뒤에 내려앉았다고도 전한다. 그래서인지 무량수전 뒤에는 '부석(浮石)'이라는 글자가 새겨진 바위가 있다. 부석사 박물관에는 선묘낭자와 의상대사 사이에 있었던 애절한 사랑 이야기와 부석사에 관련된 자료가 전시되어 있다.

부석사를 찾은 김삿갓이 지은 시

조선 후기 방랑시인인 김삿갓(1807~1863)은 부석사 무량수전 앞에 있는 안양루에 올라 백두대간 봉우리와 능선들을 보며 시를 남겼다.

평생에 여가 없어 이름난 곳 못 왔더니
백발이 다 된 오늘에야 안양루에 올랐구나.
그림 같은 강산은 동남으로 벌려 있고
천지는 부평같이 밤낮으로 떠 있구나.
지나간 모든 일이 말 타고 달려오듯
우주간에 내 한 몸이 오리마냥 헤엄치네.
인간 백세에 몇 번이나 이런 광경 보겠는가.
세월이 무정하네. 나는 벌써 늙어 있네.

예산 수덕사 대웅전

고려 충렬왕 34년(1308)에 지은 수덕사 본전 건물인 대웅전은 정면 3칸, 측면 4칸으로 되어 있고, 맞배지붕으로 배흘림기둥 위에 공포를 얹은 주심포 양식 건물이다. 그리고 옆면은 둥근 기둥과 각이 진 들보를 드러내고, 동자기둥을 받치는 보인 우미량, 화반(장여받침), 보아지(보받침) 등이 멋지게 조화를 이루고 있다. 또한 황토벽면을 절묘하게 나누어서 아름다운 모습으로 표현했다.

1937년에 해체 수리를 할 때 목재에 쓴 먹글씨인 묵서가 나왔는데

위치 충청남도 예산군 덕산면 사천2길 79

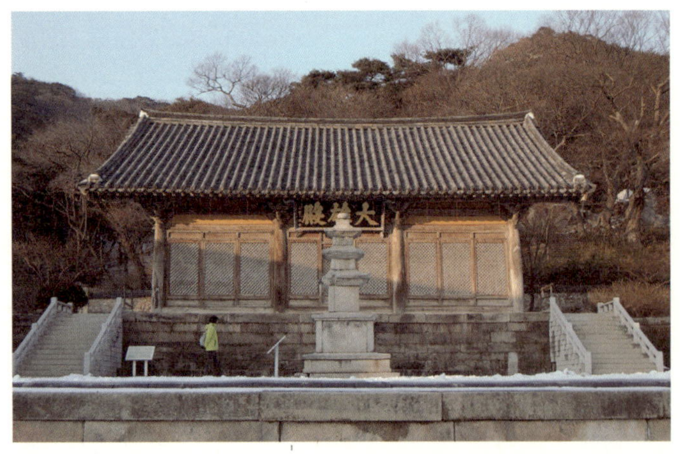

수덕사 대웅전

그 글을 보고 처음 지은 때를 알 수 있게 되었고, 얼마나 오래된 목조건축물인지도 알게 되었다. 한국목조건축물 가운데 가장 뛰어나다고 하는 수덕사 대웅전은 봉정사 극락전, 부석사 무량수전과 함께 고려시대를 대표하는 건축물이다.

오대산 월정사 8각 9층 석탑

위치 강원도 평창군 진부면 오대산로 413-28

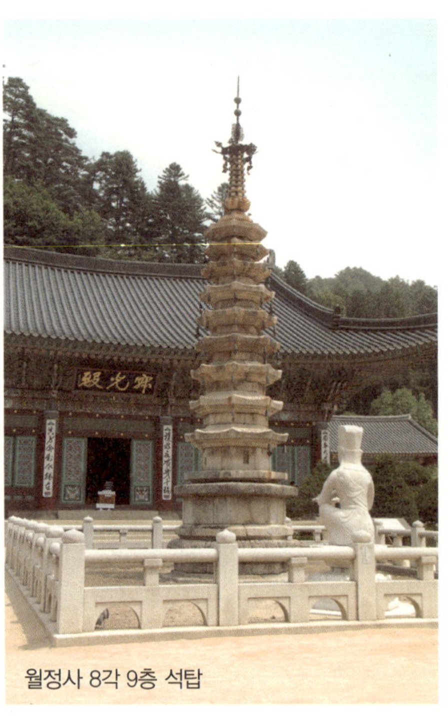

월정사 8각 9층 석탑

2층 기단 위에 9층으로 탑신을 올린 석탑으로, 아래층 기단 각 면에는 코끼리 눈을 본떠 만든 장식 문양인 안상과 연꽃을 새겼다. 위로 올라가면서 줄어드는 비율인 체감률이 작은 몸돌(옥신석)은 지붕돌(옥개석)과 함께 각각 돌 하나로 이루어졌다.

지붕돌은 간략하게 마무리했고, 살짝 위로 솟은 귀

퉁이마다 구리로 만든 풍경이 달려 있다. 탑신 위에 세운 장식인 상륜은 금동으로 만들어서 화려하고 세련된 아름다움을 보여준다. 정확한 비례와 정교한 조각으로 만든 이 탑은 고려시대 다각다층 석탑 가운데에서 가장 뛰어난 것으로 손꼽힌다.

국립중앙박물관 경천사지 10층 석탑

경천사는 지금은 북한 땅인 경기도 개풍군 광덕면 부소산에 있던 절로, 고려시대 전기에 세운 것으로 짐작한다. 이 10층 석탑은 경천사 절터에 세워져 있던 것을 일제강점기에 일본사람이 몰래 가져 갔다가 다시 가져온 것을 1960년에 경복궁에 세웠다. 하지만 대리석으로 된 탑이라 산성비 등에 약해서 훼손되는 것을 막기 위해서 지금은 국립중앙박물관 상설전시관에 옮겨 놓았다.

기단은 3단으로 되어 있는데 위에서 보면 아(亞)자 모양이다. 그 위에 올려놓은 탑신(基壇)도 3층까지는 기단과 같은 아(亞)자 모양이고, 4층부터는 정사각형으로 평면을 이루고 있다.

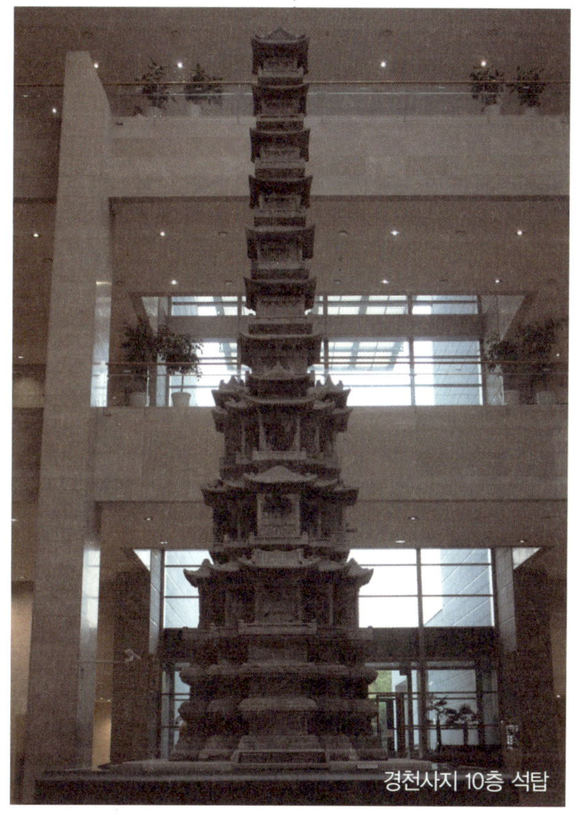

경천사지 10층 석탑

기단과 탑신에는 부처, 보살, 풀꽃무늬 같은 것들을 원근법을 살려서 화려하게 조각해 놓았다. 4층부터는 각 몸돌마다 난간을 새겼고, 지붕돌은 옆에서 보면 목조건물에서 팔(八)자 모양인 팔작지붕 모양을 표현했다.

1층 몸돌에 고려 충목왕 4년(1348)에 세웠다는 기록이 있어서 만들어진 연대를 정확히 알 수 있다. 새로운 양식으로 많이 만들었던 고려시대 석탑 가운데에서도 뛰어나게 아름다운 탑이다. 우리나라 석탑들은 주로 화강암으로 만드는데 이 탑은 대리석으로 만들어졌다는 점도 특이하다. 조선시대에 만들어진 원각사지 10층 석탑(국보 제2호)은 이 탑에서 영향을 받아 거의 같은 모양으로 만들었다.

논산 관촉사 미륵불

위치 충청남도 논산시 관촉로 1번길 2

은진미륵이라고도 부르는 이 불상은 고려 초기인 고려 4대 광종 때 만들기 시작해 목종 때 완성된 것으로 우리나라에서 가장 큰 석불이다.

원래 있던 바위 위에 세운 것으로 높이가 18미터나 된다. 허리를 중심으로 위와 아랫부분을 각각 다른 돌로 조각해 붙였다.

머리에는 관을 썼고 그 위에는 네 모서리에 청동으로 만든 풍경을 단 이중 보관을 올렸다. 큰 체구와 큰 얼굴인데도 굳은 표정까지 짓고 있어서 보는 사람이 겁을 먹게 된다. 실제 사람처럼 생기지 않

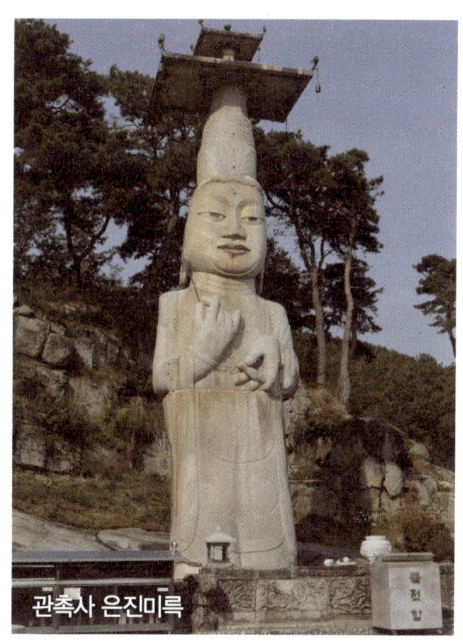

앉고, 옷 주름도 간단하게 조각했다. 몸도 원통기둥처럼 보인다. 이런 양식은 이곳에서만 발달한 불상 형태인데 고려 초기에 지방문화가 독자적으로 발전했다는 것을 보여주는 증거가 된다.

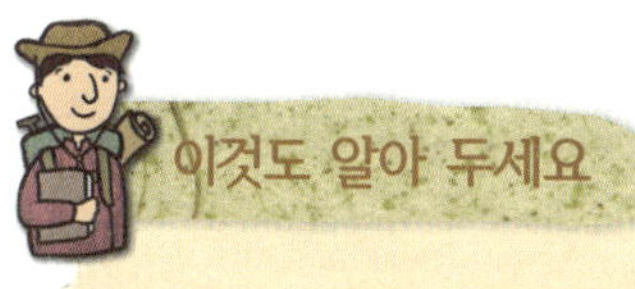

고려를 도운 은진미록

고려를 정복하려는 북쪽 오랑캐무리가 압록강을 건너려고 했다. 그런데 강물 깊이를 짐작할 수가 없어서 머뭇거리고 있는데 한 스님이 오더니 바지를 걷어 올리고는 강을 건너갔다. 오랑캐들은 압록강으로 마구 뛰어들었다. 하지만 강은 깊었고 물살도 거세어 오랑캐 대부분이 빠져 죽어버렸다. 천신만고 끝에 강을 건넌 오랑캐들이 스님을 찾아 칼로 목을 내리쳤지만, 목은 멀쩡한 대신 칼이 반 토막으로 부러졌고 스님은 사라져버렸다. 그때 스님으로 변해 오랑캐들을 강물로 유인한 것이 은진미록이라고 한다. 또 오랑캐 칼에 맞을 때 은진미록 보관(寶冠)이 쪼개졌다고 한다.

그 뒤 관촉사 아랫마을에 사는 남자 꿈에 은진미록이 나타났다. 남자가, "무슨 일이십니까?"하고 물으니, "내 보관이 쪼개졌으니 꿰매어라. 그러면 좋은 일이 있을 것이다"라고 하였다. 꿈에서 깬 남자가 새벽같이 은진미록이 있는 곳에 가서 살펴보니 정말로 보관 부분이 부서져 있었다. 그 남자는 시주를 받아 보관을 고치는 데 필요한 비용을 마련했고, 부서진 보관을 고친 뒤 그 후손들은 아주 많은 복을 받았다고 한다.

안동 이천동 석불(제비원 석불)

제비원 미륵이라고도 부르는 이 석불이 있는 곳은 제비원이라는 이름에서도 알 수 있듯이 길손들이 오가면서 묵었던 원(院)이 있었던 곳이다. 조선시대 말까지 이곳에 주막이 많았다고 한다.

제비원은 안동시 북쪽 이천동에 있는 태화산 기슭을 말하는데 자연암벽에 불상 몸을 새기고 그 위에 머리는 따로 만들어 올려놓았다. 자연석에 올려놓은 머리는 높이가 약 2미터, 몸을 포함한 전체 불상 높이는 약 12미터이다. 머리는 많이 파손되어 있으나 얼굴은 완전한 모양이 남아 있는 마애불이다. 긴 눈과 우뚝 솟은 코, 붉게 칠한 두터운 입술로 미소를 띠고 있는 풍만한 얼굴은 장중하고 근엄한 인상을 준다. 목은 붉은 빛을 띠는데 연주문을 새겨 넣었다.

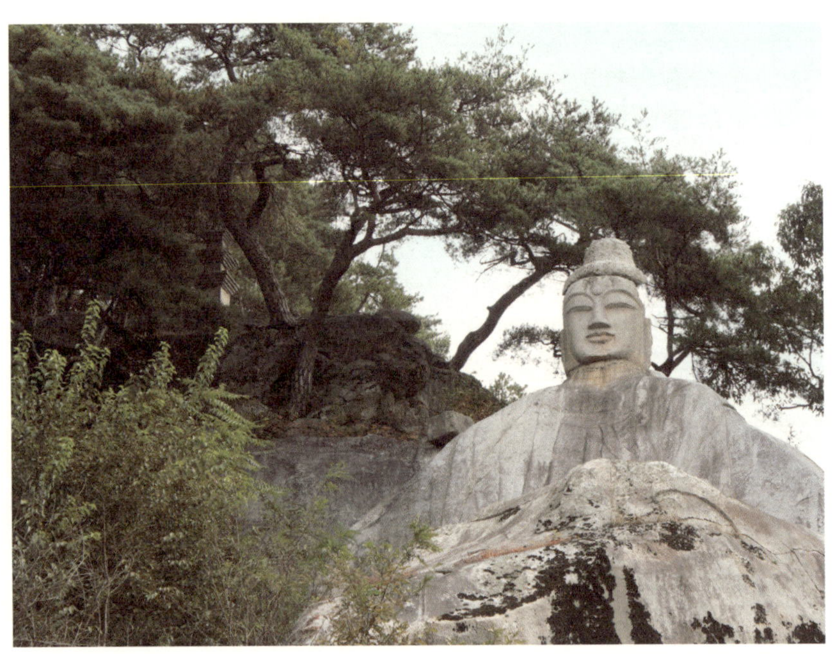

안동 이천동 석불

　안동에서 내려오는 전설에는 임진왜란 때 일본군 장수가 이 불상 목을 치자 피가 흘러나와 목이 붉게 되었다는 이야기가 전해지고 있다.

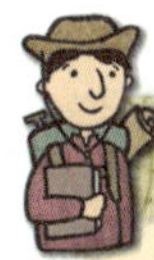

성주풀이

　성주풀이는 집터를 지키고 보호한다는 성주신에게 성주제를 지낼 때 무당이 굿을 하면서 부르던 노래인데 지금은 민요로 많이 불리고 있다. 그 성주풀이에도 제비원 미륵이 나온다

"에라 만수
에라 대신이로구나
성주야 성주로다 성주 근본이 어디메뇨
경상도 안동땅의 제비원이 본이 되야
제비원에다 솔씨 받어 동문 산에다 던졌더니"

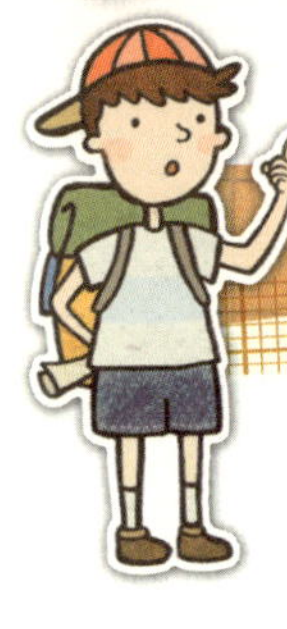

더 깊이 알기

1. 고려시대는 청자 만드는 기술이 뛰어났는데 바탕에 다른 흙을 메워서 무늬를
   나타내는 독창적인 기법을 무엇이라고 하나요?

2. 고려시대 청자 생산지로 유명한 전라도 지역 이름을 두 곳 이상 써 보세요.

3. 고려 후기 공민왕이 그린 그림 이름은 무엇인가요?

4. 다음 중에서 고려시대 만들어진 건축물이 아닌 것을 골라 보세요.

❶ 안동 봉정사 극락전   ❷ 영주 부석사 무량수전

❸ 예산 수덕사 대웅전   ❹ 경주 불국사 대웅전

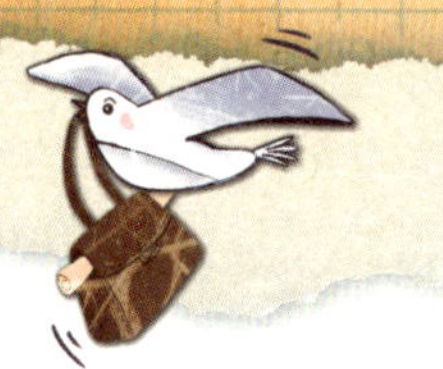

5. 작가를 알 수 없는 가요로 고려시대 백성들 감정을 대담하고 자유롭게 표현해 조선시대에 남녀상열지사라는 비판을 받기도 했던 노래는 무엇인가요?

6. 고려 후기에 원나라 영향을 받아 대리석으로 화려하게 조각해 만든 석탑 이름은 무엇인가요?

7. 고려시대 과거제도가 실시되면서 한문학이 발달했는데 이제현이 쓴 대표적인 책 이름은 무엇인가요?

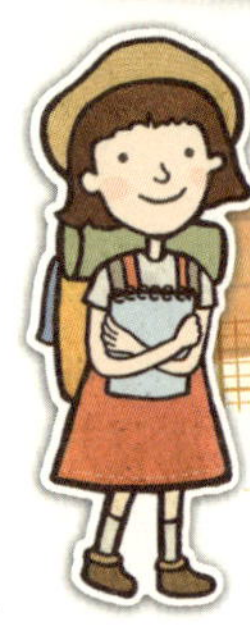

1. 고려청자가 몽골이 침입한 뒤부터 쇠퇴하게 된 까닭은 무엇일까요?

2. 신라시대 불상과 고려시대 불상은 형태면에서 다르게 나타나는데 각각 어떤 특징이 있으며 그런 특징이 나타나는 까닭은 무엇일까요?

	신라시대	고려시대
불상 특징		
그런 특징을 가지게 된 까닭		

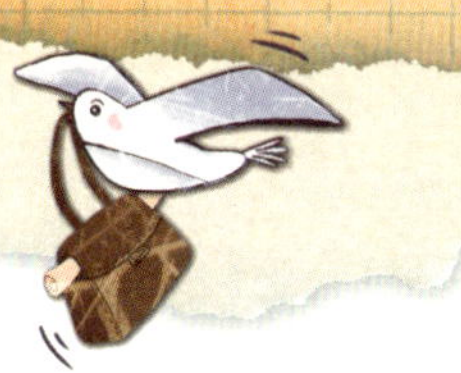

3. 이번 답사에서 가장 기억에 남는 것은 무엇인지 그린 다음, 그 까닭을 써 보세요.

가장 기억에 남는 것
그린 까닭

22 조선, 한양에 터를 잡다

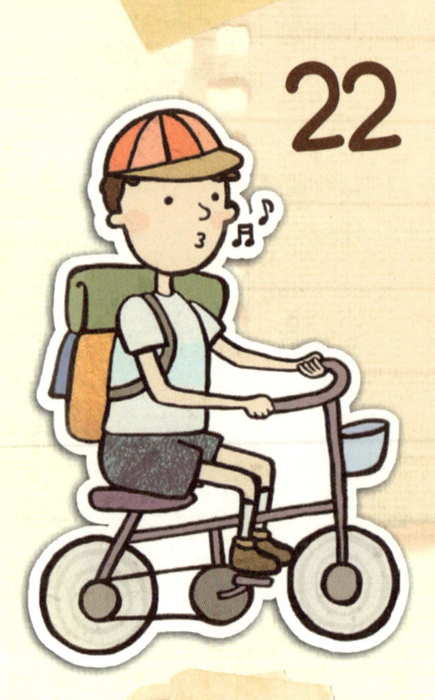

새 왕조를 세운 이성계는 처음에는 나라 이름을 고려라 하고 개경을 도읍으로 삼았다. 하지만 새 왕조 기반을 튼튼히 하기 위해서는 나라 이름을 바꾸고 도읍을 옮겨야 한다는 주장에 따라 이듬해에 나라 이름을 조선으로 바꾸고, 도읍을 한양으로 정해 옮겼다.

한양은 고려시대 때부터 남경으로 불리며 중요하게 여기던 곳이었다. 나라 땅 가운데에 자리 잡고 있고 한강이 흘러서 교통이 편리했다. 한강을 통해 중국과 교역하고 지방에서 거두어들인 세금을 운반하기도 편했다. 또한 땅이 기름지고 북악산, 인왕산, 남산, 낙산이 사방을 둘러싸고 있어서 외적을 막기도 쉬웠다. 이 산들을 따라 능선을 연결하고 성곽을 쌓은 것이 도성이다. 총 길이는 약 18킬로미터이다. 또한 풍수지리상으로도 좋은 땅이었다.

도성 위치가 정해지자 가장 먼저 궁궐터를 정했다. 궁궐은 만년토록 큰 복을 누리라는 뜻으로 경복궁이라고 정했다. 궁궐 남문은 광화문, 북문은 신무문, 동문은 건춘문, 서문은 영추문이라고 이름을 붙였다. 경복궁을 중심으로 좌묘우사 원칙에 따라 왼쪽에는 왕실 조상들인 역대 왕과 왕비들 위패를 모시고 제사를 지내기 위한 종묘를, 오른쪽에는 토지신과 곡식신에게 제사지내는 사직단을 만들었다.

도성에는 출입을 위한 4대문과 4소문을 만들었다. 4대문은 동쪽은 흥인지문, 서쪽은 돈의문, 남쪽은 숭례문, 북쪽은 숙정문이라고 했다. 또 4소문은 동북쪽은 혜화문, 서북쪽은 창의문, 동남쪽은 광희문, 서남쪽은 소의문이라고 이름을 붙였다. 가운데는 보신각이 있다. 유교에서 중시하는 인, 의, 예, 지, 신이라는 글자와 뜻을 담아 이름을 지었다. 유교 통치 이념이 건축물에도 반영된 것이다.

경복궁 정문인 광화문 앞 남북으로 뻗은 거리는 6조 거리라고 불리며, 의정부와 이조, 호조, 예조, 병조, 형조, 공조 등 6조와 한성부, 포도청을 비롯한 관청들이 들어섰다.

궁궐과 종묘사직, 관청들이 들어서고 나자 다음으로는 운종가가 만들어졌다. 또한 포구에 군사시설과 세곡 보관을 위한 창고들이 지어졌다. 계획도시 한양은 이렇게 완성되었다.

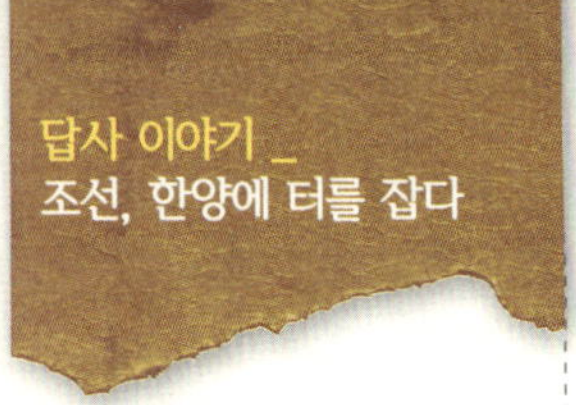

경복궁

경복궁은 조선 건국을 주도한 신진사대부 세력과 이성계가 개경에서 새로운 도읍지인 한양으로 수도를 옮기기로 결정하고 난 다음, 가장 먼저 지은 것이다. 새로운 도읍지인 한양을 상징하고 왕권을 상징하는 중심이 세워진 것이다. 하지만 경복궁은 왕자의 난, 계유정난 등 여러 사건을 겪고, 왕이 주로 창덕궁에 살게 되면서 정궁 역할을 제대로 하지 못했다. 그러다가 1592년 임진왜란 때 불탄 뒤로 270여

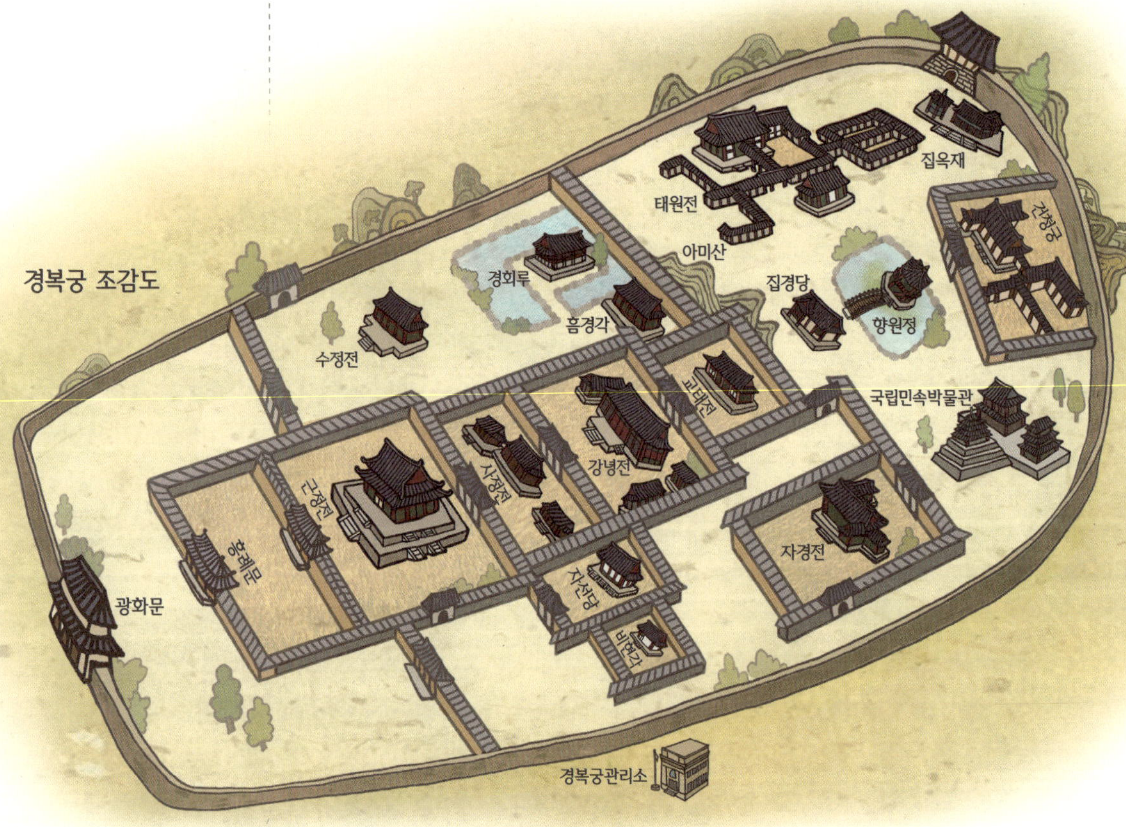

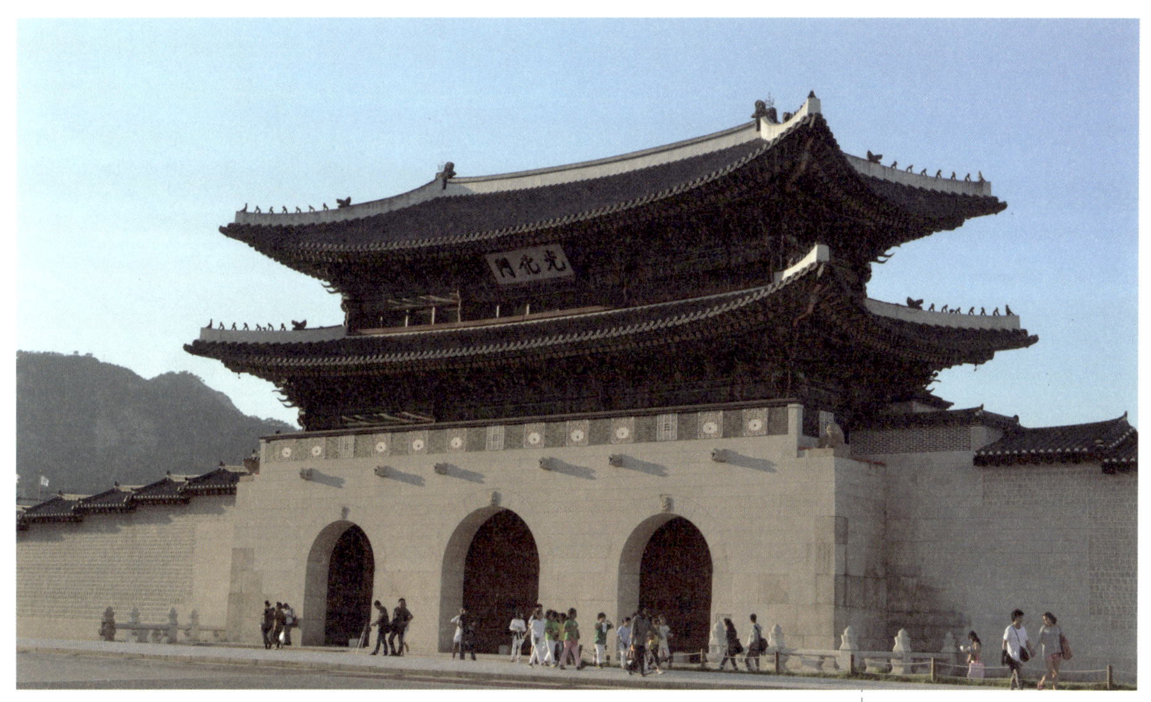

광화문

년이 넘게 다시 세우지 못했고 1865년에야 고종 임금 아버지였던 흥선대원군이 다시 세웠다.

경복궁은 크게 근정전, 사정전 등 나라 일을 펼치는 외전과 임금이 거처하는 강녕전, 왕비가 기거하는 교태전 등 왕실 식구들이 머무르는 내전으로 이루어져 있다.

근정전 근정전은 문무백관들이 모여 조회를 하거나 세자 책봉, 임금 즉위식, 외국에서 온 사신맞이 등 국가 중요 행사를 하는 중심 건물이다. 근정전은 이층으로, 경복궁에 있는 건물 가운데 가장 규모가 크고 다른 궁궐에 있는 정전보다도 크다.

이곳에서 정종, 세종, 단종, 세조, 성종, 중종, 명종 등 모두 일곱 임

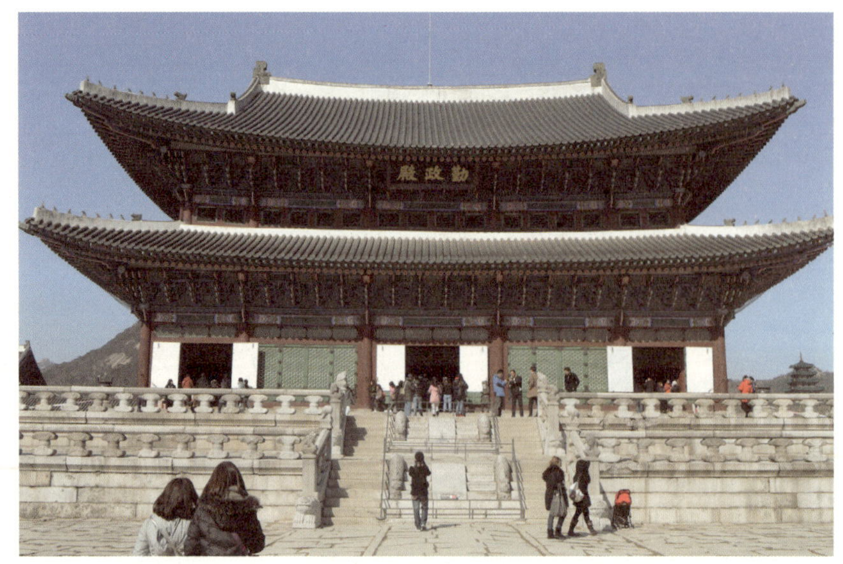

경복궁 근정전

금이 즉위식을 거행했다.

사정전 사정전은 근정전 뒤에 있는 단층 건물이다. 임금이 머물면서 나라 일을 처리하던 곳으로 편전이라고 불렀다. 이곳에서 임금과 신하들이 모여 회의를 하고, 나라 일을 처리했다.

경복궁 사정전 내부

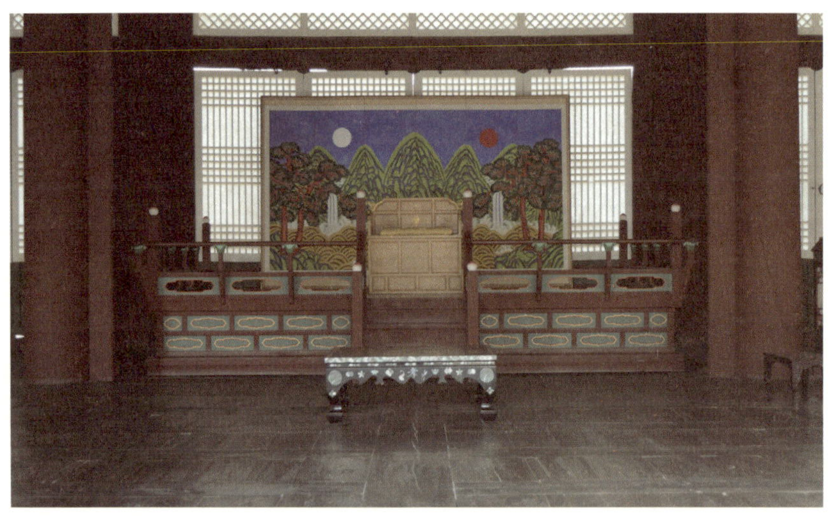

경회루 경복궁 안에 있는 연못에 세워진 누각으로 외국 사신을 접대하거나 연회를 베풀던 곳이다. 경복궁을 만들 때 근정전 서쪽에 있는 습지를 파내고 연못을 만든 다음, 그 연못 위에 세운 누각이 바로 경회루다. 이 때 파낸 흙으로 만든 산이 교태전 뒤에 있는 '아미산'이다.

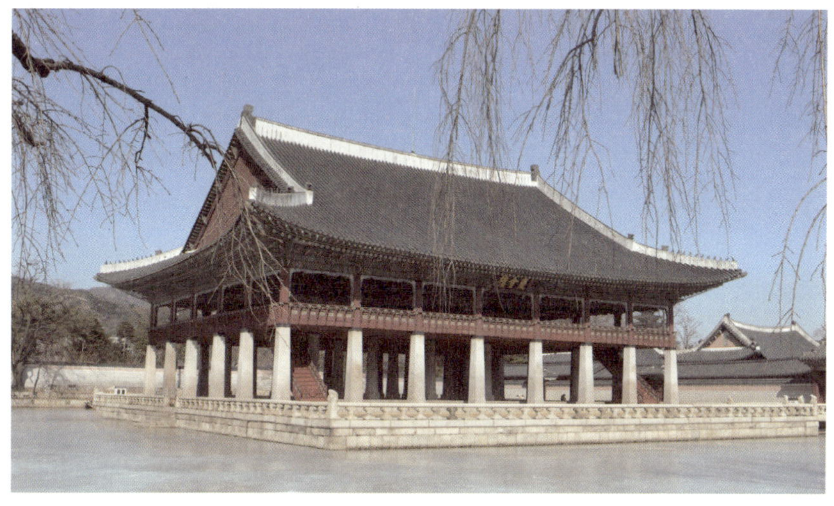

경복궁 경회루

종묘

조선을 세운 신진사대부와 이성계는 불교를 멀리하고, 유교예법에 따라 나라를 만들어갔다. 유교국가에서 기본적으로 갖추어야 하는 세 곳이 종묘와 사직, 그리고 왕이 머물 궁궐이다.

궁궐은 임금이 머물면서 나라를 다스리는 곳이고, 종묘는 유교예법에 따라 왕실 조상에게 제사를 올리는 곳이고, 사직은 땅과 곡식

위치 서울특별시 종로구 종로 157

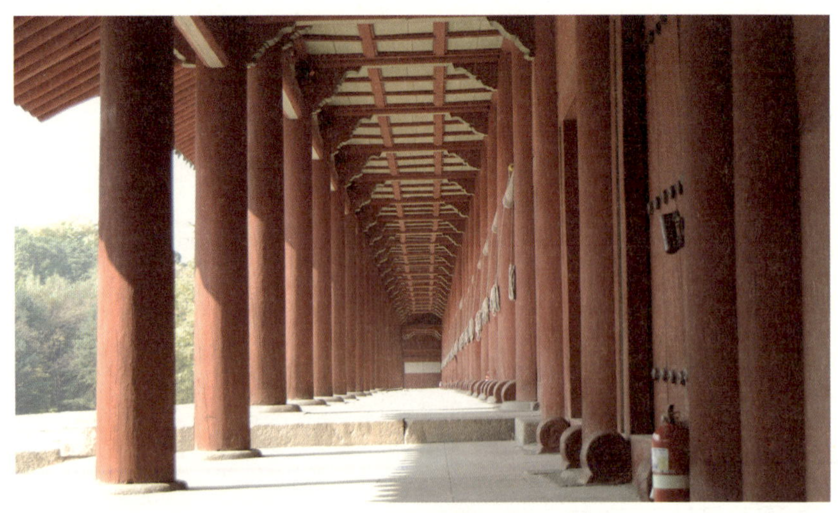

을 다스리는 신에게 제사를 지내는 곳이다.

종묘는 조선시대 왕과 왕비들 신주를 모신 사당이다. 신주는 사당에 모셔두는 죽은 사람 위패로, 보통 나무판에 이름과 생년월일, 죽은 날을 새겨 놓았다.

종묘는 크게 정전과 영녕전으로 나누어져 있다. 정전은 19칸으로 왕 19명과 왕비 30명 신주를 모시고 있다. 영녕전은 16칸으로 왕 15명과 왕비 17명, 그리고 고종황제 아들인 이은 부부 신주를 모시고 있다.

하지만 종묘에 모신 왕들 가운데 실제 왕위에 올랐던 왕은 25명이고, 9명은 왕위에 오르지 않았지만 시호를 받은 추존왕들이다. 또한 실제 왕위에 있었던 연산군과 광해군은 조상에 대한 예를 다하지 않고 중간에 쫓겨난 왕이라 종묘에 신주를 모시지 않았다.

종묘는 왕실 조상들에게 제사 지내는 곳이기 때문에 목조, 익조, 도조, 환조 등 이성계 4대조까지 추존왕에 포함되어 있으니까 조선이 세워지고 난 뒤 추존왕이 된 5명을 합해 9명을 모시고 있는 것이다.

종묘에는 정전과 영녕전 외에도 전사청, 어숙실, 칠사당, 공신당, 악공청 등 부속건물들이 있다.

 # 사직단

경복궁을 세우고 난 뒤 좌묘우사 원칙에 따라 경복궁 오른쪽에 토지신과 곡식신에게 제사를 지내기 위해 만들어진 제단이 사직단이다.

토지신에게 제사를 지내는 단을 사단, 오곡신에게 제사를 지내는 단을 직단이라 불러, 사직단이 되었다.

옛날 사람들은 땅은 네모나고, 하늘을 둥글다고 생각했다. 그래서 사직단 모양도 땅을 상징하는 사각형으로 만들었다.

사직단

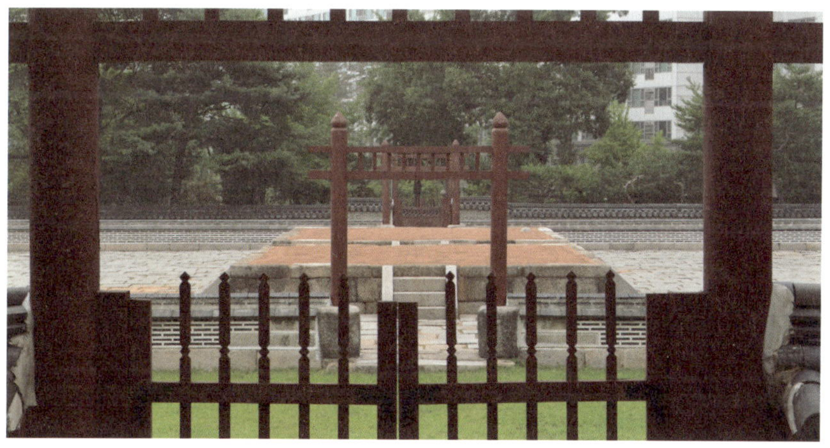

사직단 사방에는 홍살문이 있는데 북문만 다른 문에 비해 규모가 크다. 그것은 북쪽으로 난 북문으로 신이 드나든다고 생각해 규모를 더 크게 한 것이다.

사직단은 조선시대까지만 해도 나라를 다스리는 근본이라 생각하고 소중하게 여겼으나, 시대가 변해서 농업에 대한 중요성이 줄어들자 사직단에 대한 관심도 줄어들게 되었다. 하지만 아직도 해마다 토지신과 곡식신을 향한 제사는 이어지고 있다.

창덕궁

창덕궁은 조선시대 세 번째 임금인 태종 때 만들어진 궁궐이다. 창경궁과 함께 경복궁 동쪽에 있다고 해서 동궐이라고도 불렀다.

태종이 창덕궁을 짓게 된 것은 왕자의 난을 일으켜 개국공신들과 이복동생들을 죽인 곳이 경복궁이었기 때문에 마음이 편치 않은 것도 새로운 궁궐을 지은 이유였다고 한다. 경복궁과 함께 임진왜란 때

● 창덕궁 인정전
●● 창덕궁 인정전 앞 품계석

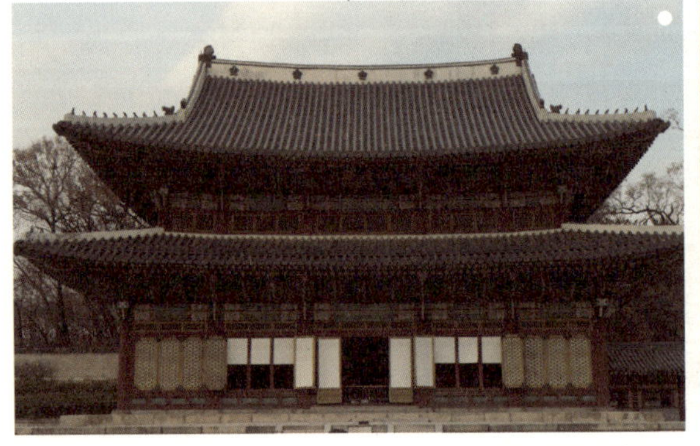

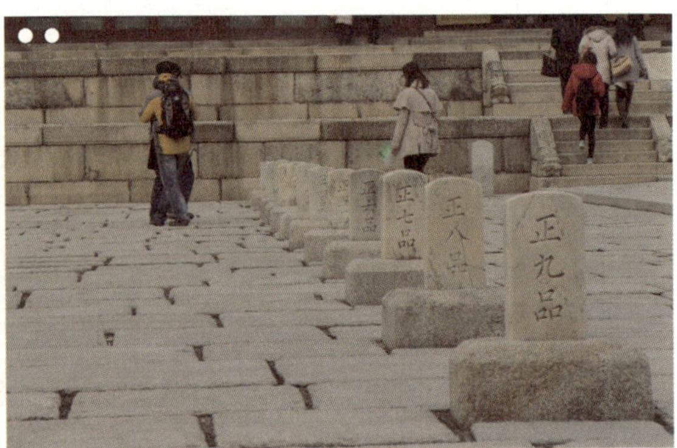

불에 탄 것을 광해군이 다시 지어 그때부터 고종 초기까지 약 260여 년 동안 경복궁을 대신해 왕이 거처하면서 나라를 다스린 궁궐인 정궁 역할을 했다.

정조 임금이 펼친 개혁정치를 뒷받침한 인재들이 공부한 규장각이 후원에 자리 잡고 있으며, 경복궁, 창경궁, 경운궁(덕수궁), 경희궁과 함께 5대 궁궐이라고 한다.

인정전 앞에는 품계석이 총 24개가 설치되어 있는데, 인정전에서 가까울수록 높은 품계이며, 품계석으로 신하들 위계 서열을 나타냈다. 왼쪽인 동쪽에는 문신들이, 오른쪽인 서쪽에는 무신들이 자리를 잡았다. 조선시대 관리들 품계는 정1품에서 종9품까지 모두 18품계였으나, 품계석은 모두 24개만 설치했다. 정1품부터 종3품까지 6개, 4품부터 9품까지는 정과 종 구분 없이 6개를 설치했다. 그래서 좌우에 12개씩 모두 24개가 설치되었다. 36개가 아닌 24개를 설치한 것은 24절기를 뜻한다고도 한다.

창덕궁뿐만 아니라 다른 궁궐 정전 앞에도 품계석이 설치되어 있다.

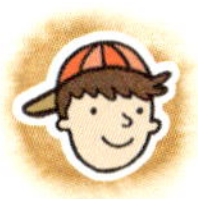 ## 4대문과 4소문

새로운 도읍인 한양에 도성을 쌓고 출입문인 4대문과 4소문을 만들었다.

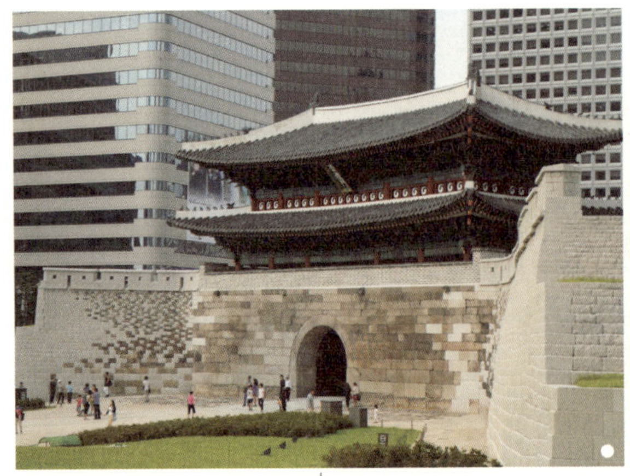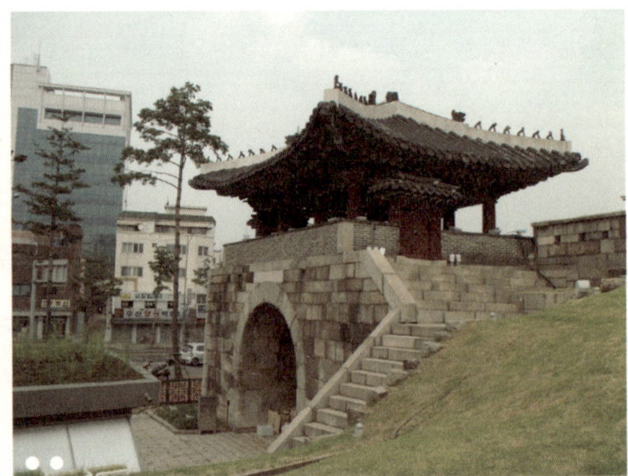

● 복원된 숭례문
●● 광희문

　4대문은 동대문을 흥인지문, 서대문을 돈의문, 남대문을 숭례문, 북문을 숙정문이라고 불렀다. 또 4소문은 동북쪽 문을 혜화문, 서북쪽 문을 창의문, 동남쪽 문을 광희문, 서남쪽 문을 소의문이라고 했다. 서소문인 소의문은 현재 남아 있지 않다.

　4대문은 유교에서 중시하는 인, 의, 예, 지라는 글자와 뜻을 담아 이름을 지은 것이다. 다른 문들은 이름이 세 글자인데 동대문만 네 글자로 하고, 문에 옹성을 세운 까닭은 동쪽에 있는 산인 낙산이 낮고 작아서, 동쪽에서 나쁜 기운을 막기 어려우므로 문을 튼튼하게 세우려는 뜻이 담겨 있다. 또 남대문인 숭례문은 현판을 세로로 세웠는데 이것은 화기가 강한 관악산 불기운을 태워 올려버리라는 뜻이 담겨 있다. 북문인 숙정문은 죽음을 상징하는 북쪽에 있는 문이어서 대문이라고 부르지 않고, '지'라는 글자도 '정'으로 바꾸어 붙였다. 이것은 모두 풍수지리 사상을 따른 것이다.

　우리 조상들이 화기를 막기 위해 숭례문 현판을 세로로 세웠지만, 숭례문은 그 뜻을 저버리고 지난 2008년 2월 화재로 타버렸다. 지

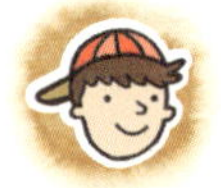

금은 5년에 걸친 복원공사를 마치고 옛 모습을 되찾았다. 동쪽과 서쪽 성곽도 함께 복원해서 한양 도성 정문이 지닌 위용을 다시 뽐내고 있다.

보신각

해마다 12월 31일이 지나고 새해가 시작될 때 모여서 '제야의 종'을 치는 곳이 보신각이다. 제야라는 말은 섣달그믐으로 그 해에서 가장 마지막 날을 이르는 말이다. 제야의 종소리는 묵은해를 보내고 새해를 맞이하는 의식이다. 보신각 종이 제야의 종으로 사용되기 시작한

위치 서울특별시 종로구 종로 54

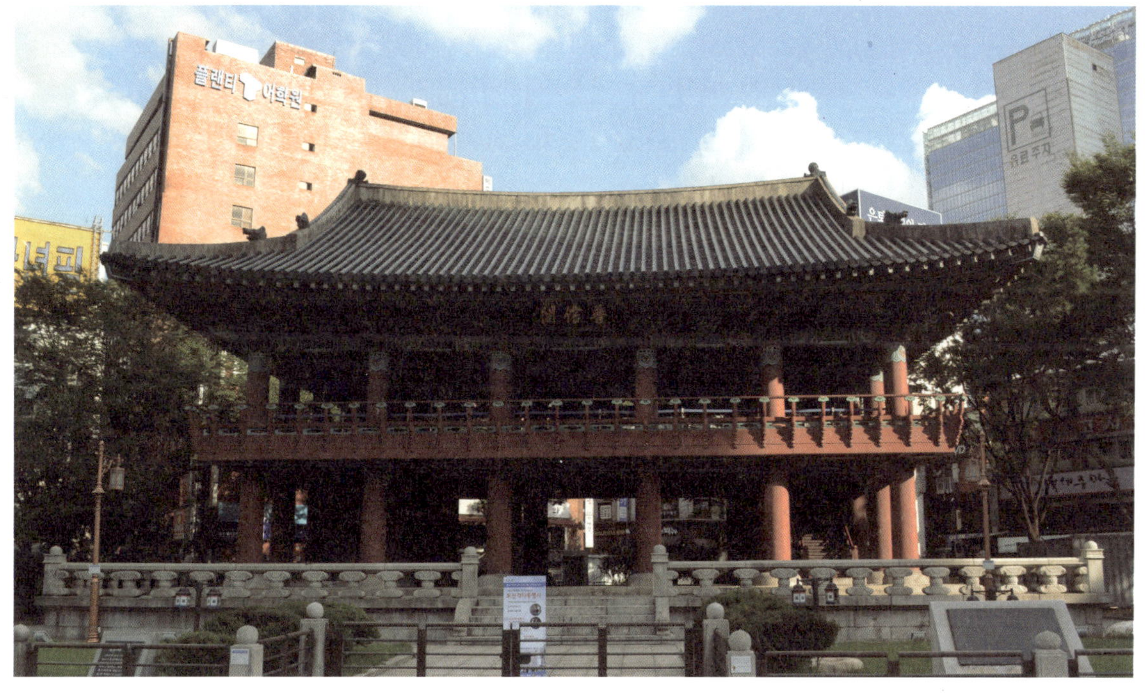

보신각

것은 1953년부터다.

조선은 유교예법에 따라 궁궐과 종묘, 사직을 세우고 도성을 드나드는 문과 종각을 인, 의, 예, 지, 신에 맞추어 세웠다. 이 가운데 '신'에 해당하는 것이 보신각이다.

보신각에는 큰 종이 달려있어서 사람들에게 시간을 알려주는 역할을 했다. 4대문이 닫히고 통행금지가 시작되는 시간인 밤 10시에는 28번을, 4대문이 다시 열리고 통행금지가 해제되는 새벽 4시에는 33번을 쳐서 성문이 열렸다는 것을 알려주었다. 밤 10시에 28번을 친 것은 밤 동안 평안하기를 기원한 것이고, 33번을 친 것은 하루가 평안하기를 기원한 것이었다.

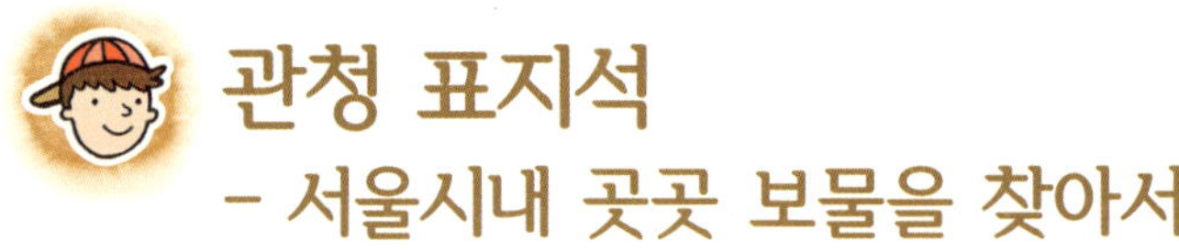

관청 표지석
– 서울시내 곳곳 보물을 찾아서

경복궁 정문인 광화문 앞은 6조 거리였다. 지금도 정부서울청사, 외교부, 문화체육관광부, 방송통신위원회 등 주요 정부부처들이 자리하고 있다. 광화문을 기준으로 왼쪽에 의정부, 이조, 호조, 한성부가 오른쪽에 예조, 병조, 형조, 공조, 사헌부가 있었다.

지금은 표지석만 남아 있다. 서울시내에는 이런 표지석들이 많이 있다. 옛 한양 4대문 안을 거닐 때는 발밑을 유심히 살펴보는 것도 재미있다.

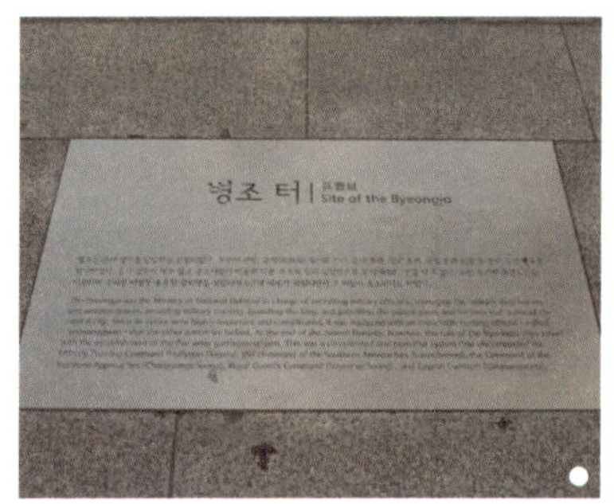
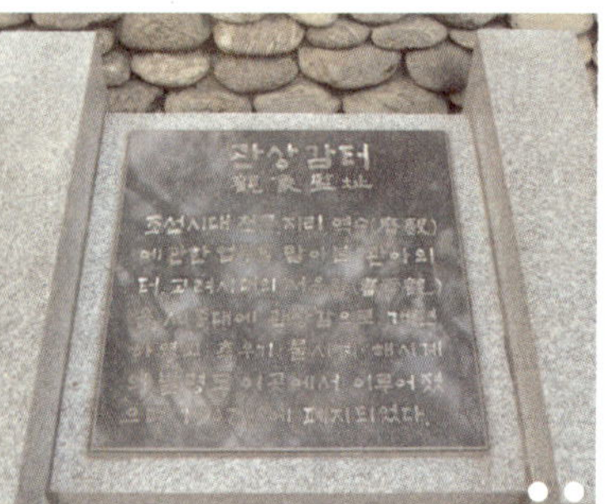
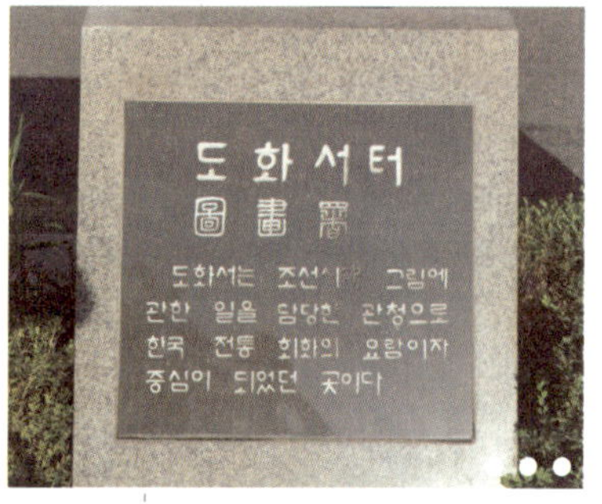

　　창덕궁 가는 길에는 천문, 지리 등을 담당했던 관상감이 있던 관상감터를 만날 수 있다. 여기에 측우기가 있었다. 또 우정국 근처에는 그림을 담당했던 관청인 도화서가 있었던 자리 등 종로 거리를 거닐다 보면 곳곳에서 조선시대 관청이 있었던 표지석들을 쉽게 볼 수 있다. 관청 규모와 역할, 궁궐과 떨어진 거리 등을 생각해보며 조선시대 관리들이 살았던 모습과 오늘날 관리라고 할 수 있는 공무원들이 살아가는 모습이 어떤 점이 비슷하고 다른지 생각해 보는 것도 또 다른 즐거움이 될 것이다.

● 병조터 표지석
●● 관상감터 표지석
●●● 도화서터 표지석

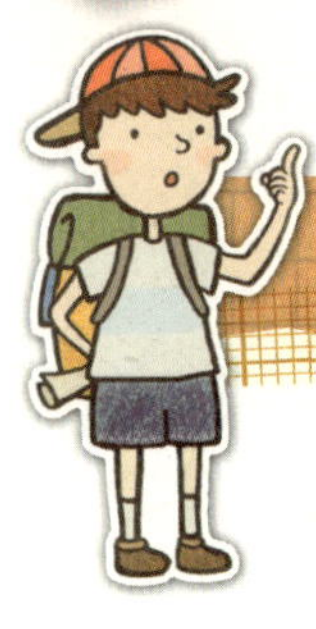

더 깊이 알기

1. 새로운 나라 조선을 세운 이들은 도읍을 어디로 정하였나요?

2. 임금이 머무는 궁궐로 가장 먼저 지어진 것이 경복궁입니다. 경복궁이라는 이름에 들어있는 뜻은 무엇인가요?

3. 한양도성을 드나들기 위한 문을 모두 몇 개 만들었나요?

4. 한양도성을 드나들기 위해 만든 문 이름을 적어보세요.

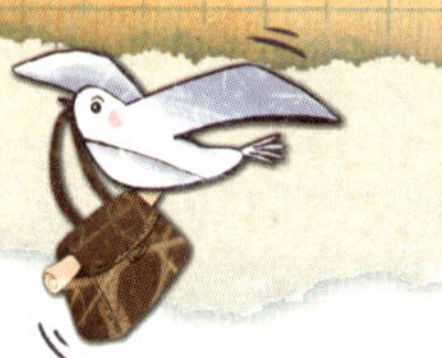

5. 유교예법에 따라 경복궁 좌우에 만들어진 것은 무엇인가요?

____

____

6. 조선시대에 세운 5대 궁궐은 무엇 무엇인가요?

____

____

7. 경복궁에서 임금이 주로 머물면서 나라 일을 보던 건물은 무엇인가요?

____

____

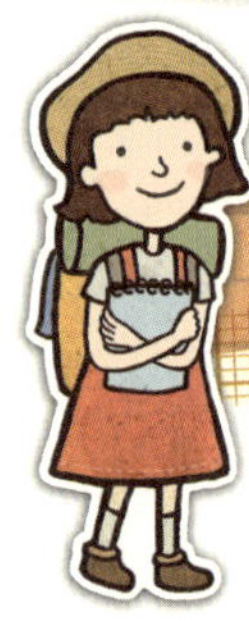

1. 조선을 세운 세력들은 왜 한양을 새로운 도읍지로 정했을까요?

2. 조선은 유교예법에 따라 경복궁을 기준으로 왼쪽에는 종묘를, 오른쪽에는 사직단을 만들었습니다. 유교에서는 왜 종묘와 사직을 중시했을까요?

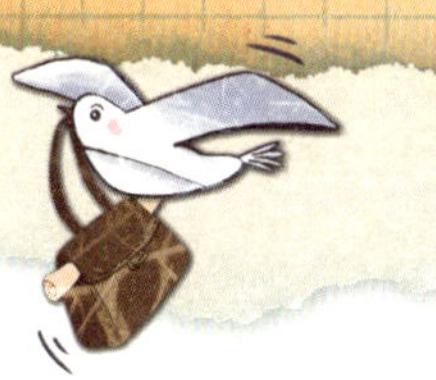

3. 이번 답사에서 가장 기억에 남는 것은 무엇인지 그린 다음, 그 까닭을 써 보세요.

가장 기억에 남는 것

그린 까닭

23 한글창제와 과학기술 발전

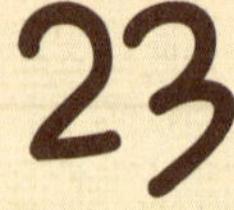

세종 때 진주에 사는 김화라는 백성이 아버지를 죽이는 사건이 일어났다. 이에 세종은 삼강오륜을 쉬운 글자로 번역해서 백성들에게 읽히면 통치이념인 성리학이 널리 퍼질 것이고, 백성들이 쉽고 편하게 글을 읽고 쓸 수 있을 것이라 여겼다.

1443년, 모두 28자로 된 훈민정음이 만들어졌다. 최만리를 비롯한 여러 학자들이 반대했으나 3년여 동안 집현전에서 글자체계를 연구한 다음, 1446년에 반포했다.

세종은 한글을 널리 퍼트리기 위해 여러 제도를 만들고 서적을 편찬했는데 함길도 자제들이 과거시험을 볼 때나 관아에서 일하는 관리를 뽑을 때 훈민정음 원리를 과목으로 넣도록 했다.

그리고 조선왕실을 찬양하는 노래인 '용비어천가'를 비롯해 백성들이 지켜야 할 도덕규범을 한글과 그림으로 담은 '삼강행실도' 등을 펴내고, 한자로 된 불경, 농업서적, 군사에 관한 학문을 담은 병서, 의술서 등을 한글로 번역해서 펴냈다.

쉬운 한글로 많은 책을 펴내자 백성들도 쉽게 읽을 수 있게 되었다. 글을 읽고 쓸 줄 아는 사람이 늘어나자 양반들만 독점하던 지식과 정보가 일반백성들에게도 퍼지게 되었고, 더불어서 민중의식도 성장하게 되었다.

그리고 국가산업인 농업을 발전시키기 위해 중국 황제만 볼 수 있다고 믿었던 천문을 조선 스스로 관측하려고 했다. 또 신하들이 반대하는 것을 무릅쓰고 동래관아에 노비였던 장영실을 등용해 여러 천문관측기구와 정확한 시계 등을 만들었다. 비가 온 양을 측정하는 '측우기', 해시계인 '앙부일구', 물시계인 '자격루', 천문관측기구인 '혼천의'와 '간의', 그리고 비가 올 때 강물 높이를 재는 '수표', 바람 방향과 세기를 재는 '풍기' 등이 이때 만들어졌다.

이런 기구들을 바탕으로 우리 실정에 맞는 달력인 '칠정산 내편'을 만들고 여기에다 아라비아 책력을 참고해서 '칠정산 외편'을 만들었다. 또 우리나라에 맞는 농사법인 '농사직설'을 펴냈다.

태종 때 만들어진 계미자에 이어서 세종 때 더욱 발전된 구리활자인 갑인자를 이용해 이런 서적들을 활발하게 편찬했다. 그리고 태종 때에 만들어진 세계지도인 '혼일강리역대지도'에 이어서 세종 때에는 전국지도인 '전국도'가 만들어지고, 성종 때에는 지리정보를 담은 '동국여지승람'이 편찬되었다.

서울 세종대왕기념관

위치 서울특별시 동대문구
회기로 56번지

조선시대 네 번째 임금인 세종대왕을 기리기 위해 1973년에 문을 연 세종대왕기념관은 일대기실, 한글진열실, 과학진열실, 국악진열실로 되어 있고 건물 밖에도 여러 전시물이 있다.

일대기실에는 세종대왕 어진과 왕자시절에 책을 읽는 그림, 즉위도, 대마도 정벌도, 주자소도, 집현전 학사도, 지음도, 서운관도, 육진개척도, 만주 정벌도, 측우기도, 훈민정음 반포도, 전제상정도, 내불당도, 강무도 같은 그림들이 있고, 한글진열실에는 《훈민정음》을 비롯하여 《용비어천가》, 《석보상절》, 《월인천강지곡》, 《동국정운》, 《홍

세종대왕기념관 자격루

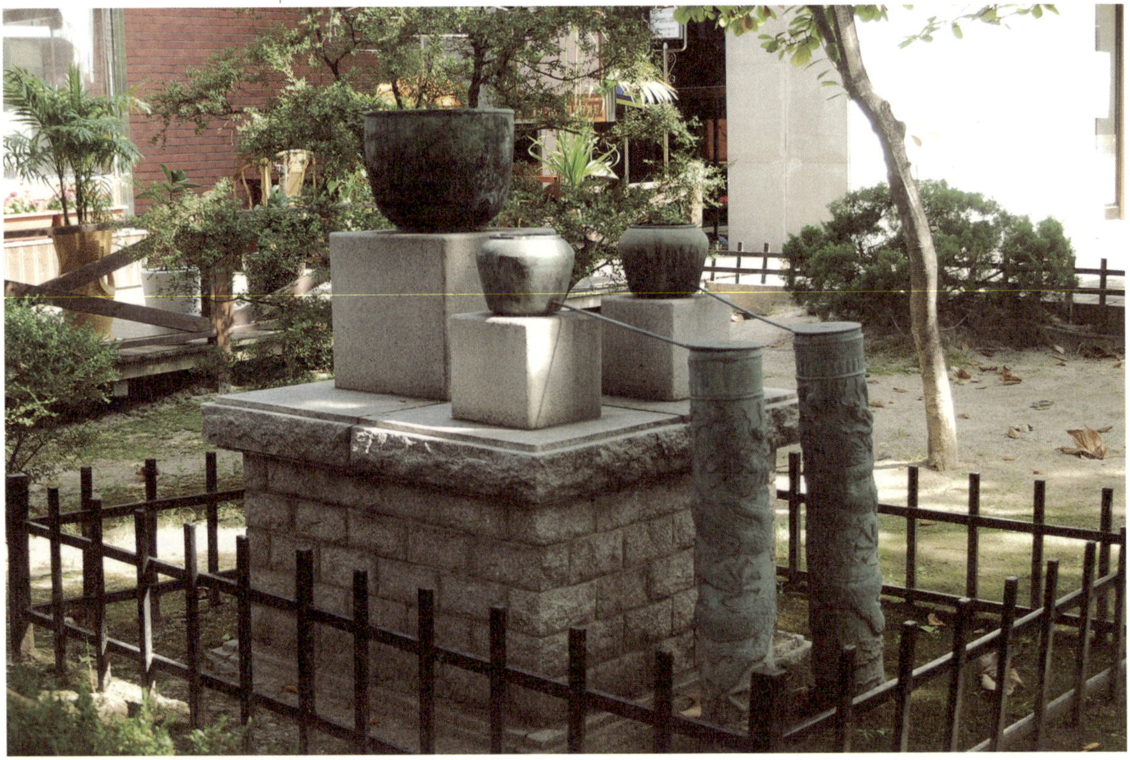

무정운역훈》 같은 책들과 세종 이후에 펴낸 책들, 옛 활자로 찍은 책들, 글씨 병풍 등이 있다. 과학진열실에는 세종대왕 때 활자 인쇄과정을 비롯해 측우기, 앙부일구(해시계), 일성정시의, 천체관측기 같은 관측기구와 별자리 그림인 천상열차분야지도, 도량형, 12율관, 동국지도, 총포, 돈, 한의학기구 같은 것들이 있다.

그리고 국악진열실에는 각종 악기들과 악사복, 무용복, 진연청도 같은 것들이 있다.

또 기념관 밖에는 세종성왕기념탑과 수표, 앙부일구, 측우기, 자격루, 세종대왕 신도비와 여주 영릉으로 옮겨가기 전 영릉에 있던 문인석, 무인석, 석마(돌로 만든 말), 석양(돌로 만든 양), 석등 등이 있고, 주시경 선생 묘비도 있다.

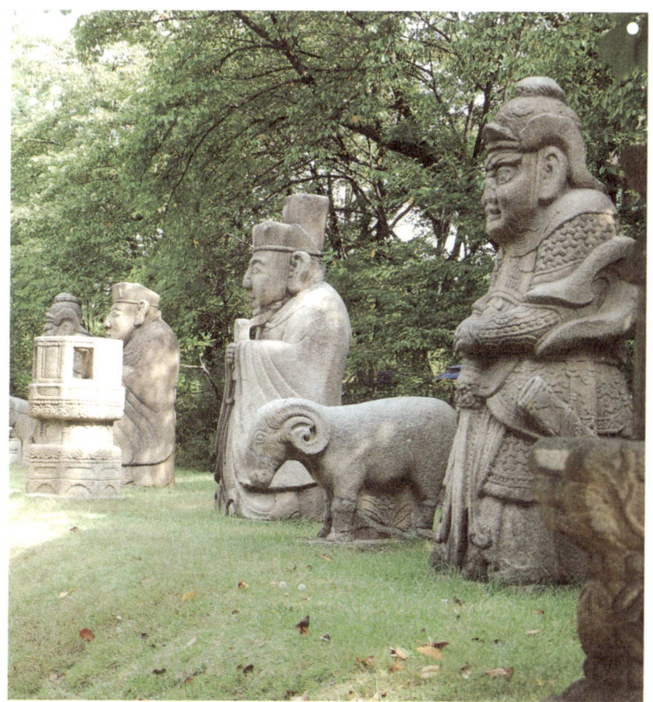

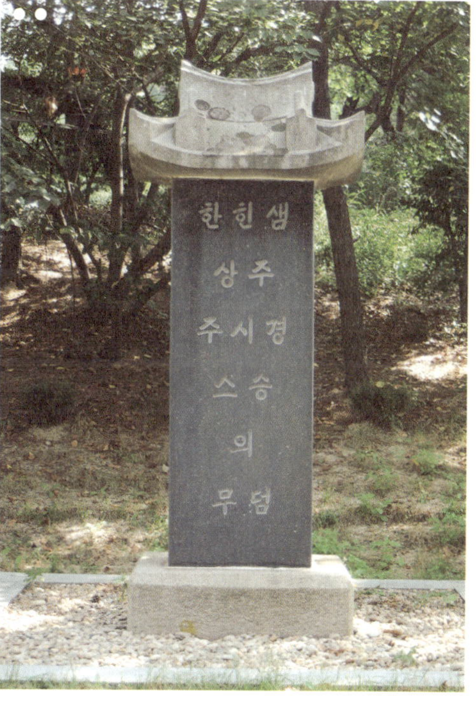

● 옛 영릉 석물들
●● 주시경 선생 묘비

여주 영릉(英陵)

세종대왕과 왕비인 소헌왕후를 모신 무덤으로 세종 28년(1446)에 소헌왕후가 죽자 당시 광주(廣州, 서울시 서초구 내곡동)에 묻혔고, 세종대왕이 승하하자 합장을 했다. 그러나 세조 임금 때 영릉 터가 좋지 않다고 옮기자는 주장이 나왔고, 예종 1년인 1469년에 지금 자리인 여주로 이장을 했다. 조선시대 임금 가운데 처음으로 왕과 왕비가 한 봉분에 합장된 무덤이다.

영릉

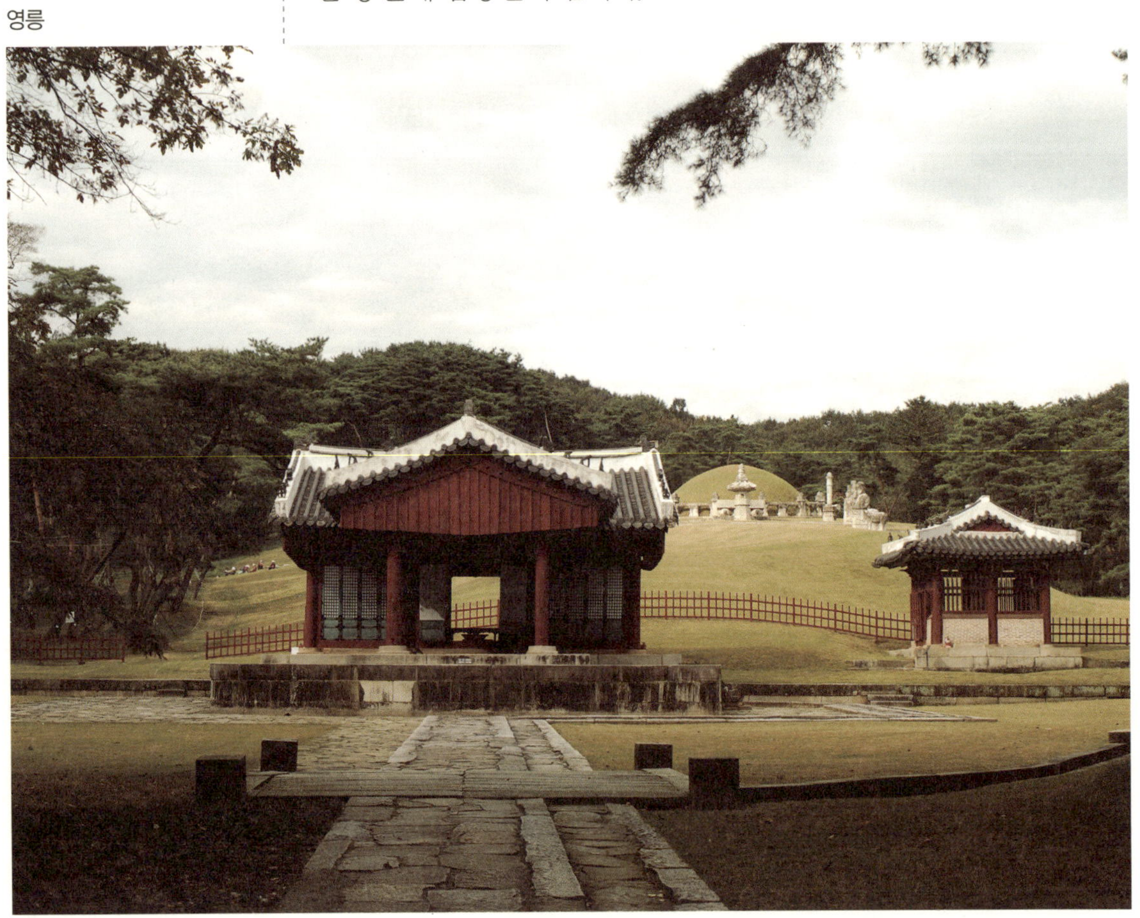

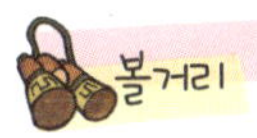

영릉 앞 세종전

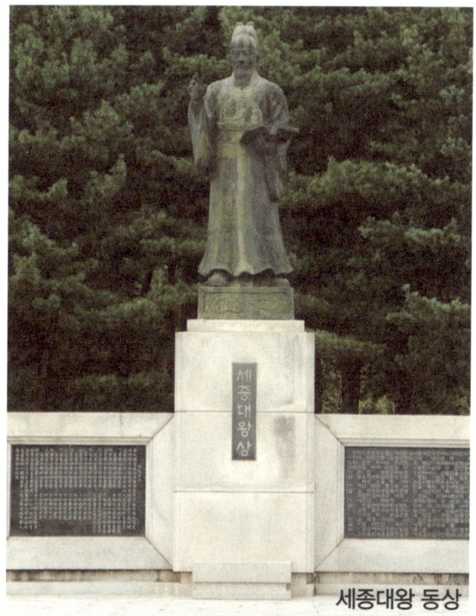
세종대왕 동상

1977년에 세종대왕 업적을 기리기 위해 영릉 입구에 문을 열었다.

세종대왕 때 만들어진 여러 악기들과 책들, 그리고 천문관측기구들을 복원해 세종전 안과 밖에 전시해 놓았다.

그리고 세종전 정면에는 세종대왕 동상도 서 있다.

위치 경기도 여주군 능서면 왕대리 산 83–1번지

볼거리 세종전 안과 밖에 있는 전시물들 안내문을 소리 내서 읽으며 살펴보세요.

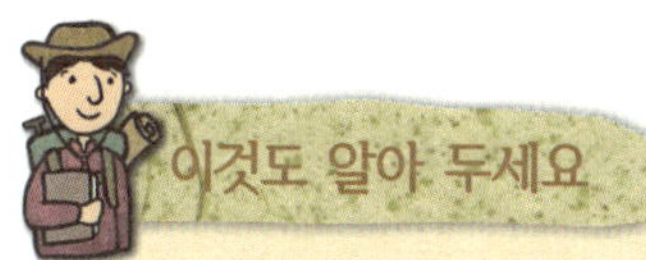

세종전에 있는 전시물

훈민정음 해례본

훈민정음을 창제한 세종대왕이 집현전 학자들과 더불어 쓰임과 구조를 풀어서 밝힌 해설서로 1446년에 펴냈다. 1권으로 되어 있고, 목판에 새긴 책이다.

국보 70호로 지정된 이 책은 1940년에 안동에서 발견되었는데 간송 전형필이 그 당시 기와집 10채 값인 1만원을 주고 사서 간송미술관에 소장하고 있으며 유네스코 세계기록유산으로 지정되었다.

이 해례본이 나오기 전에는 훈민정음 창제과정을 알지 못해서 세종대왕이 문창살 무늬를 본떠서 만들었다는 엉터리 추측도 했다. 세종전에는 복제본이 전시되어 있다.

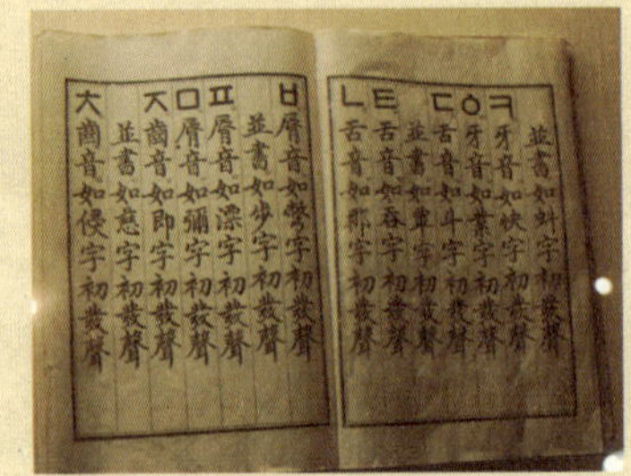

훈민정음 언해본

훈민정음 해례본을 한글로 번역한 것으로 언문으로 해석했다고 언해본이라고 부른다. 세조 임금 때인 1459년에 《월인석보》에 실린 훈민정음은 어제와 쓰임과 의미 부분을 한글로 번역해 〈세종어제훈민정음〉으로 같이 실었는데 이것을 《훈민정음언해본》이라고 부른다. 세종전에 그 복제본이 전시되어 있다.

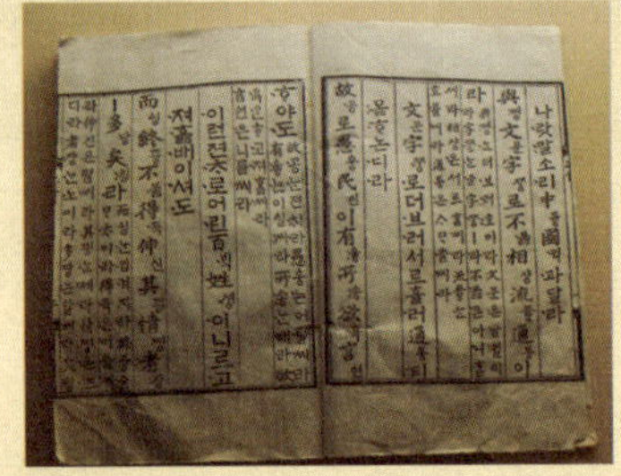

용비어천가

한글로 엮은 우리나라 첫 책으로 조선왕조를 연 것을 찬양하는 노래로 모두 125장으로 이루어진 서사시이다.

1445년에 편찬해 1447년에 책으로 만들었다.

〈불휘 기픈 남ᄀᆞᆫ ᄇᆞᄅᆞ매 아니 뮐씨 곶 됴코 여름하나니.(뿌리 깊은 나무는 바람에 아니 넘어지니 꽃이 좋고 열매가 잘 맺힌다)

시미 기픈 므른 ᄀᆞ모래 아니 그츨씨 내히 이러 바ᄅᆞ래 가ᄂᆞ니(샘이 깊은 물은 가물어도 아니 그치고 냇물이 되어 바다로 간다)〉는 구절이 유명하다. 세종전에 복제본이 전시되어 있다.

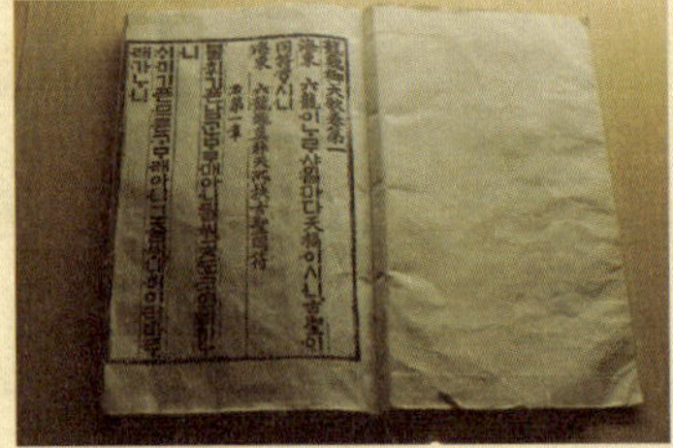

혼상

　　세종 19년에 만들어서 경복궁에 설치했던 것으로 별을 둥근 공에 표시해 별자리를 쉽게 알 수 있도록 만든 것이다. 북극과 남극으로 이어지는 지구 자전축을 그대로 만들어 돌려가며 볼 수 있도록 만들었다. 세종대왕 때는 물이 흘러내리는 힘을 이용해 하루에 한 바퀴씩 돌게 해서 하늘 움직임을 자동으로 알 수 있게 했다. 이것을 통해서 낮과 밤이 변하는 시간과 절기가 변하는 것을 알 수 있었다. 세종전 마당에 복제품이 전시되어 있다.

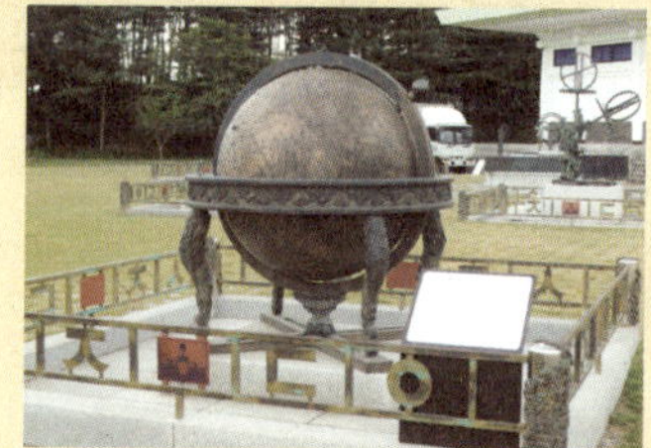

간의

　　위도와 경도, 땅이 높고 낮은 고도, 낮과 밤 시간을 정밀하게 잴 수 있는 천문관측기구이다. 1276년에 원나라 천문학자인 곽수경이 처음 만들었는데 세종대왕은 천문대인 간의대를 세우고 많은 천문관측기구를 만들었다.

　　1432년에 별자리를 관측하기 위해 나무로 간의를 만들어서 한양이 자리 잡은 위도를 측정하는 데 성공하자 청동으로 다시 만들어 간의대에 설치했다.

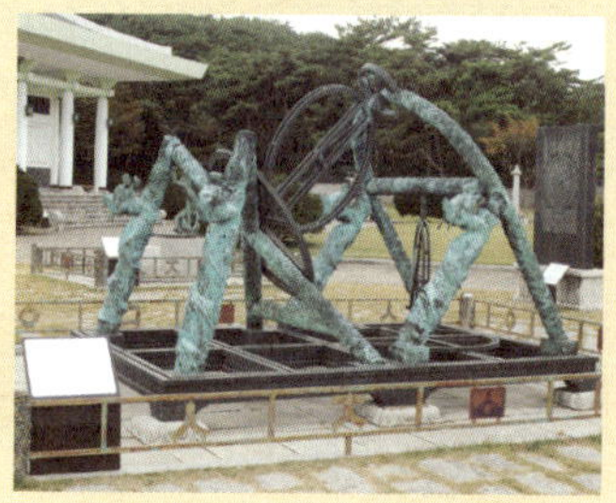

일성정시의

　　해시계와 별시계 기능을 하나로 모은 것으로 낮과 밤 길이와 시간을 측정하는 천문관측기구이다. 낮에는 해시계와 같은 원리로 시간을 재고, 밤에는 북극성을 중심으로 돌아가는 별들을 보고 시간을 재는 별시계 원리로 되어 있다.

　　세종대왕 때 일성정시의 4개를 만들어 경복궁에 설치했는데 임진왜란과 병자호란을 거치면서 불탄 것으로 보인다. 세종전에 설치되어 있는 일성정시의는 세종실록에 기록된 것을 보고 복원한 것이다.

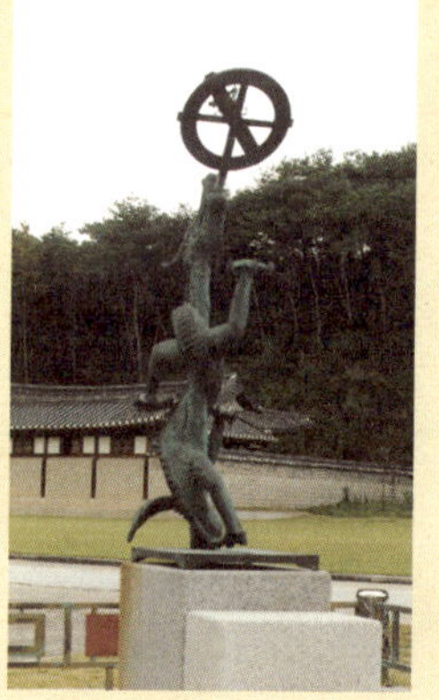

소간의

별자리를 관측하고 시간을 재
는 천문관측기구로 세종대왕 때인
1434년에 정인지, 정초, 이천 등이
만들어 경복궁 천추전과 서운관에
설치했다.

간의보다 크기가 작아서 이동하
기가 편했고, 해와 달, 별들 위치와
위도와 경도, 고도 등을 알아낼 수
있었다.

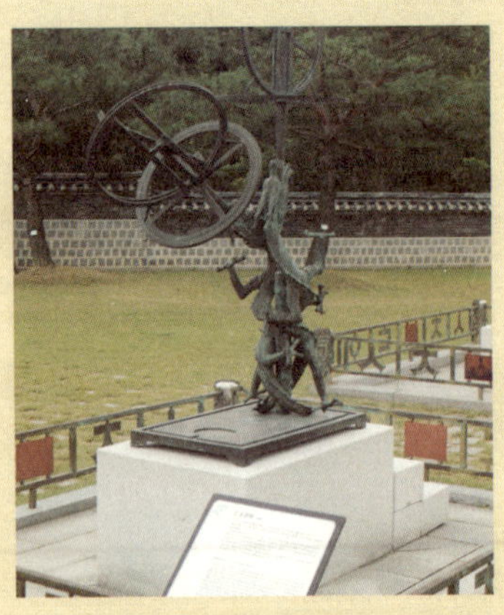

천평일구

세종대왕 때인 1437년에 만들어진 해시계로 용 모양이 새겨진 기둥에서
둥근판 가운데를 지나 바닥에까지 연결된 실 그림자가 둥근판에 비치는 그림
자를 보고 시간을 알아냈다.

둥근판 앞면은 해가 높이
뜨는 여름에 쓰고 뒷면은 해가
낮게 뜨는 겨울에 썼다. 세종전
에 전시된 천평일구는 각종 기
록과 현주일구를 참고로 해서
실제 크기보다 7배로 확대 복
원한 것이다.

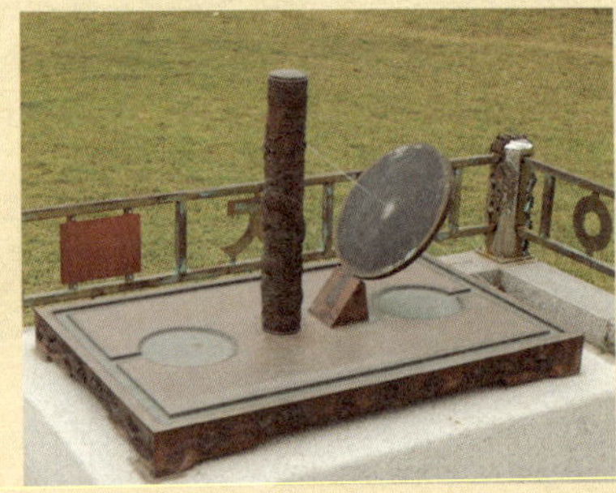

현주일구

세종대왕 때인 1437년에 만들어진 해시계로 남북으로 가로지르는 줄을 지
구가 자전하는 방향과 일치하도록 추를 달아서 줄 그림자가 둥근판에 나타나
면 그림자가 지나가는 눈금을
보고 시간을 측정했다.

현주일구는 들고 다니는 해
시계로 원래 크기는 손바닥 정
도였다고 하는데 전시한 것은 7
배로 확대한 것이다.

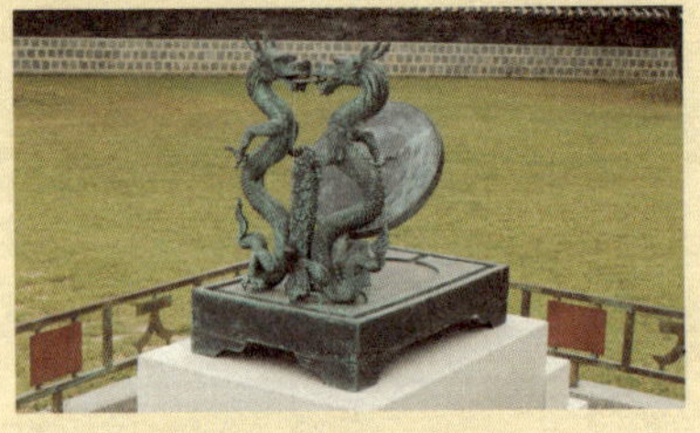

앙부일구

세종대왕 때인 1437년에 만들어서 조선시대 내내 사용하던 해시계로 판 모양이 솥을 받쳐 놓은 것 같다고 해서 앙부일구라는 이름이 붙었다. 오목하다고 해서 오목해시계라고도 불렀다.

여름에는 해 그림자가 짧고 겨울에는 긴 것을 이용해서 가장 그림자가 짧게 지나가는 때를 하지, 가장 길게 지나가는 때를 동지로 표시해 24절기를 알 수 있게 했다.

혼천의

혼의라고도 부르고, 선기옥형이라고도 부르는 해와 달과 별자리 측정기구다. 세종 임금 때인 1433년에 김진과 박연, 그리고 정초가 처음 만들었는데 나중에는 물레바퀴와 연결해 혼천시계로도 썼다고 한다.

임진왜란과 병자호란 때 불타버려서 이민철, 송이영 등이 다시 만들어 경희궁에 설치했으나 이것도 불타버렸고, 헌종 임금 때인 1669년에 만든 국보 제230호인 혼천시계가 남아 있다.

세종전에 전시된 혼천의는 그 혼천시계에서 혼천의 부분만 2.5배로 확대해 만든 것이다

적도의와 관천대

조선시대에 만든 천문관측대로 간의대라고도 부르고 첨성대라고도 부른다. 이 관측대 위에 천문관측기구를 설치했다.

조선시대 후기에 남명철이 간의와 혼천의에서 전체 관측 부분만 따로 떼어내 적도의를 만들었다.

세종대왕 때부터 써 오던 혼천의와 간의에서 필요한 부분만 따서 편리한 관측기구로 발전시킨 것이다.

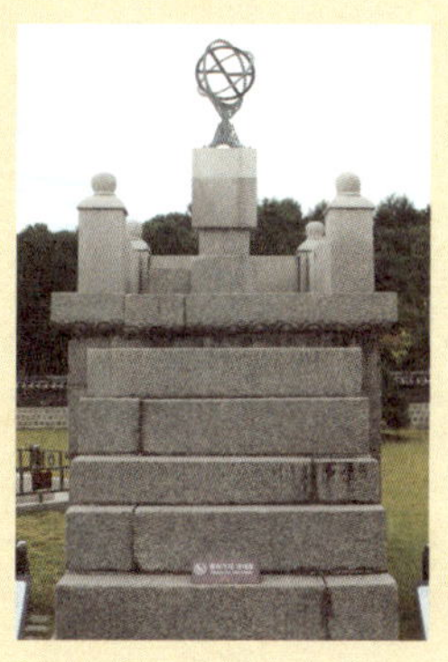

정남일구

세종대왕 때인 1437년에 만들어진 해시계로 남쪽을 가리키는 침이 없어도 남쪽 방향을 결정해 시간을 재는 기구로 24절기와 하루 동안 지나가는 시간을 잴 수 있는 시계이다.

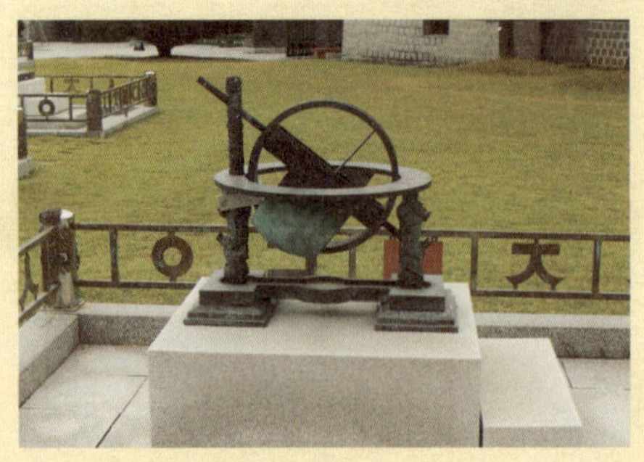

풍기대

바람이 부는 방향과 세기를 측정하기 위해 깃발을 꽂아 놓는 대를 말한다. 세종대왕 때 농업기술을 발전시키기 위해 여러 기상관측기구를 만들었는데 이 풍기대도 우리나라에서 처음으로 만든 것이다.

풍기대에 꽂힌 깃발이 날리는 방향을 보고 바람 방향을 알 수 있었고, 깃발이 날리는 높이를 보고 바람 세기도 알 수 있었다.

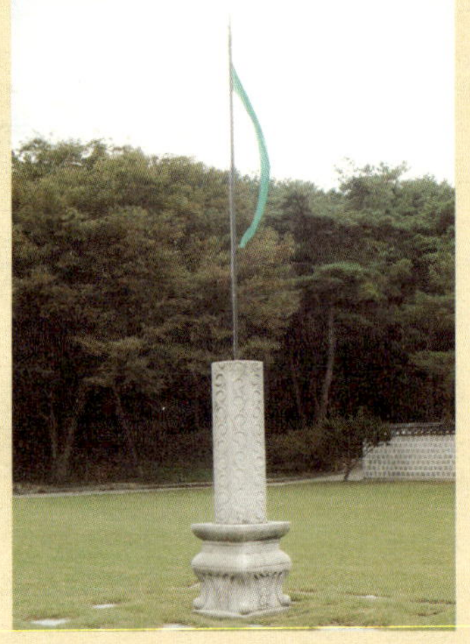

규표

일 년이 며칠인지 24절기는 언제인지를 재기 위해 만든 관측기구로 수직으로 세운 기둥 길이가 가장 긴 때를 동지, 가장 짧은 때를 하지로 정하고 하지와 동지 중간을 춘분과 추분으로 해서, 그 사이를 15일 간격으로 나누어 24절기를 정했다. 그리고 하루 가운데 그림자가 가장 짧은 때를 정오로 정했다.

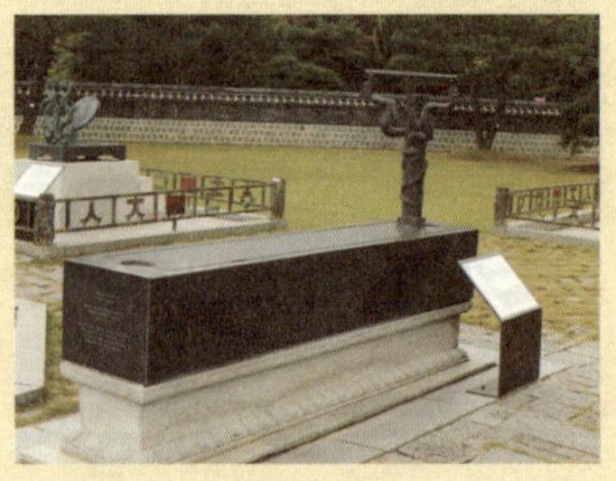

측우기

비가 내리는 양을 재기 위해 세
종대왕 때인 1441년에 세계 최초로
만든 우량계다. 그 전에는 빗물이
땅속에 스며든 깊이를 보고 비가 온
양을 알았는데 쇠로 만든 통에 빗물
을 받아서 자로 재는 방식으로 처음
만든 것이다. 지방에서는 도자기나
기와로 측우기를 만들기도 했는데
지금 남아 있는 것은 없다.

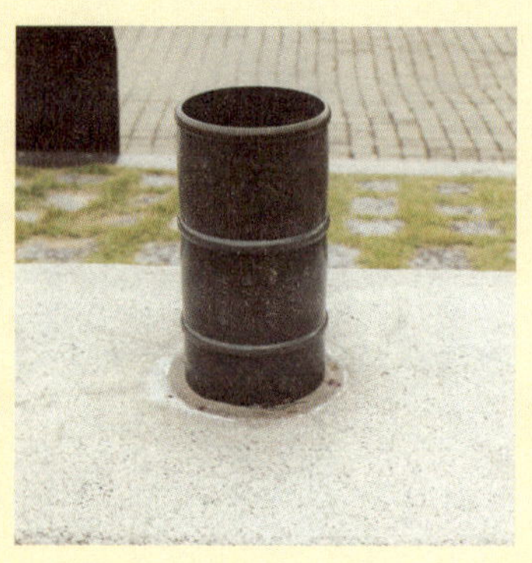

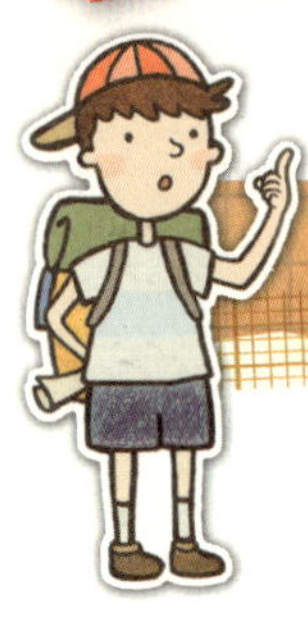

더 깊이 알기

1. 세종대왕이 훈민정음을 만든 까닭은 무엇인가요?

2. 세종대왕이 1443년에 창제한 훈민정음을 반포한 때는 언제인가요 ?

3. 한글로 지은 노래로 조선왕실을 찬양하는 내용이 담긴 것은 무엇인가요?

4. 백성들이 지켜야 할 도덕규범을 한글과 그림으로 만든 책은 무엇인가요?

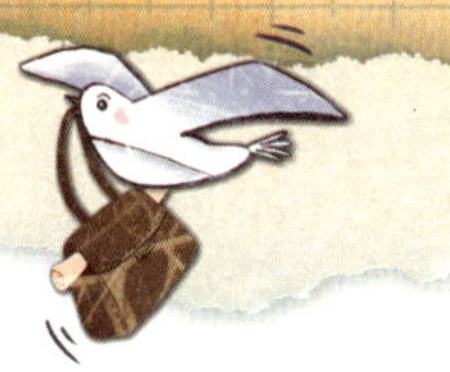

5. 세종대왕이 집현전 학자들과 더불어 한글 쓰임과 구조를 풀어서 밝힌 해설서
   는 무엇인가요?

6. 세종대왕이 천문관측기구를 만들고 과학기술을 발전시키기 위해서 등용한 동
   래관아 노비였던 사람은 누구인가요?

7. 천문관측기구들을 바탕으로 해서 우리 실정에 맞는 달력인 '칠정산 내편'을 만
   들고 여기에다 아라비아 책력을 참고로 해서 더 발전시켜 만든 달력은 무엇인
   가요?

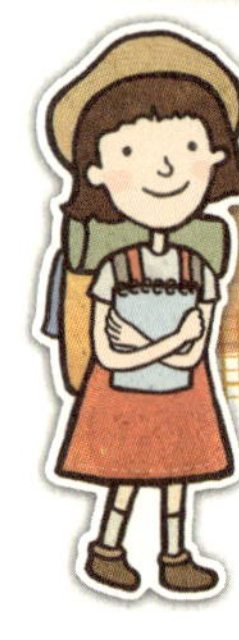

1. 세종대왕은 쉽고, 읽고 쓰기 편한 글자를 만들면 백성들이 어떻게 될 것이라고 생각했나요?

____

____

2. 세종대왕이 동래관아에 노비였던 장영실을 등용했을 때 신하들이 반대한 까닭은 무엇일까요?

____

____

3. 천문은 중국황제인 천자만 볼 수 있다고 했지만 세종대왕이 천문관측기구를 만들어 스스로 천문을 보려고 한 까닭은 무엇일까요?

____

____

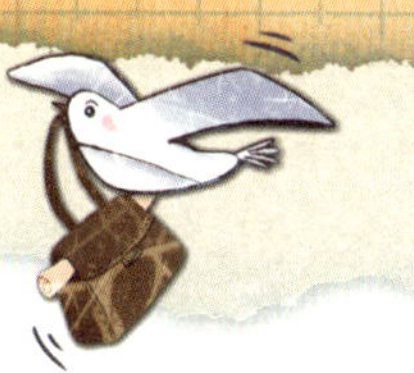

4. 천문관측기구 가운데 가장 기억에 남는 것은 무엇인지 그린 다음, 그 까닭을
써 보세요.

가장 기억에 남는 것
그린 까닭

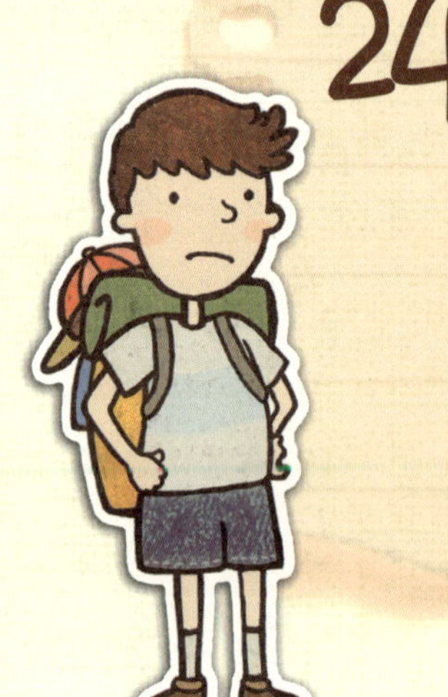

24 삼촌에게 왕위를 빼앗긴 어린 임금

세종대왕을 이은 문종은 어릴 때부터 병약해서 왕위에 오른 지 2년 3개월 만인 39세로 승하하고 말았다. 문종은 오래 살지 못할 것을 예상하고 영의정 황보인, 좌의정 남지, 우의정 김종서 등에게 자기가 죽은 뒤에 어린 세자가 왕위에 오르면 잘 보필해 달라고 부탁했다.

단종이 12세로 왕위에 올랐지만 어린 왕을 대신해 정치를 하는 수렴청정을 할 대비나 대왕대비 같은 여자 어른이 없었다. 단종이 어려서 정사를 제대로 돌볼 수 없자 권력을 잡은 황보인, 김종서 등이 뽑고 싶은 관리 이름 위에 노란 점을 찍어 단종에게 주면 그 점 위에 단종이 까만 점을 찍어서 관리로 임명했다. 이것을 '황표정사'라고 한다.

황보인, 김종서 등에게 권력이 집중되자 세종대왕 둘째 아들인 수양대군은

한명회, 권람 등과 함께 김종서와 황보인을 비롯한 세력들을 죽이고 권력을 잡

았다. 이것을 계유년에 일어난 정치난리라고 하여 '계유정난'이라고 부른다.

모든 권력을 장악한 수양대군은 단종을 상왕으로 봉하고 왕위에 올랐다.

단종을 다시 왕으로 세우려는 복위사건이 일어나자 사육신인 성삼문, 박팽년,

하위지, 이개, 유성원, 유응부 등을 비롯한 70여 명을 반역으로 몰아 사형시

켰다. 또 상왕인 단종을 노산군으로 내려앉혀 강원도 영월로 유배를 보냈다.

하지만 순흥에서 금성대군이 다시 단종복위를 꾀하자 후환을 없애기 위해

왕방연을 보내 단종에게 사약을 내렸다. 단종 시신을 거두는 사람에게는 벌

을 내린다고 하자 아무도 가까이 가지 않았으나 영월관아에서 호장벼슬을 하

던 엄홍도가 아들들과 더불어 단종 시신을 수습해 자기 선산에 묻고 어디론

가 떠나버렸다.

사육신 등을 처형하고 자신과 뜻이 다른 신하들을 탄압한다는 비판이 일자

세조는 정몽주와 길재 후손과 제자들을 관리로 등용했다. 이때 김숙자와 김종

직 같이 향촌에서 학문연구만 하던 사림파가 중앙정계로 진출하게 되었다.

세조 맏아들인 의경세자는 세자 시절에 죽었고 둘째 아들 예종도 19세에

왕위에 올랐으나 즉위 13개월 만에 죽고 말았다.

예종을 이어 성종이 13세에 왕위에 오르자 할머니인 정희왕후가 수렴청정을

했다. 성종은 사림세력을 더 많이 끌어들여 권력 균형을 이루게 했고, 유교사상

을 더욱 강화시켜 왕도정치를 실현해 나갔다. 세조 때 폐지된 집현전을 홍문관

으로 되살리고 문신 가운데 관직을 쉬고 집에서 독서와 학문연구를 하

게 하는 호당제도를 실시했다. 그리고 《경국대전》을 반포했다.

서울 사육신공원

위치 서울특별시 동작구
노량진로 191

단종을 다시 왕으로 세우려다가 세조(수양대군)에게 발각되어 참혹하게 죽임을 당한 박팽년, 성삼문, 이개, 하위지, 유성원, 유응부를 사육신(死六臣)이라 한다.

사육신들을 기리는 사당인 의절사는 사육신을 추모하는 사람들과 후손들이 모여 제사를 올리는 곳으로 사당 안에는 현재 김문기가 추가되어서 위패 7기가 모셔져 있다.

의절사 뒤에 있는 문으로 들어서면 사육신묘가 있다. 사육신묘는 동편에 4개, 서편에 3개로 나뉘어져 있다. 이곳에는 오래전부터 박씨지묘, 유씨지묘, 이씨지묘, 성씨지묘라는 묘표가 꽂힌 4기가 있었

의절사

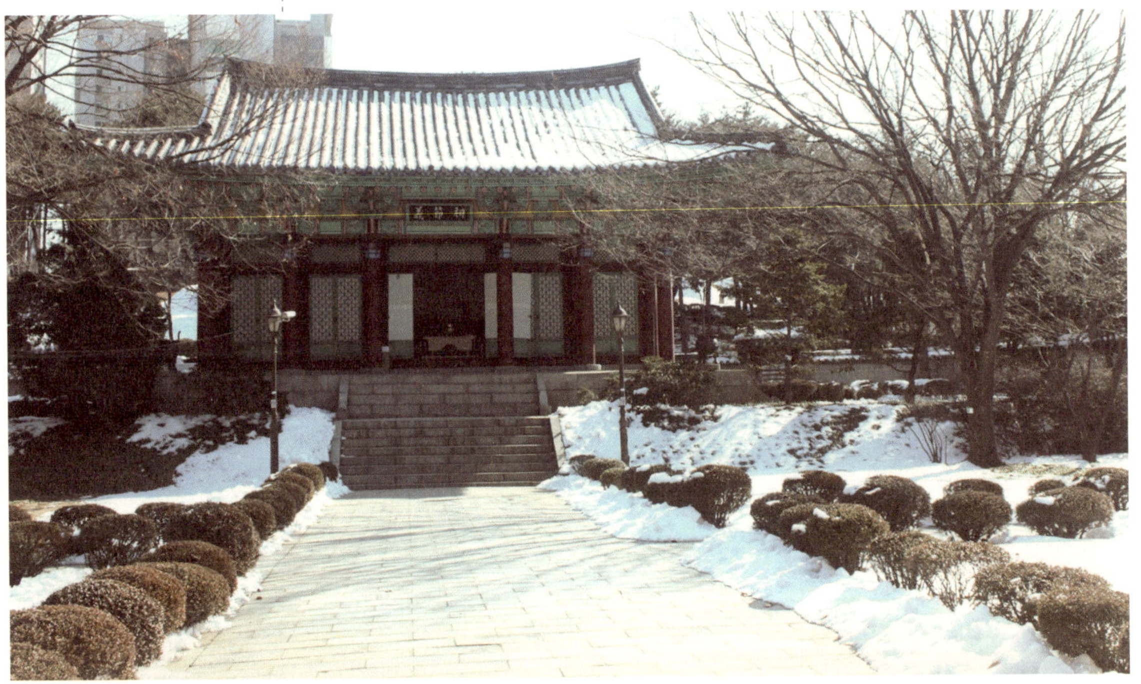

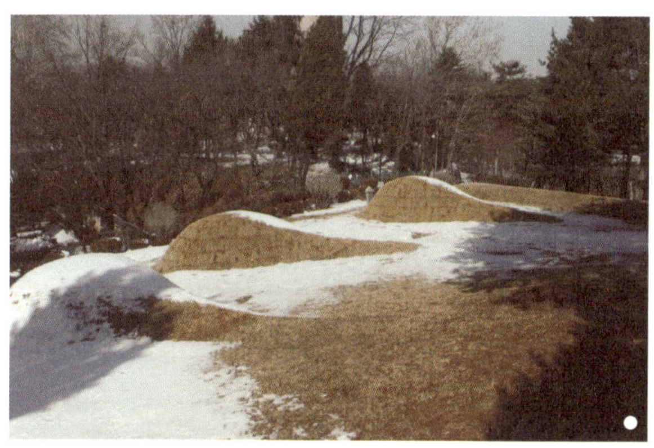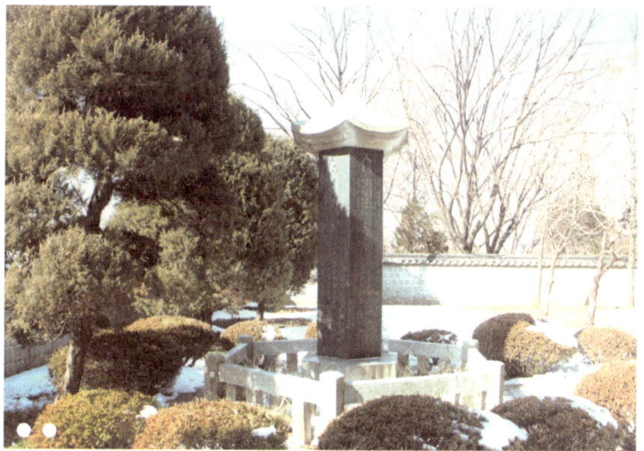

다고 전한다.

　원래 이 묘역에는 박팽년, 성삼문, 유응부, 이개만 있었는데 1978년에 서울시가 정화사업을 하면서 하위지, 유성원, 김문기 가묘도 함께 만들었다.

　또한 백성들 사이에서만 전해오던 육신묘가 정식으로 인정받게 된 것은 숙종 때부터였다. 숙종이 1679년에 노량진에서 군사를 사열할 때, 유사(사무를 보는 곳)에 명해서 육신묘에 흙을 북돋아 묘를 꾸미게 했다. 그리고 이선이 상소를 올려 동작진에 육대사(또는 육신사)를 세워 사육신을 모셨다.

　1691년에는 사육신 관직이 회복되고 민절서원(가없은 절개)을 세워 위패를 모셨으며, 왕이 친필로 쓴 편액을 내리고, 토지와 노비를 내려 사액서원으로 만들어주었다.

　그러나 민절서원은 대원군에 의해 철폐되고, 지금 그 자리에는 1954년에 서울시가 세운 6각형 육신묘비가 있다. 묘비에는 육신들 이름과 그들이 지은 시가 각각 1면씩 새겨져 있다.

　성종 때 생육신으로 꼽히던 남효온은 '죽는 것이 두려워 충신들

명성을 소멸시킬 수는 없다'고 생각해 단종 복위 운동으로 사형당한 70여 명 가운데 여섯 사람을 가려서 《육신전》을 썼다.

중종 6년(1511)에 새로 등용된 사림파가 건의해 육신전이 책으로 간행되었고, 사육신은 나라를 어지럽힌 역적이 아니라 충신으로 인정되었다. 정조는 신도비를 세우고 단종에게 충성을 바친 공신들을 세상에 알렸다.

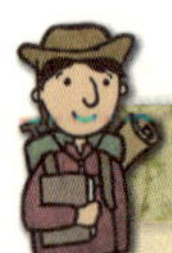

김시습 설화

사육신이 참혹하게 사형을 당했을 때 새남터 사형장에 버려진 사육신 시신을 수습해 장사 지내 줄 만한 후손은 아무도 없었다. 박팽년 아들만이 어렵게 살아남아 대를 이었다고 한다.

그런데 매월당 김시습이 밤에 새남터에 배를 타고 몰래 들어가 시신들을 대충 수습했다. 어둡기도 하고 시신이 참혹해서 누구 팔인지 누구 다리인지도 알 수가 없었다. 시신을 배에 싣고 한강을 건너니 노량진 나루터였다. 시신을 혼자 들고 갈 수가 없어서 나루에서 가까운 언덕에 묻고는 전국을 떠돌아다니기 시작했다는 설화가 전해진다.

영월 청령포

위치 강원도 영월군 남면 광천리 산 67-1

남한강 상류인 서강에 자리 잡은 청령포는 슬픈 '단종 이야기'를 간직한 곳이다. 앞으로는 강물이 휘돌아 흐르고 뒤쪽은 높은 산과 가파른 절벽으로 막혀 있다. 이곳을 풍수에 밝았던 신숙주가 단종을 유배 보내는 곳으로 천거했다고 한다.

청령포에 들어가기 위해서는 나룻배를 꼭 타야 한다. 청령포 안내소에서 표를 끊은 뒤 배를 타고 강을 건너 자갈밭을 지나면 소나무 숲 속에 단종어소가 있다. 단종어소는 단종이 머물렀던 본채, 궁녀와 관노가 생활했던 행랑채로 되어 있다. 현재 단종어소는 승정원일기에 있는 기록을 보고 재현한 것이라고 한다.

청령포에는 수십 년에서 수백 년 된 소나무들이 단종어소를 중심으로 울창한 숲을 이루고 있다. 이 가운데 관음송은 단종이 유배생활을 할 때 두 갈래로 갈라진 이 소나무에 걸터앉아 쉬었다고 한다. 단종이 슬피 우는 모습을 보고(觀 볼 관) 울음소리를 들었다(音 소리 음)는 뜻에서 관음송이라고 부른다. 관음송은 1988년 천연기념물 제349호로 지정되었다.

청령포 뒷산에는 망향탑이 있는데 육육봉과 노산대 사이에 있는 절벽이다. 이곳에서 단종이 둘레에 흩어져 있는 돌로 탑을 쌓았다고 한다. 청령포는 울창한 송림이 있어서 산책하기 좋고, 단종과 슬픈 역사를 돌아볼 수 있는 곳이다.

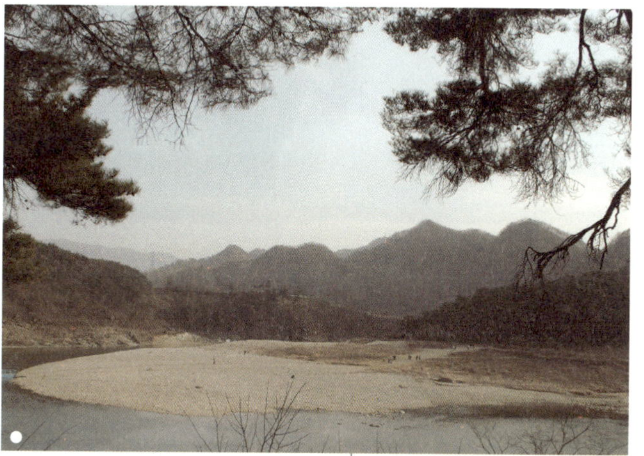

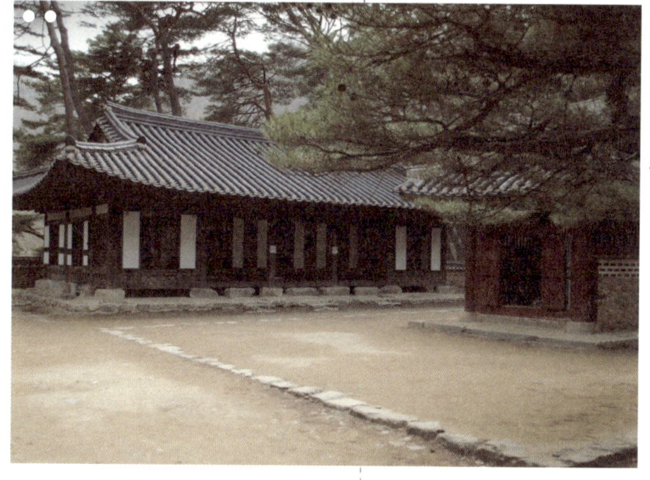

● 청령포
●● 단종어소

영월 관풍헌

단종은 청령포 외부와 단절된 채 유배생활을 했으나, 두 달 만에 큰 홍수가 나서 강물에 청령포가 잠기게 되자 영월 동헌에 있는 객사인 관풍헌으로 옮겨서 지냈다.

관풍헌은 영월읍 중심에 자리 잡고 있으며 지방 수령들이 공무를 처리하던 건물이다.

청령포에 홍수가 나자 단종이 지내는 곳으로 사용되었으며, 열일곱 살인 1457년 1월 24일에 삼촌인 세조가 내린 명으로 죽임을 당했던 곳이다.

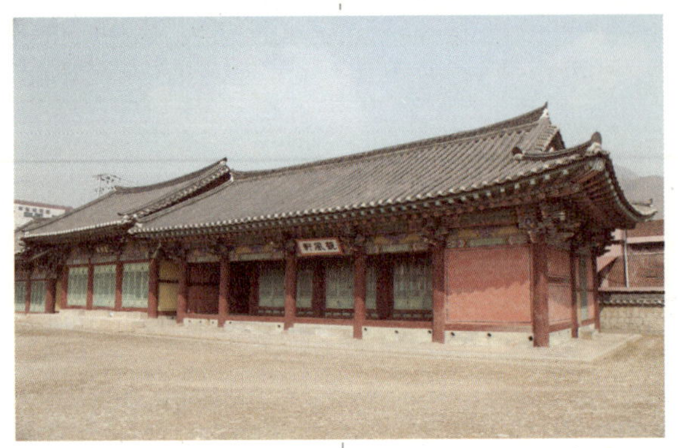

관풍헌

영월 자규루

단종은 관풍헌으로 옮겨와 지내면서 관풍헌 동쪽에 있는 자규루에 자주 올라 소쩍새가 구슬프게 우는 소리에 자기 처지를 빗댄 《자규사(子規詞)》라는 글을 지었다고 한다. 그 까닭으로 원래 매죽루(梅竹樓)였던 정자 이름을 자규루로 바꾸어 부르게 되었다고 한다.

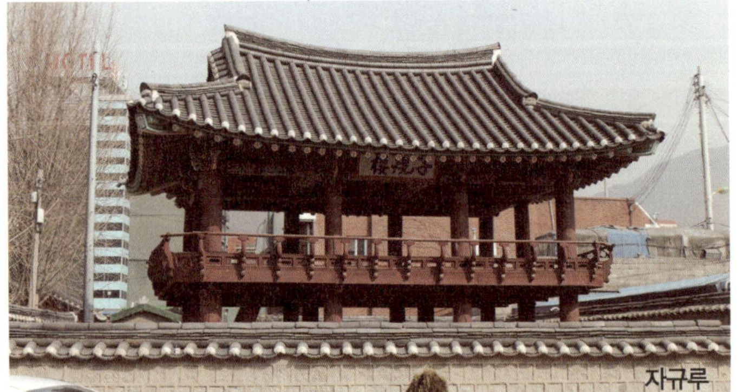

자규루

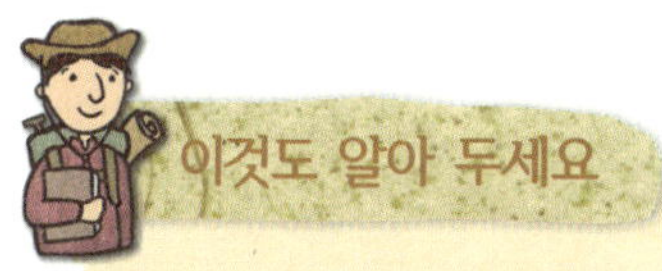

왕방연과 시조비

청령포가 내려다보이는 언덕 위에 시조비가 하나 있다.

'숙종실록'에는 왕명을 받은 금부도사 왕방연이 사약을 가지고 단종을 찾아갔지만 차마 입이 떨어지지 않아 엎드려 울기만 하는데, 단종을 모시던 하인이 차마 하지 말아야 할 짓을 했다고 기록되어 있다. 그 하인이 활시위 줄로 단종 목을 졸라 죽인 것이다.

세조 3년인 1457년 10월 24일, 왕방연은 세조가 내린 어명으로 사약을 가지고 갔다가 한양으로 돌아가는 길에 비통한 심경을 가눌 길 없어 이곳 청령포에 머물러 시조 한수를 읊었다고 한다.

왕방연 시조비

천만리 머나먼 길에 고운 님 여의옵고
내 마음 둘 데 없어 냇가에 앉았으니
저 물도 내안 같아여 울어 밤길 예놋다.

왕방연은 그 죄책감으로 관직에서 물러나 고향으로 돌아가서 단종을 그리워하며 단종이 좋아하던 배나무를 심고 가꾸었다. 오랫동안 서울 신내동과 태릉 부근에 배 밭이 많았던 것은 바로 왕방연 고향이 서울 신내동 근처였기 때문이다. 왕방연은 가을이 되면 익은 배를 한 바구니 따서 놓고 단종이 계시는 동쪽을 향해 절을 올렸다고 한다. 혹시 태릉이나 신내동에서 나는 먹골배를 먹게 된다면 왕방연과 단종 임금을 생각해 보는 것도 좋을 것 같다.

장릉(단종릉)

장릉은 조선 제6대 왕 단종 무덤이다. 삼촌인 수양대군(세조)에
게 왕위를 빼앗기고 노산군으로 지위가 낮아졌다. 그 후 영월에 유
배를 가 죽임을 당하고 시신은 동강에 버려졌다. 단종 시신에 손대
는 사람은 죽인다고 했으나, 영월 호장(戶長)인 엄흥도가 밤에 몰래
시신을 거두어 무덤을 만들었다. 그래서 오랫동안 묘 위치조차 알 수
없었다.

중종 36년(1541)에 영월군수 박충원이 묘를 찾아내 묘역을 정비했
다. 1698년인 숙종 때 단종으로 받들어졌으며, 무덤 이름도 장릉으

단종릉

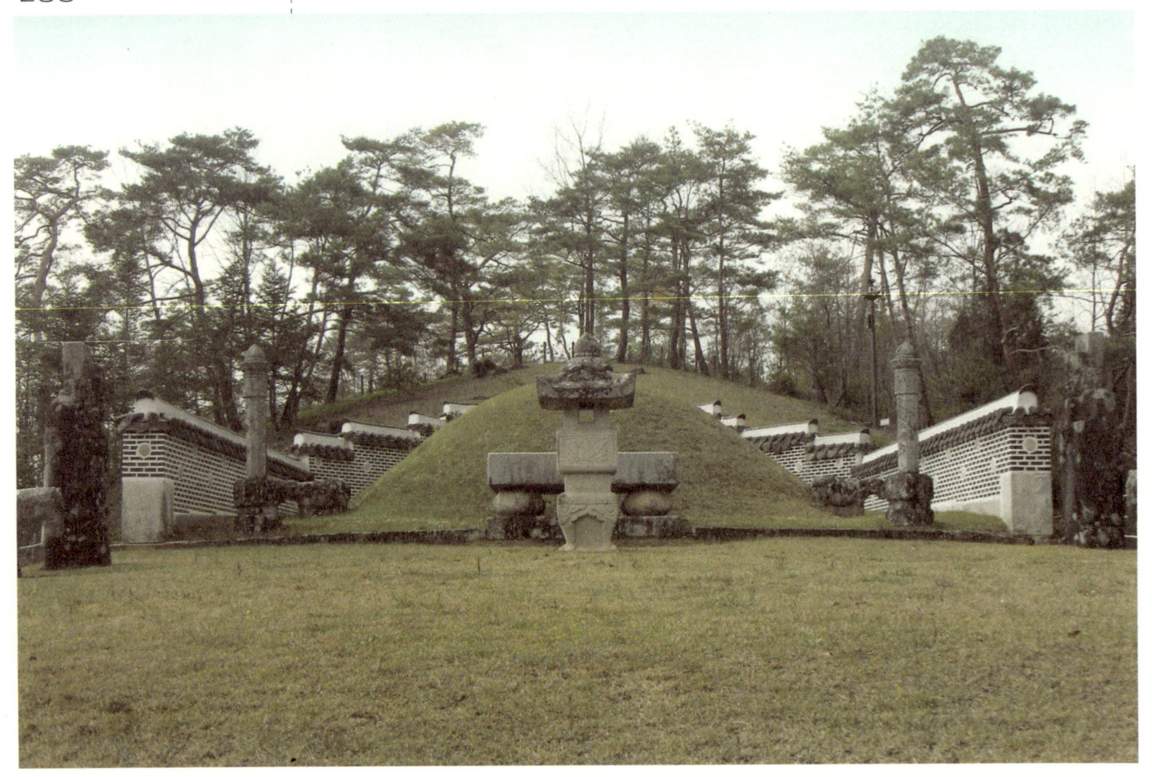

로 정해졌다.

　장릉 아래쪽에는 단종을 위해 순절한 충신을 비롯한 264명에 대한 위패를 모신 배식단사, 단종 시신을 수습한 엄흥도 정려비, 묘를 찾아낸 박충원에 대한 행적을 새긴 낙촌기적비, 정자각·홍살문·재실·정자 등이 있다.

　영월에서는 해마다 4월 말에 단종을 기리는 단종문화제를 40회 넘게 이어오고 있다.

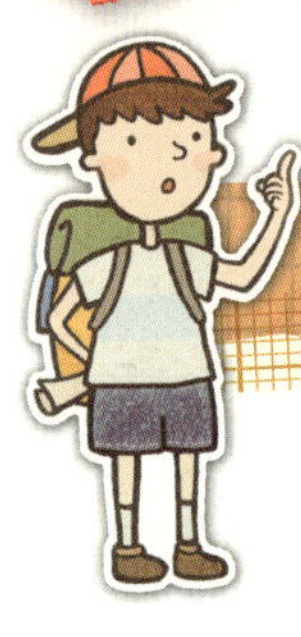

더 깊이 알기

1. 단종 임금이 12세 어린 나이로 왕위에 오른 까닭은 무엇인가요?

2. 단종이 어려서 정사를 제대로 돌볼 수 없게 되자 관리를 뽑을 때는 어떻게 했
   나요?

3. 세종 둘째 아들인 수양대군이 '계유정난'을 일으켜 권력을 잡은 까닭은 무엇
   인가요?

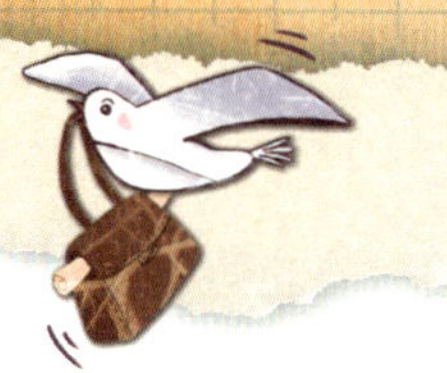

4. 사육신과 여러 신하들은 왜 단종 임금을 다시 복위시키려고 했나요?

5. 유배 생활 두 달 만에 관풍헌으로 거처를 옮긴 까닭은 무엇인가요?

6. 버려진 단종 임금 시신을 몰래 수습하여 자기 선산에 묻어준 사람은 누구인
   가요?

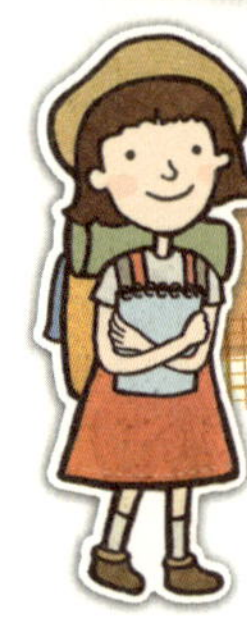

1. 단종은 왕이 되었는데도 왕위를 지키지 못하고 왜 스스로 수양대군에게 양위를 했을까요?

2. 이미 상왕으로 물러난 왕을 노산군으로 강등시키고 왕비인 정순왕후와 이별시켜 청령포로 유배시킨 까닭은 무엇일까요?

3. 세조가 단종 임금에게 사약을 내려서 죽인 까닭은 무엇일까요?

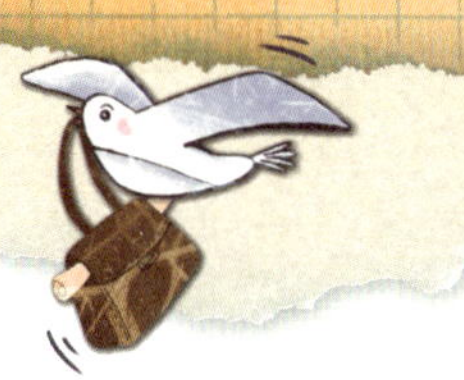

4. 이번 답사에서 가장 기억에 남는 것은 무엇인지 그린 다음, 그 까닭을 써 보세요.

가장 기억에 남는 것
그린 까닭

25 유교로 연 나라

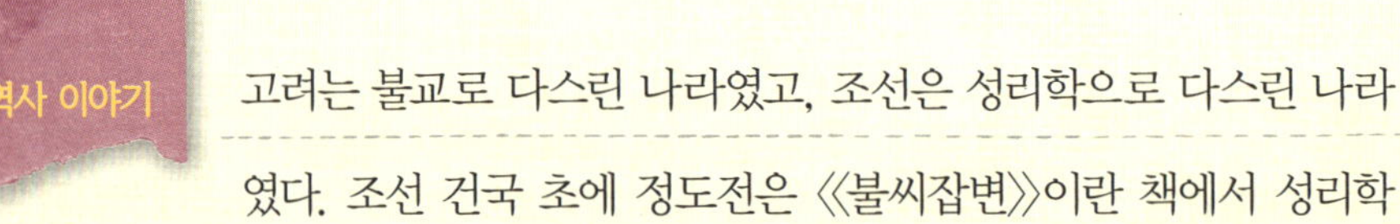

고려는 불교로 다스린 나라였고, 조선은 성리학으로 다스린 나라였다. 조선 건국 초에 정도전은 《불씨잡변》이란 책에서 성리학이 불교보다 훨씬 뛰어난 학문이라고 주장했다.

성리학은 중국 송나라시대 주희(주자)가 완성한 학문으로 '성즉리(性卽理)'에서 나온 것이다. 인간이 품은 성품이 세상을 다스리는 이치라는 말이다.

성리학이 들어온 것은 고려 말 원나라를 통해서였다. 원나라 지배를 받던 고려 왕과 학자들은 원나라에 자주 오고갔다. 충렬왕 때 원나라에 갔던 안향이 《주자전서》를 베껴오고, 공자와 주자를 초상화로 그려 와서 보급함으로써 널리 알려지게 되었다. 안축, 이곡, 이색 같은 학자들은 원나라에서 성리학을 공부했다.

성리학이 급속하게 퍼진 것은 신진사대부들이 사회 모순을 바로잡기 위한 개혁 사상으로 성리학을 적극 받아들였기 때문이었다.

공민왕은 반원 개혁 운동과 왕권 강화를 위해 권문세족을 제거하고 신진사대부들을 등용했고, 성균관을 정비했다. 이들은 성리학자라는 공통점을 가지고 하나로 뭉쳐서 친원파인 권문세족과 대립했고, 조선을 건국하는 사상을 만들었다. 조선이 성리학으로 나라를 다스리자 백성들 생활문화에까지도 큰 영향을 끼쳤다.

중종 때 풍기군수 주세붕이 처음으로 '백운동서원'을 세웠다. 서원은 학문이 뛰어난 사람이나 충절을 지킨 사람을 기리고 제사를 지내며 학문을 닦는 곳이었다. 백운동서원에서는 고려 때 주자학을 들여온 안향을 기리는 위패를 모셨다.

성리학을 담은 기본경전은 4서(논어, 맹자, 중용, 대학) 5경(시경, 서경, 주역, 예기, 춘추)이었다. 그리고 일상생활에서 도덕규범을 강조한 《소학》이 널리 퍼졌고, 세종 때 《삼강행실도》 등을 편찬해 군신, 부자, 부부사이에 지켜야 할 윤리를 널리 퍼뜨렸다.

조선 건국에 반대한 이색이나 길재 같은 학자들은 향촌에 묻혀 학문을 연구하고 후진을 양성했다. 이들을 사림파라고 했다. 사림파는 향촌 자치를 내세우며, 의리와 도덕을 바탕으로 하는 왕도정치를 주장했다. 대표적인 학자로는 화담 서경덕, 퇴계 이황, 율곡 이이, 남명 조식, 고봉 기대승 등이다.

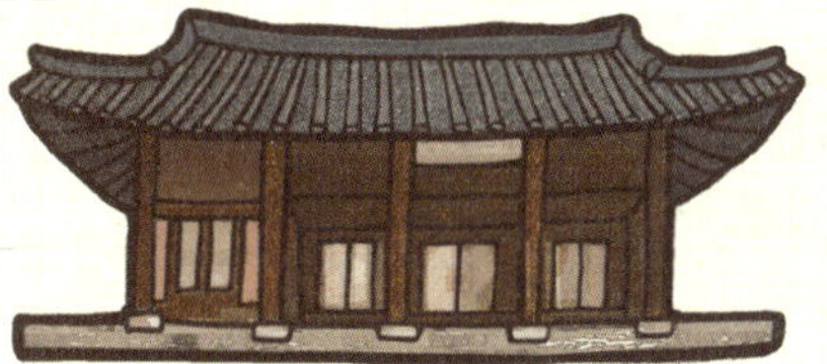

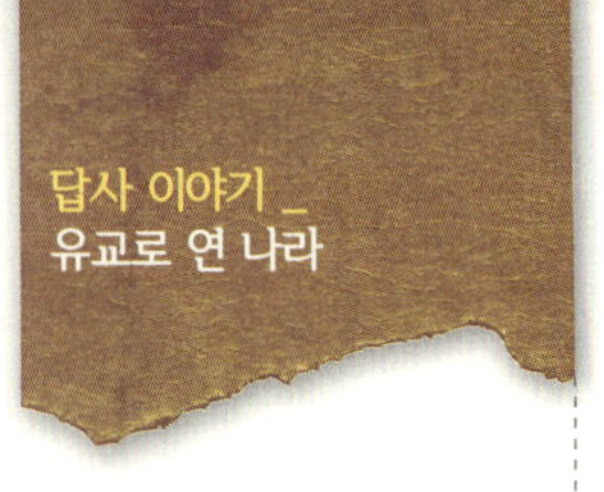

도산서원

위치 경상북도 안동시 도산면
도산서원길 154

도산서원은 퇴계(退溪) 이황(李滉, 1501–1570)이 펼친 학문과 덕을 기리기 위해 1574년인 선조 7년에 세운 서원이다.

퇴계 이황은 1550년에 한서암을 짓고 제자들을 받아들였으나, 많은 제자들이 몰리게 되자 새로 영지산 자락에 서당을 지었는데 그것이 바로 도산서당이다.

퇴계는 새로 건물을 짓는 대규모 공사를 처음에는 반대했다. 그러나 제자인 금응훈이 건물을 짓기 시작했고, 이듬해인 1557년에는 직접 퇴계가 찾아가 살펴보고 서당을 열기로 결정했다.

도산서원은 도산서당과 이를 아우르는 도산서원으로 구분된다. 도산서당은 퇴계가 거처하면서 제자들을 가르치던 곳이고, 도산서원은

도산서원 전경

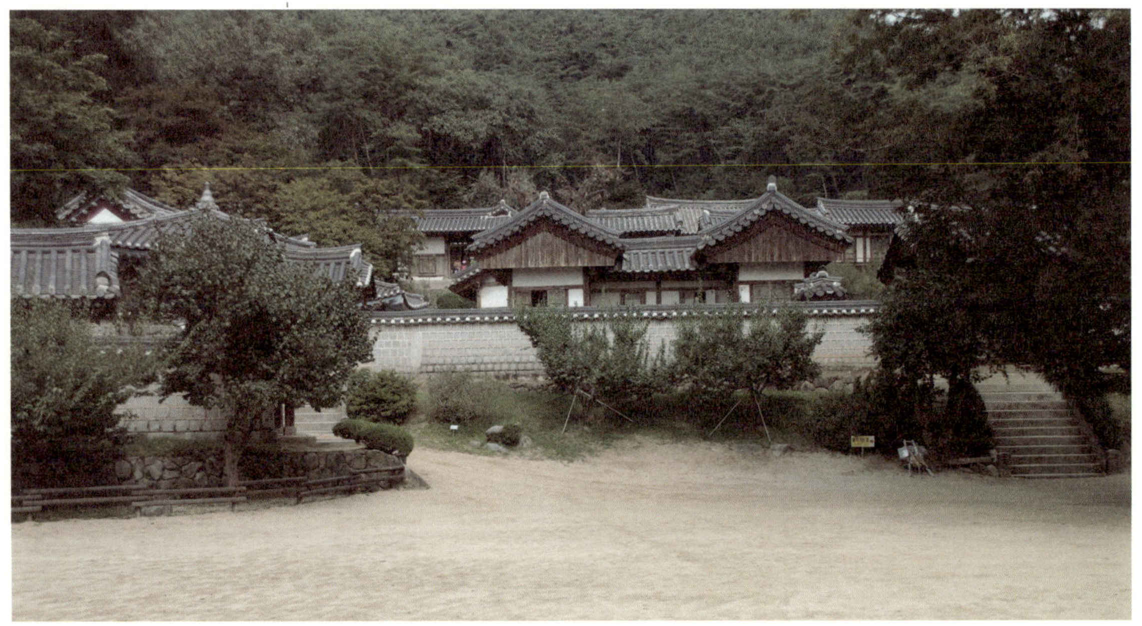

퇴계가 죽은 뒤에 지은 사당과 서원이다. 도산서당은 1561년인 명종 16년에 퇴계가 낙향한 뒤에 학문연구와 후진양성을 위해 지었으며, 서원 안에서 가장 오래된 건물로 퇴계가 직접 설계했다. 1575년인 선조 8년에 한석봉이 쓴 '도산서원' 편액을 하사받으면서 사액서원으로서 영남유학을 아우르는 총 본산이 되었다.

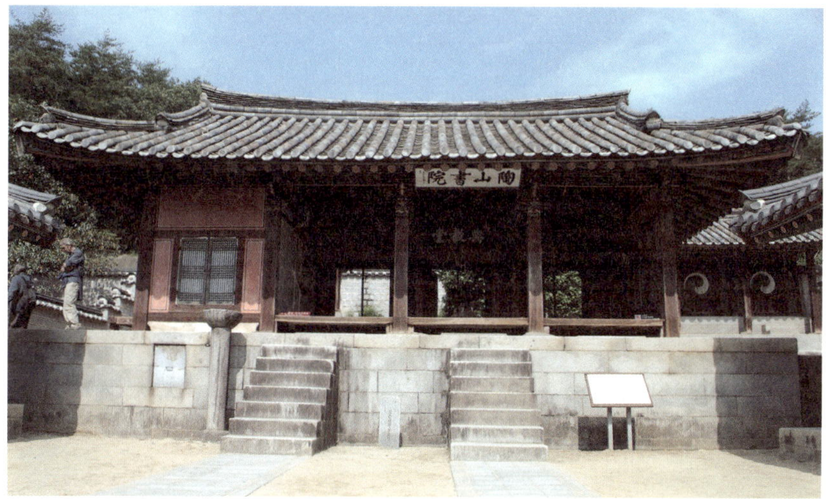

도산서원 전교당

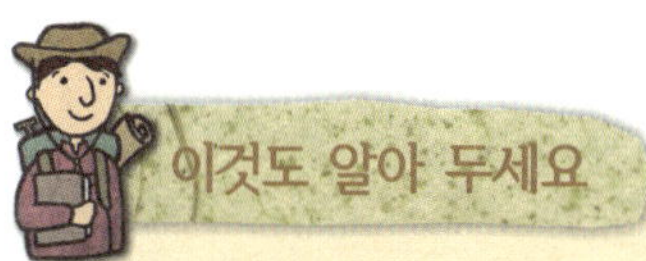

도산서당 터가 가지는 세 가지 의미

도산서당이 세워진 곳은 예전에 질그릇을 굽던 '도조'가 있던 곳으로, 순 임금은 왕위에 오르기 전 질그릇(陶)을 구워 생활하다 왕이 되었으며, 귀거래사를 읊고 자연으로 돌아간 도연명도 성이 '도(陶)'였으므로 매우 의미 깊은 곳이라고 보았다. 그렇기 때문에 '도산'은 질그릇을 굽듯이 인격을 닦는 곳이라는 의미를 담고 있으며, 귀거래사를 지은 도연명을 본받아 숨어 산다는 의미를 같이 가지고 있기도 하고, 순 임금과 같은 성인을 본받고자 하는 마음을 표현한 것이기도 하다.

소수서원과 소수박물관

소수서원은 세종 때에 세웠다는 기록이 있으나 확실하지 않고 처음으로 국학 제도를 본떠서 선현에게 제사를 지내고 유생들을 교육한 서원이라고 한다. 풍기군수 주세붕이 풍기지방 사람들을 가르치기 위해 이곳 출신 유학자인 안향에게 제사를 올리는 사묘를 세웠다가 중종 38년인 1543년에 유생들을 가르치기도 하는 백운동서원을 세웠는데 나중에 소수서원으로 이름이 바뀌었다.

백운동서원은 토지 약 30결과 노비 18명, 서원에 근무하는 직원 4명을 둔 큰 서원이 되었다.

이 시기에는 서원을 유생들이 독서하는 건물이나 과거공부를 하는 학교 정도로 생각했는데 이황(李滉)에 의해 과거를 위한 독서보다는 몸을 닦고, 학문을 연구하는 곳으로 변했다.

주세붕은 1548년에 풍기군수로 부임한 뒤 을사사화를 겪은 다음, 관료로서 임금을 받들고 어진 정치를 펴기보다는 학문 연구와 백성

● 소수서원
●● 소수박물관

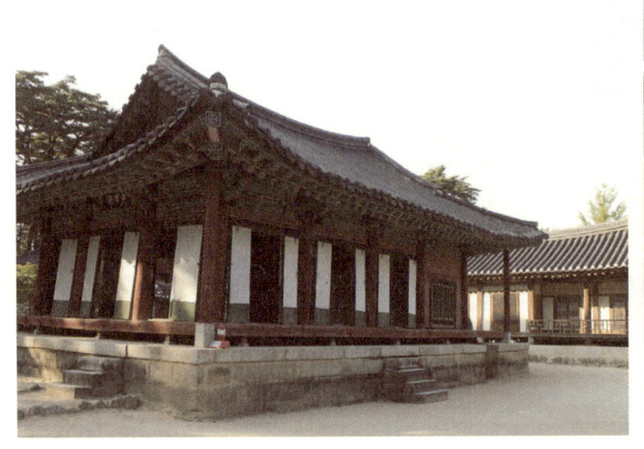

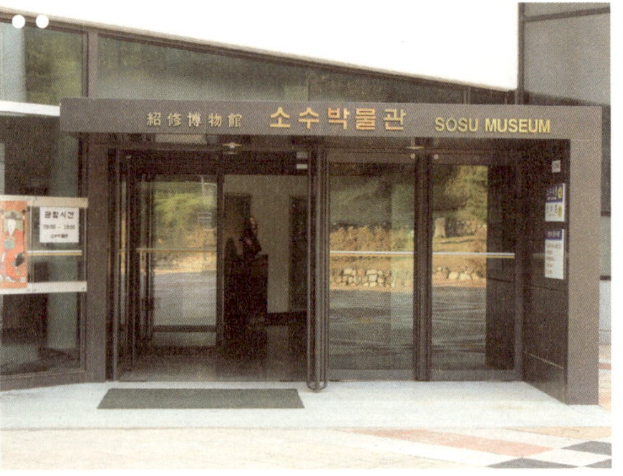

을 깨우치며, 후진을 양성하여 학파를 만든 다음, 올바른 정치를 펼칠 인재를 양성하는 것을 더 중요하게 여겼다.

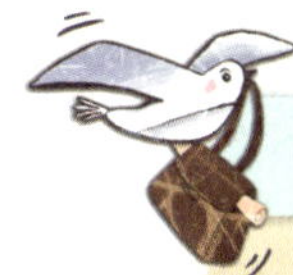

영주선비문화축제

　　해마다 봄에 열리는 이 축제는 선비들이 나들이할 때 입는 한복패션쇼, 타악 공연, 장승깎기 대회, 한시백일장 대회, 주자학을 들여온 안향과 정도전 등 유교인물 들을 표현한 거리 퍼레이드 등 여러 가지 행사를 통해서 선비문화를 체험할 수 있는 기회를 주고 있다.
(경상북도 영주시 시청로 1 / 054-639-6065 / www.seonbifestival.com)

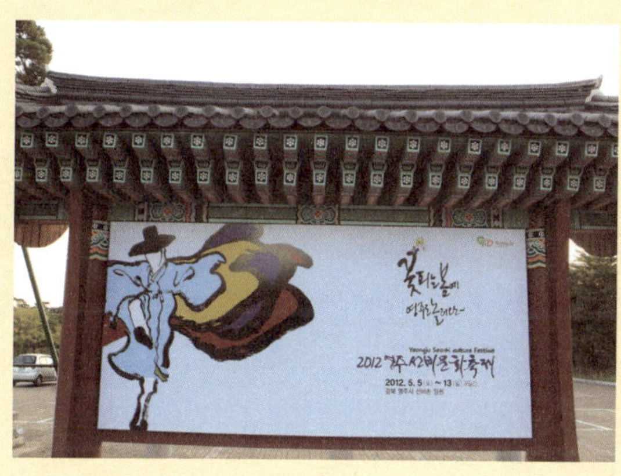

영주선비문화축제

 ## 성균관

　　성균관이란 고려 말과 조선시대에 가장 높은 교육기관인 태학(太學)을 부르는 이름이다. 그러나 조선시대에 한양에 다시 세운 성균관

위치 서울특별시 종로구 성균관로 31

은 조선시대 국립대학이자 공자(문선왕)에게 제사를 드리던 사당 역할을 했다. 학궁(學宮) 또는 반궁(泮宮)이라고도 불렀다.

대성전(大成殿)은 선조 때 지은 건물로, 공자를 비롯해 우리나라 명현 18인을 위패로 모시고 있다. 규모는 앞면 5칸, 옆면 4칸으로 팔작지붕으로 되어 있다. 건물 두 옆면과 뒷면 벽 아랫부분에 돌아가며 낮게 벽담을 쌓았는데, 이는 중국 건축 기법을 따른 것이다. 대성전 앞에 마주 서 있는 동무와 서무는 공자 제자들과 중국과 우리나

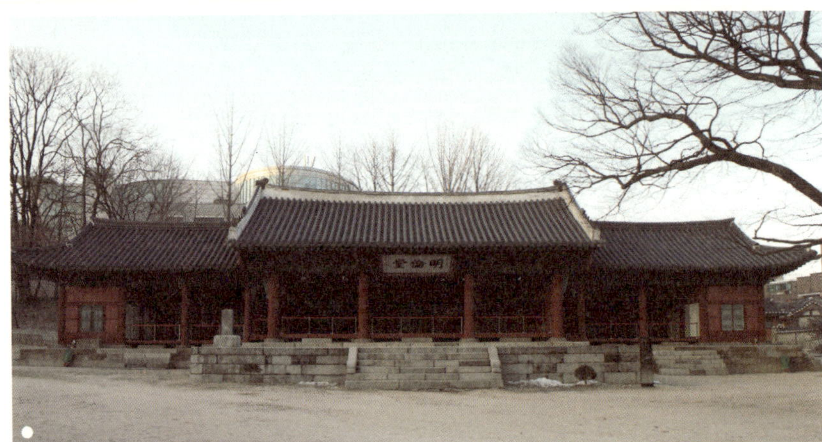

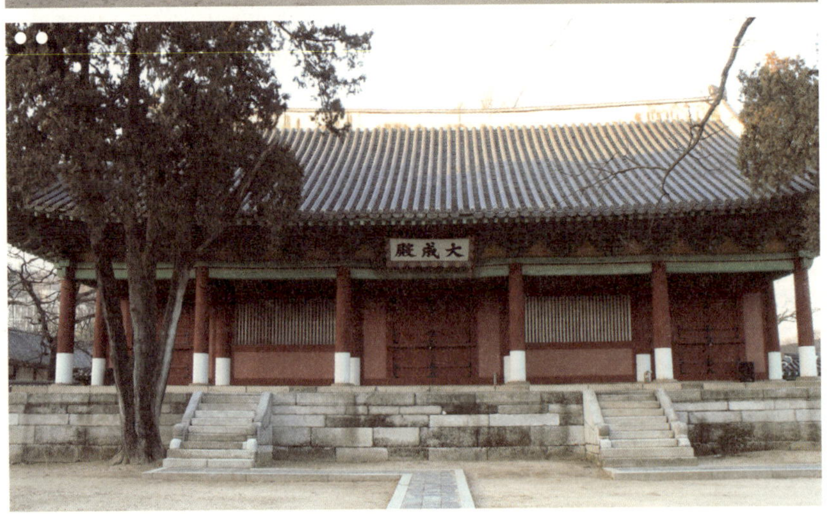

라 선현들 위패를 모신 곳이다. 동무와 서무 끝에서 시작해 주위로 담장을 둘러 대성전 구역과 명륜당 구역으로 나눈다.

교육 공간인 명륜당(明倫堂)은 대성전 뒤편에 자리 잡고 있는데, 선조 39년인 1606년에 지었다. 가운데 있는 중당과 양옆에 있는 익실로 구분하는데, 중당은 맞배지붕이고 익실은 팔작지붕으로 중당보다 조금 낮게 지었다. 이것은 건물 격에 따라 크기를 다르게 짓기 때문이다.

명륜당 앞에 남북으로 길게 서 있는 건물인 동재와 서재는 유생들이 생활하는 기숙사로 성균관(成均館)이라고 부른다.

명륜당 마당에는 대사성 윤탁이 심은 500여 년 된 은행나무 2그루가 있다.

 양진당(養眞堂)

안동 하회마을은 풍산 류씨가 600여 년 동안 대대로 살아온 마을로, 기와집과 초가집 등이 잘 보존되어 있다. 특히 조선시대 대유학자인 류운용과 임진왜란 때 영의정을 지낸 류성룡이 나고 자란 곳이기도 하다.

양진당은 류운룡 집으로 오래된 풍산 류씨 종가이다. 류중영 호인 입암을 따서 '입암고택(立巖古宅)'이라는 현판이 걸려 있다. 류중영은 류운룡 아버지다.

위치 경상북도 안동시 풍천면 전서로 185-8번지

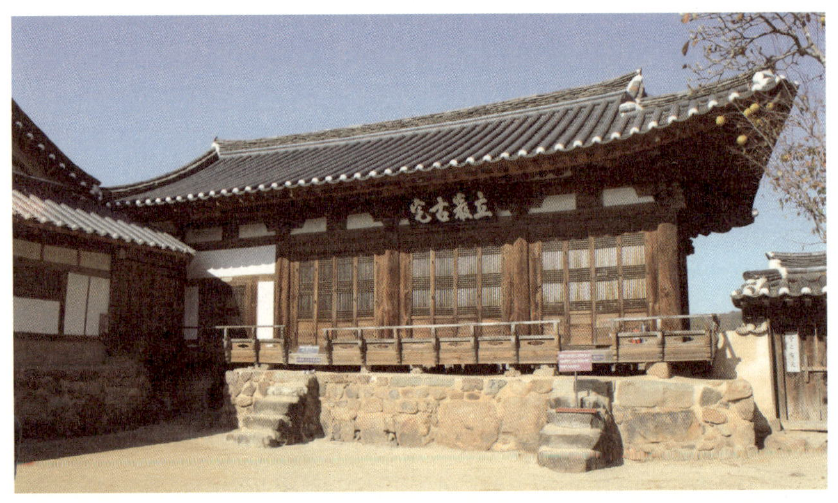

하회 양진당

보물 제306호인 양진당은 풍산에 살던 류종혜공이 하회마을에 들어와 15세기경에 최초로 지은 집으로 풍산 류씨 대종택이다. '양진당 (養眞堂)'이라는 현판은 풍산 류씨 족보를 처음으로 완성한 류운룡 6대손인 류영을 어릴 때 부르던 이름에서 따 온 것이다.

앞면은 4칸, 옆면은 3칸이며 팔작지붕이다. 오른쪽 3칸은 대청, 왼쪽 1칸은 온돌방으로 되어 있고, 바깥은 툇마루와 난간을 둘러 마치 누각 같은 느낌을 준다. 대청에는 문을 달아서 3칸 모두 열 수 있게 만들었다. 건물 안쪽 천장은 지붕 재료가 훤히 보이는 연등천장으로 되어 있고, 한석봉이 쓴 '양진당'이라는 현판을 비롯해 함께 현판 여러 개가 걸려 있다.

그리고 서민들 놀이인 '하회 별신굿탈놀이'와 선비들이 놀았던 '선유줄불놀이'가 지금까지도 이어져 오고 있으며, 주말에 찾아가면 공연을 볼 수 있고 하회세계탈박물관에서는 세계 여러 나라 탈들을 구경할 수 있다.

유교문화박물관

유교문화박물관은 2006년에 한국국학진흥원 안에 세워진 유교전문박물관이다.

유교문화를 직접 체험해 볼 수 있고, 유교문화를 알 수 있도록 되어 있다. 이곳에서는 유교문화가 어떻게 만들어졌고 발전했는지를 한눈에 살펴볼 수 있으며 동아시아 유교가 발전한 역사, 연표와 한국, 중국, 일본 유교 이야기들을 살펴볼 수 있다. 그리고 선조 때 영의정을 지낸 류성룡이 쓴 〈징비록〉 원본이 보관되어 있다. 유교기록문화관에는 사람들이 보관하고 있던 유교 관련 기록문화재를 보관하고 있으며, '영남 만인소'도 볼 수 있다.

장판각은 전통 기록문화재 가운데 목판을 보관하는 곳이다.

● 유교문화박물관
●● 징비록

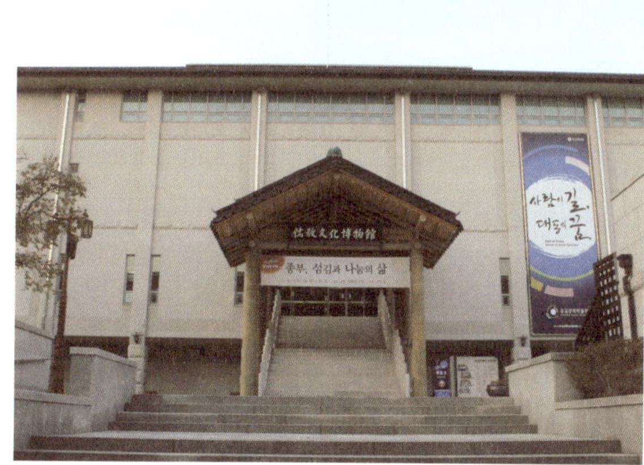

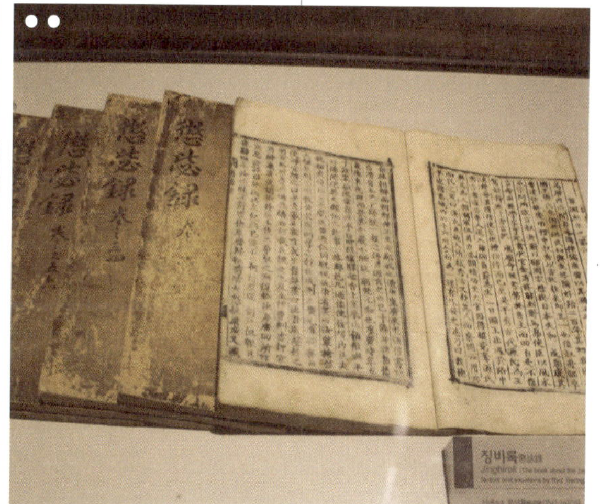

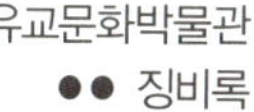

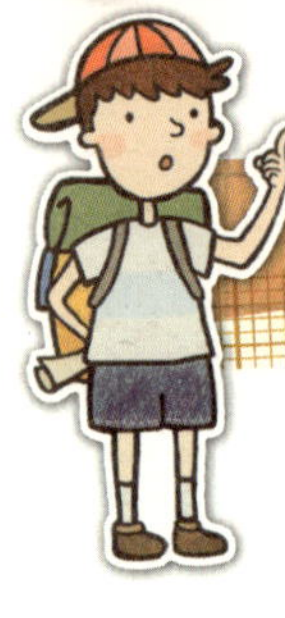

더 깊이 알기

1. 고려시대는 불교가 백성들을 다스리는 통치이념이었는데 조선시대 통치이념은
   무엇이었나요?

2. 조선시대 정도전이 썼으며, 성리학이 불교보다 낫다는 것을 설명한 책 이름은
   무엇인가요?

3. 중국 송나라 때 인물로 성리학을 만든 사람은 누구인가요?

4. 성리학을 가르치던 대표적인 교육기관으로 요즘 대학과 같은 조선시대 학교 이
   름은 무엇인가요?

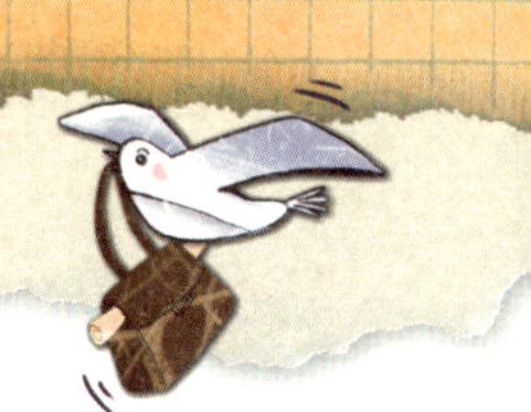

5. 성리학은 고려 말기 원나라로부터 들어왔는데 성리학을 처음 들여온 학자 이
   름은 무엇인가요?

6. 조선 중종 때 풍기군수 주세붕이 세운 우리나라 첫 서원은 무엇인가요?

7. 조선 건국에 반대한 이색, 길재와 같은 학자들은 향촌에 묻혀 학문을 연구하
   고 후진을 양성했는데 이런 사람들을 무엇이라고 하나요?

생각해보기

1. 고려 말 신진사대부들이 성리학을 통치이념으로 삼았던 까닭은 무엇일까요?

2. 서원은 성리학적인 학문을 연구하고 후진을 양성하며 학문이 뛰어난 사람이나 충절이 뛰어난 사람을 기려서 제사를 지내는 역할을 하던 곳입니다. 이밖에 서원은 어떤 역할을 했을까요?

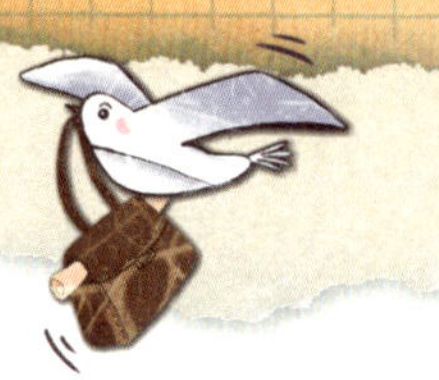

3. 이번 답사에서 가장 기억에 남는 것은 무엇인지 그린 다음, 그 까닭을 써 보세요.

가장 기억에 남는 것
그린 까닭

26 준비 없이 당한 임진왜란

16세기 말에 어지러운 일본을 통일한 도요토미 히데요시는 대륙으로 진출하기 위해 명나라로 가는 길을 빌린다며 조선으로 쳐들어왔다. 조선이 세워지고 200년 만인 1592년 임진년에 왜(일본)가 일으킨 난리라고 해서 임진왜란이라고 부른다.

부산으로 상륙한 일본군을 맞아 부산진에서 정발 장군이, 동래성에서 송상현 장군이 이끄는 군대와 백성들이 끝까지 맞서 싸웠으나 신식무기인 조총으로 무장한 일본군을 당해낼 수가 없었다.

일본군이 기세등등하게 북진하자 울산을 비롯한 여러 고을 수령들은 제대로 싸워보지도 않고 도망치고 말았다. 충주에서 한강을 등지고 배수진을 친 신립 장군마저 패하자 전쟁이 일어난 지 20여일 만에 한양이 점령당하고 말았다.

선조는 평양으로 피했으나 평양마저 함락되자 의주로 피란을 갔다. 일본군이 함경도 지방까지 차지하자 나라를 빼앗기는 위기에 빠졌다.

그러나 바다에서 수군이 일본군을 막았고, 전국에서 의병이 일어났다. 이순신 장군이 이끄는 수군은 한산도에서 학익진을 펼쳐 크게 이겼고, 여러 전투에서 잇달아 승리했다. 바닷길이 막힌 일본군은 서해안을 통해 무기와 식량을 보급할 수 없게 되었다. 곽재우, 조헌, 고경명, 정문부, 김덕령, 사명대사 유정 등이 백성들을 모아 의병을 일으켰다. 의병들은 살던 곳 지리를 잘 안다는 장점을 활용해 일본군과 싸우고 관군과 연합작전을 벌이면서 일본군을 무찔렀다.

바닷길이 막히자 일본군은 걸어서 전라도로 가려고 했다. 그러나 진주에서 김시민 장군이 이끄는 관군, 의병, 백성들이 하나가 되어 막아냈다. 명나라에서 보낸 원군과 관군과 의병이 반격에 나섰다. 평양성을 되찾았고, 행주산성에서는 권율 장군이 이끄는 관군과 백성들이 3만 명이나 되는 일본군을 무찔렀다. 기세에 밀린 일본군은 휴전을 제의했고 3년에 걸친 교섭에 실패하자 정유년에 다시 공격해왔다. 이를 정유재란이라고 한다.

그동안 군대를 정비한 조선군이 일본군을 막았고, 옥살이를 마치고 다시 삼도수군통제사가 된 이순신 장군이 명량해전에서 승리했다. 전쟁을 일으킨 도요토미 히데요시가 죽자 일본군은 서둘러 물러갔다. 이순신 장군은 일본군이 다시 쳐들어오지 못하도록 완전히 섬멸하려고 노량에서 가로막고 무찌르다 총탄에 맞아 전사했다. 7년 동안 이어진 전쟁으로 백성들은 죽거나 병들었고, 국토는 황폐해져버렸다.

부산진 지성(자성대공원)

부산진은 임진왜란 때 일본군이 쳐들어오자 부산진첨사 정발 장군이 이끄는 군사들과 백성들이 목숨이 다하도록 맞서 싸운 곳이다.

원래 부산진 성곽이나 흔적들은 일제강점과 도시화에 밀려 사라지고 없지만, 임진왜란 때 일본군이 부산에 주둔하면서 부산진 성 일부인 지성(支城)을 축소해서 쌓은 성이 남아 있다. 지금은 자성대공원으로 더 알려져 있다.

성벽은 높은 곳이 10미터 정도 되고 낮은 곳은 1.5미터 정도 된다. 일본군이 쌓은 성이라서 우리나라 성처럼 수직으로 된 벽이 아니고 비스듬히 경사져 있다.

공원 안에는 임진왜란에 참전한 명나라 장수인 천만리 후손이 세

● 정발 장군 동상
●● 부산진 지성
●●● 조선통신사역사관

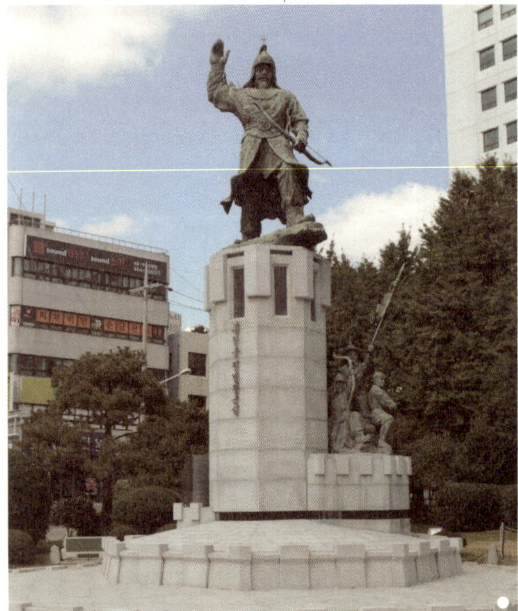

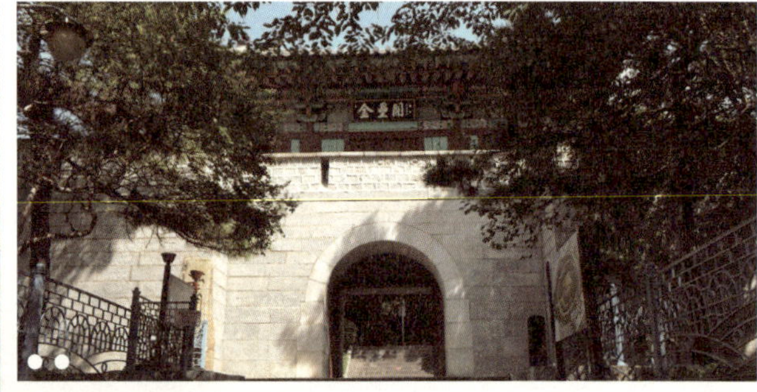

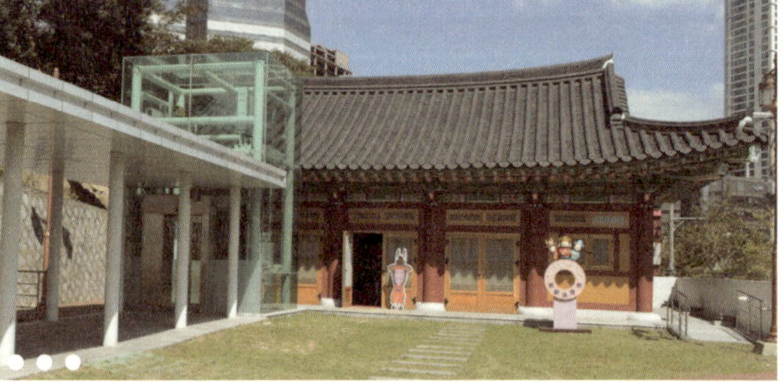

운 천 장군 기념기와 동쪽 산중턱에 최영 장군 비각이 있고, 조선통 신사역사관과 1617년에 조선통신사가 일본으로 갈 때 용왕에게 안전 을 빌었다는 영가대도 있다.

부산시 동구 초량동 초량삼거리(지하철 초량역)에는 정발 장군을 기리는 동상이 세워져 있다.

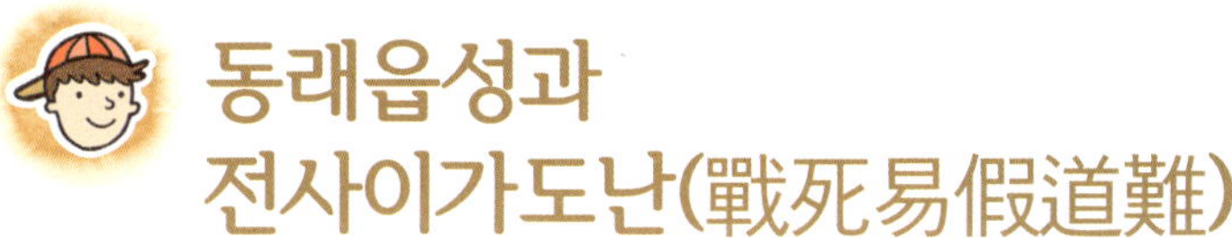

동래읍성과 전사이가도난(戰死易假道難)

충렬사 뒷산을 돌아서 부산시 동래구 중심을 감싼 동래읍성은 둘 레가 1.9킬로미터에 이른다. 삼한시대에 처음 쌓기 시작했고, 동문, 서문, 남문, 암문, 이렇게 문 네 개가 있다.

동래읍성 안에 있는 동래읍성역사관에는 동래읍성 축소모형과 임진왜란 때 동래성 전투도, 동래 역사를 알 수 있는 유물과 사진 자료 등을 전시 하고 있다.

임진왜란 때 부산진과 다대포진을 함 락하고 동래성으로 온 일본군이 남문 앞 에 '전즉전의 불전즉가도'(轉側戰矣 不戰 則假道. 싸울 테면 싸우고 싸우지 못할 것 같으면 길을 비켜 달라)라고 쓴 나무

위치 부산광역시 동래구 명륜동, 복천동, 안락동, 칠산동, 명장동 일대

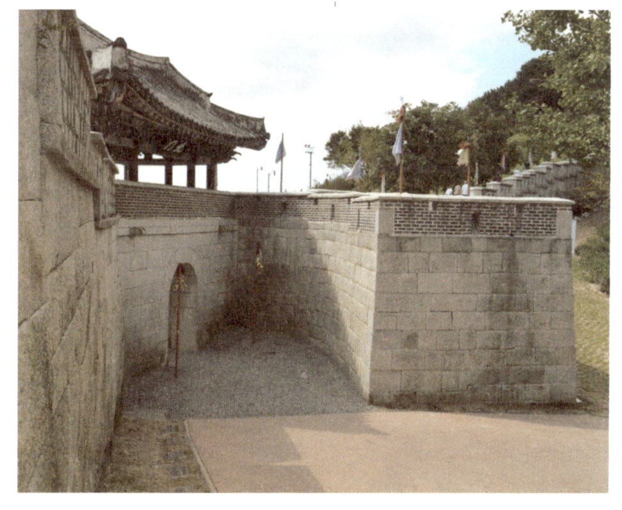

동래읍성

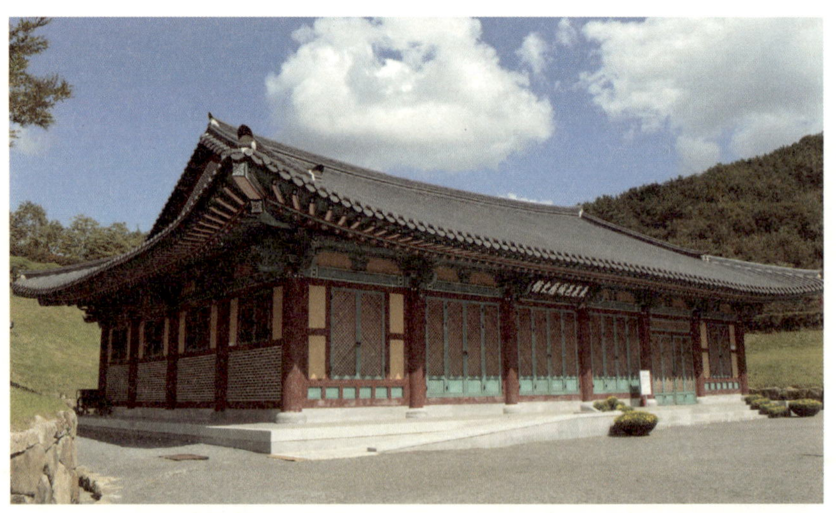

패를 세우자 동래부사 송상현 장군은 '전사이가도난'(戰死易假道難, 싸워서 죽기는 쉬워도 길을 비키기는 어렵다)이라고 쓴 나무패를 성 밖으로 던졌다. 일본군에게 동래성을 내주지 않겠다는 의지를 보여 준 것이었다. 밀려드는 일본군에 맞서 동래성 군사와 백성들이 힘을 합쳐 싸웠으나 송상현 장군은 전사하고 성은 함락되고 말았다.

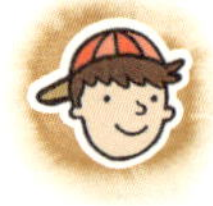 동래읍성 임진왜란역사관

부산지하철 4호선 수안역 공사를 하려고 발굴을 하다가 동래읍성 해자 자리에서 유골과 유물들이 발견되었다.

임진왜란 때 일본군이 동래성 전투에서 전사한 군사들과 백성들 시신 수천 구를 동래읍성 해자에 묻어버렸다는 기록이 있었는데 그 증거가 나온 것이다.

그래서 박물관을 세워서 발굴된 유물들을 전시하고 있다.

출입구 표시 기둥에도 박물관 표시가 되어 있고 계단과 벽에 유물이나 사진들을 전시해 놓아서 수안역 전체가 박물관이라고 해도 될 정도로 꾸며져 있다.

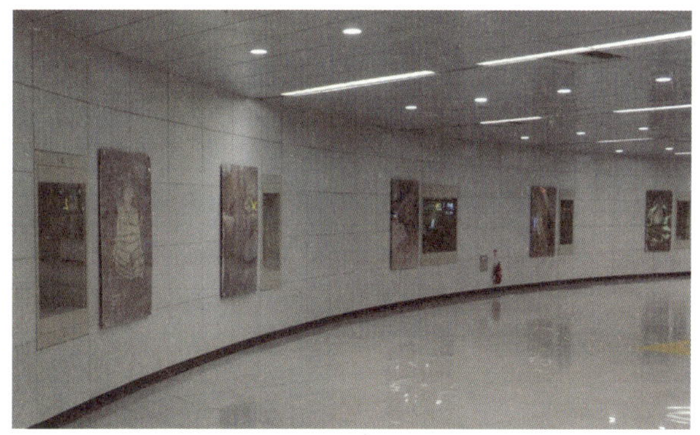

동래읍성 임진왜란역사관

충렬사

임진왜란 때 일본군과 싸우다 전사한 분들을 모신 사당으로, 선조 38년(1605)에 동래부사 윤훤이 송상현 장군을 기리는 송공사를 세우고 해마다 제사를 지내던 것을 인조 때 충렬사가 되면서 정발 장군을 비롯하여 여러 장군들을 모신 사당이 되었다.

위치 부산광역시 동래구 충렬대로 345

충렬사

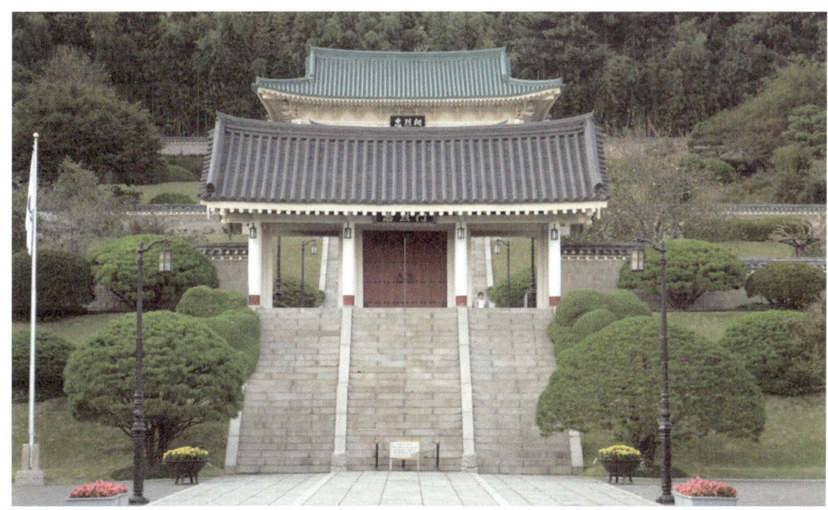

임진동래의총

임진왜란 때 일본군에 맞서 동래성을 지키다 순국한 군사들과 백
성들 시신을 거두어 모신 곳으로 영조 때인 1731년에 동래부사 정언
섭이 동래성을 고쳐 쌓을 때 남문 자리에서 발견된 시신들을 안장
한 것이다.

일제강점기에 이장을 한 번 했고, 1974년에 지금 자리인 금강공원
으로 옮겼다.

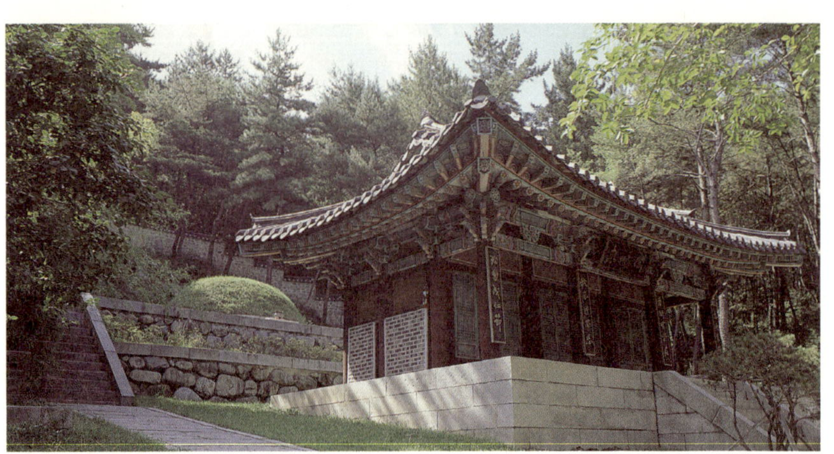

탄금대

탄금대는 가야금을 만든 우륵이 가야금을 탔던 곳이라고 해서 탄
금대라고 부른다.

임진왜란 때 신립 장군이 일본군 장수 고니시 유키나가(소서행장)

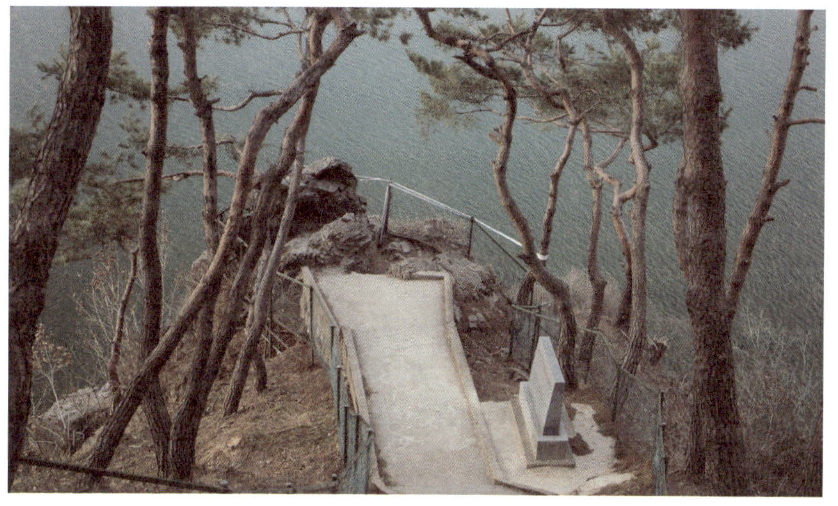

부대에 맞서 배수진을 치고 싸웠으나 패하자 탄금대에서 한강으로 몸을 던져 자결했다. 이 소식을 들은 선조는 서울을 지킬 수 없을 것이라 여기고 평양으로 피란길에 올랐다.

주차장에서 탄금대로 가는 산책길에는 조각공원과 임진왜란 때 희생된 영령 8천 명에 대한 추모비가 있다.

한산도 제승당

충무공 이순신 장군이 임진왜란 3대 대첩인 한산대첩을 승리로 이끈 다음 삼도수군통제사가 되자 한산도에 제승당을 짓고 삼도수군통제영으로 삼았다.

이순신 장군이 옥에 갇혔을 때 일본군에 의해 파괴되어 더 이상 통제영으로 쓰이지는 않게 되었으나 영조 때인 1739년에 다시 짓고

위치 경상남도 통영시 한산면 한산일주로 70

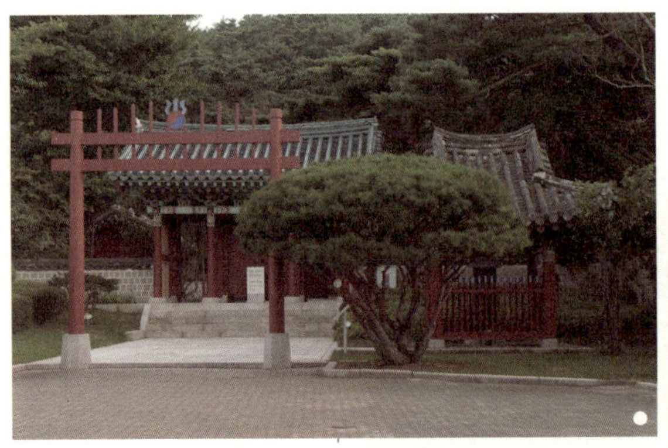
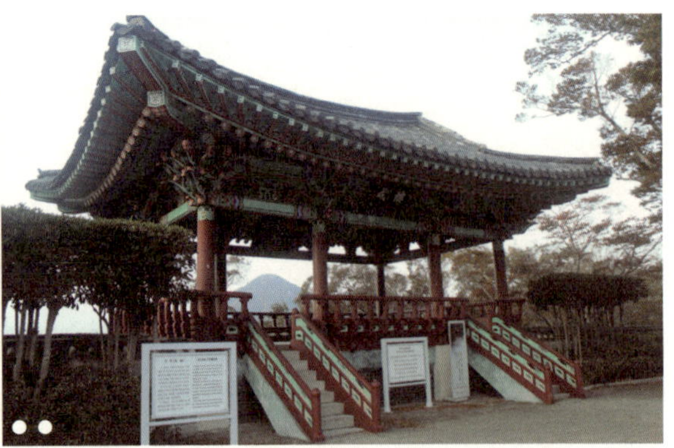

● 제승당
●● 수루

유허비를 세웠다. 현대에 와서 사정(활 쏘는 곳), 수루 같은 시설들
도 세워졌다.

수루에 올라서 한산도 바다를 내려다보며 좁은 한산해협과 섬들
을 잘 활용하여 학익진을 펼쳐서 일본군을 물리치는 모습을 상상해
볼 수 있다.

통영항에서 제승당으로 가는 배를 타고 거북등대를 지나 한산도
에 도착하면 바닷가를 따라 걸어서 제승당으로 갈 수 있다.

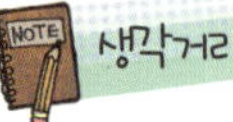

수루에 앉아서 이순신 장군이 쓴 시조인 '한산도야탄'을 따라
읽으면서 느낌을 떠올려 보세요.

통영 세병관(洗兵館)

위치 경상남도 통영시 세병로 27

임진왜란이 끝난 뒤 선조 때인 1604년에 한산도에 세운 삼도수군
통제영이 불타버린 것을 대신해 통영에 통제영이 세워질 때 이 세병

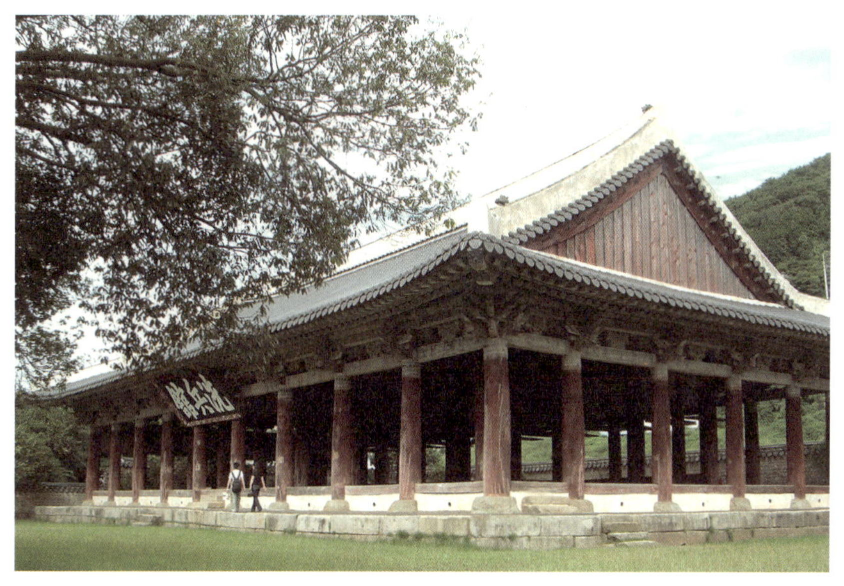

세병관

관도 같이 세웠다. 경복궁에 있는 경회루, 전남 여수에 있는 진남관과 더불어 가장 넓은 조선시대 건물이다.

세병관이라는 이름은 두보가 쓴 '장사를 얻어서 하늘에 있는 은하수를 끌어와 갑옷과 병기를 씻어 영원히 쓰지 않도록 한다'라는 시에서 글자를 따온 것으로 평화로운 세상을 바라는 마음이 담겨 있다. 세병관 기둥들에는 땜질로 수리한 부분들을 볼 수 있는데 목조건물이 오랜 세월동안 비바람을 맞아 썩은 곳을 때운 것이다.

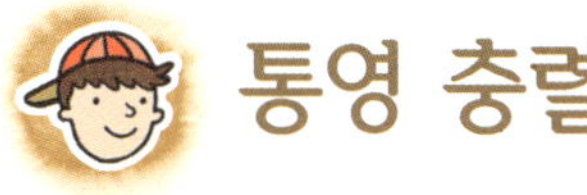 통영 충렬사

통영 충렬사에는 이순신 장군 위패와 영정을 모시고 제사를 올리는 정당과 더불어 강한루, 경충재, 숭무당 같은 건물이 있으며 유물

위치 경상남도 통영시 여황로 251

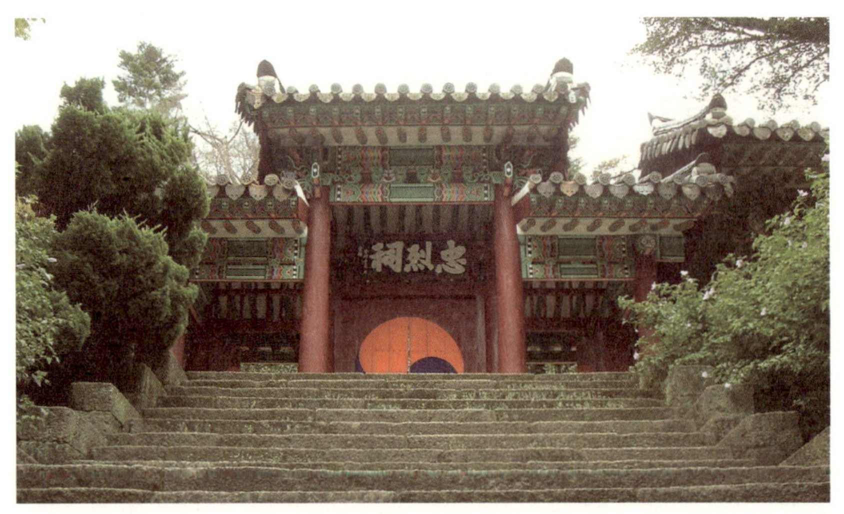

통영 충렬사

전시관에는 통제영 지도와 칼을 비롯해 현자총통·지자총통 같은 무기, 해도 등 여러 유물들이 전시되어 있다.

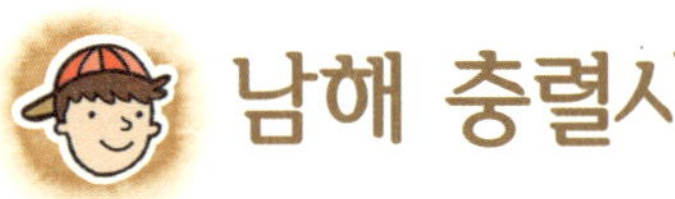 남해 충렬사

이순신 장군은 자기 나라로 돌아가려는 일본군을 그대로 보내주면 다시 쳐들어올 것이라 여기고는 노량에서 일본군을 가로막았다. 이 전투에서 일본군은 엄청난 피해를 입었다. 그러나 이순신 장군도 총탄에 맞아 전사하고 말았다.

이순신 장군이 전사한 노량 앞바다가 내려다보이는 언덕 위에 사당을 지었다. 충렬사 앞에는 거북선을 전시하고 있는데 직접 거북선에 들어가서 구조를 살펴볼 수 있고, 갑옷도 입어보고 무기들도 직접 만져 볼 수 있다.

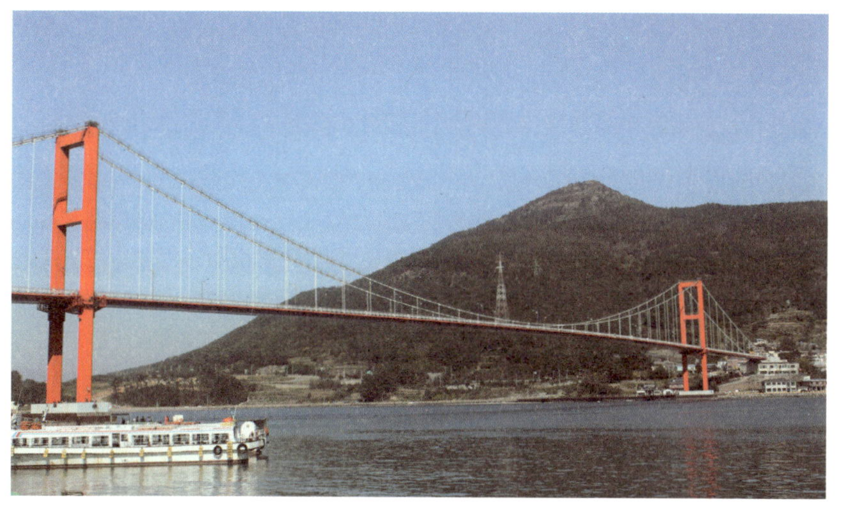

남해대교

거북선 너머로 육지와 남해섬을 잇는 다리가 보이는데 우리나라에서 처음으로 건설된 현수교인 남해대교다. 이 다리를 걸어서 건너면 바람에 다리가 흔들리는 것을 몸으로 느껴 볼 수 있다.

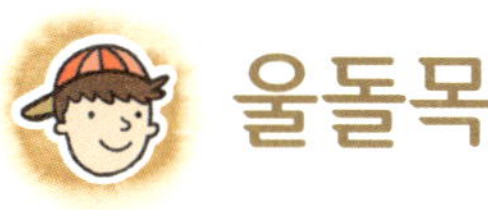

울돌목

1597년, 이순신 장군이 모함을 받아 옥에 갇힌 사이에 일본군이 다시 쳐들어와 원균이 이끄는 조선 수군은 칠천량 전투에서 크게 패하고 말았다. 이순신 장군이 다시 삼도수군통제사가 되었으나 남아 있는 배는 12척 뿐이었다. 조정에서 수군을 없애고 육군으로 들어가라고 했지만, 이순신 장군은 '신이 있는 한 적이 우리를 함부로 하지 못할 것'이라는 상소를 올렸다. 그리고 군사들에게 '생즉필사 사즉필생'(살려고 하는 자는 반드시 죽을 것이고 죽으려고 하는 자는 반드

위치 전라남도 해남군 문내면 관광레저로 12-22

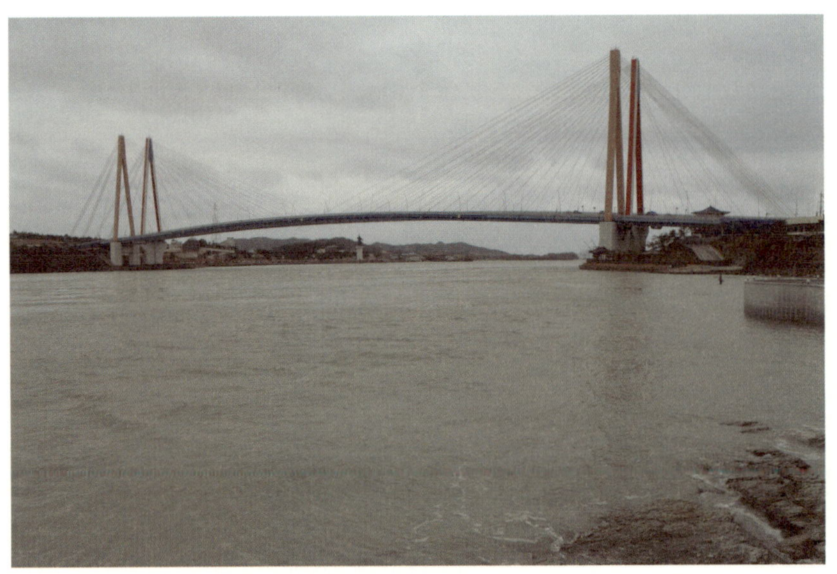

울돌목

이라며 기운을 북돋웠다.

12척으로 133척이나 되는 일본군과 맞섰는데, 해남과 진도 사이에 있는 울돌목을 가로막고는 밀물을 이용해서 밀려오는 일본군을 막았다. 바닷물 흐름이 바뀌어 썰물이 되자 앞에서 부서진 일본군 배들이 뒤로 떠내려가면서 뒤따라오던 배들과 서로 부딪혀 수많은 일본 배들이 부서졌다. 이 싸움으로 일본 수군은 기세가 꺾이고 말았다.

 # 진주성

위치 경상남도 진주시 남성동, 본성동 일대

진주성은 원래 토성이었으나 고려 우왕 때 석성으로 고쳐 쌓았고, 임진왜란이 일어나기 전 해인 1591년에 더욱 높이 쌓고 외성도 만들었다.

성 둘레는 1.7킬로미터로 성 안에는 우리나라 3대 누각인 촉석루와 임진왜란 때 돌아가신 분들 위패를 모신 창렬사, 논개를 기리는 의기사, 그리고 북장대, 호국사 등이 있고 국립진주박물관이 자리 잡고 있다.

1592년 10월에 바닷길이 막힌 일본군 3만여 명이 육지를 통해 전라도로 가기 위해 진주성으로 쳐들어왔다. 군사들과 백성들이 하나가 되고 의병들도 안팎에서 진주목사 김시민 장군을 중심으로 힘을 모아 6일 동안 싸운 끝에 물리쳤다. 이때 김시민 장군은 이마에 총탄을 맞아 전사하고 말았다. 이 전투를 임진왜란 3대 대첩인 '진주대첩'이라고 부른다.

다음해에 일본군 10만여 명이 다시 쳐들어왔고, 진주성은 함락되고, 군사들과 백성들 7만 명이 일본군에게 죽임을 당했다. 이 전투에서 전사한 경상우도병마사 최경회 부인이었던 논개는 촉석루에서 승

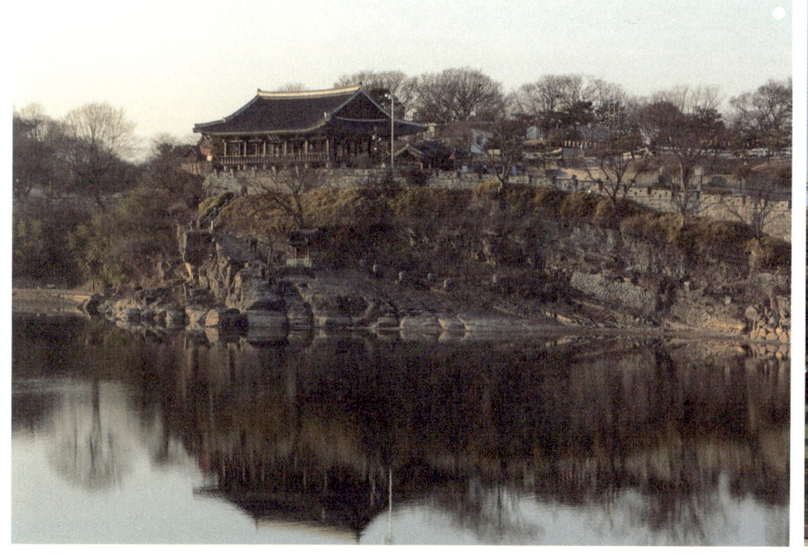
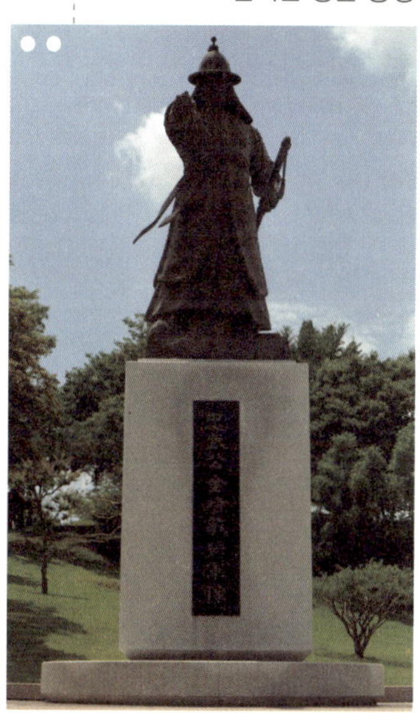

● 진주성 촉석루
●● 김시민 장군 동상

전 잔치를 벌이는 일본군 장수를 껴안고 남강에 몸을 던져 그 장수와 함께 죽었다. 논개가 일본군 장수를 껴안고 몸을 던진 바위를 '의암'이라고 부른다.

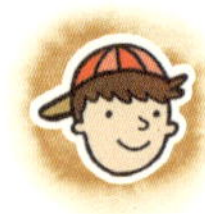

논개가 일본군 장수를 끌어안고 물로 뛰어들어 같이 죽을 때 심정이 어땠을까?

행주산성

위치 경기도 고양시 덕양구 행주로 15번길

● 행주대첩전시관
●● 행주대첩비

한강 건너편에서 보면 자리 잡은 산이 배가 가는 것 같다고 해서 행주산이라고 부르고 그 산에 세워진 성이라고 해서 행주산성이라고 부른다.

흙으로 쌓은 토성으로 삼국시대 때부터 있었던 것으로 짐작한다.

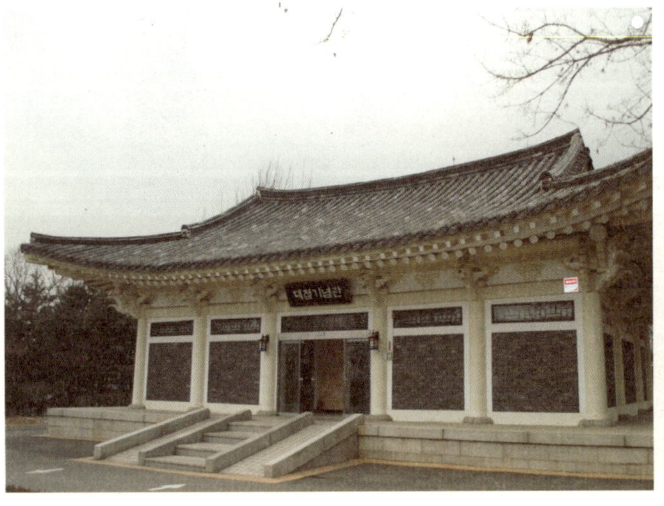

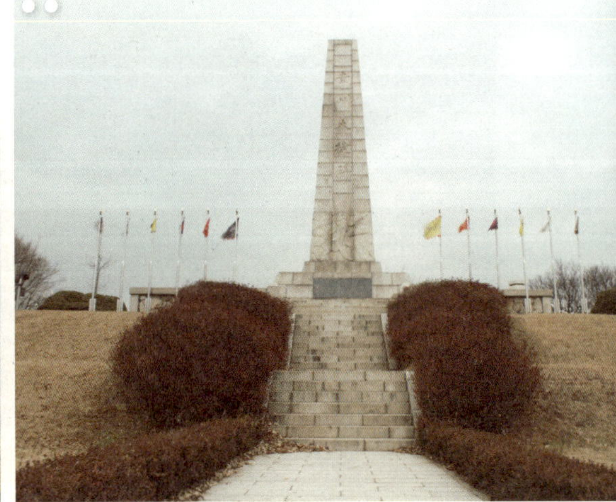

남쪽으로는 한강이, 동남쪽으로는 창릉천이 흘러서 해자 역할을 하며 동남북쪽이 모두 경사가 급해서 방어하기가 좋은 곳이다.

1593년에 일본군 3만 명이 행주산성을 함락시키기 위해 파도처럼 차례를 정해 밀고 들어오는 파상공격을 펼쳤으나 신기전과 비격진천뢰, 여러 가지 총통 같은 첨단무기와 유리한 지형을 활용해 막아냈다. 이를 임진왜란 3대 대첩인 '행주대첩'이라고 부른다.

이때 행주산성에 있던 여자들도 혀처럼 자른 치마에 돌을 싸서 군인들에게 날라주었다. 지금도 부엌에서 일할 때 입는 앞치마를 행주대첩에서 처음 만들어 쓴 것이라고 하여 '행주치마'라고 부른다.

행주산성에는 임진왜란 때 사용한 무기들을 전시한 대첩전시관과 행주대첩비, 그리고 권율 장군 동상과 충장사 등이 있다. 성 북동쪽으로 토성이 복원되어 있는데 이 토성을 직접 걸어보면 토성이 어떤 모양인지 확인해 볼 수 있다.

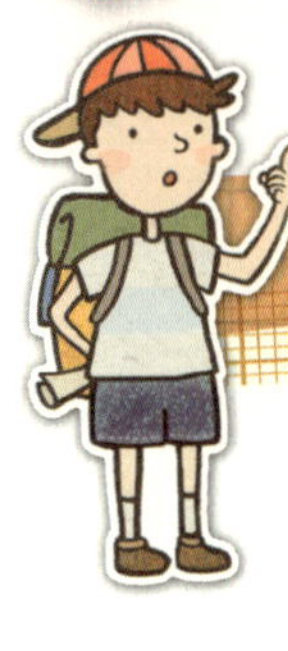

더 깊이 알기

1. 여러 세력으로 나뉘어져 있던 일본이 도요토미 히데요시에 의해 하나로 통일 되자 1592년에 임진왜란을 일으켜 조선으로 쳐들어오면서 내세운 명분은 무 엇인가요?

2. 일본군이 조선군을 상대로 쉽게 승리할 수 있도록 해준 신식무기는 무엇인 가요?

3. 임진왜란 3대 대첩은 무엇과 무엇인가요?

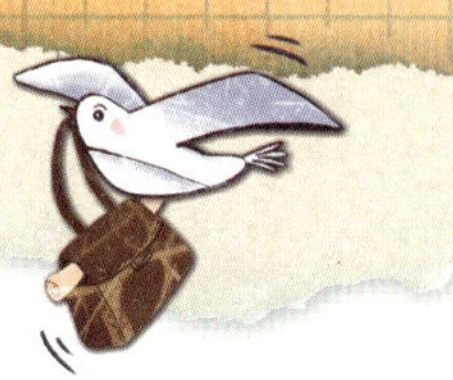

4. 일본군이 조선에서 물러간 까닭은 무엇인가요?

5. 이순신 장군이 일본으로 돌아가는 일본군을 노량에서 가로막고 쳐부순 까닭
은 무엇인가요?

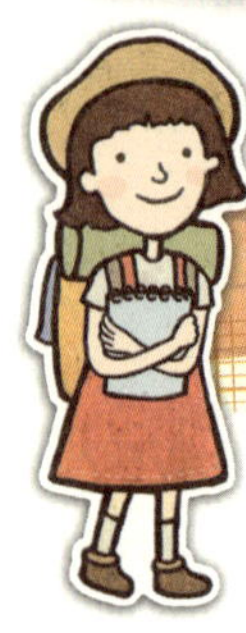

1. 일본이 임진왜란을 일으키며 대륙으로 진출한다면서 명나라로 가는 길을 조선에게 빌려달라고 한 까닭은 무엇일까요?

2. 이순신 장군이 한산도에서 일본군 수군에 맞서 싸우면서 학익진을 쓴 까닭은 무엇일까요?

3. 명나라가 일본군을 물리치기 위해 조선에 군대를 보내준 까닭은 무엇일까요?

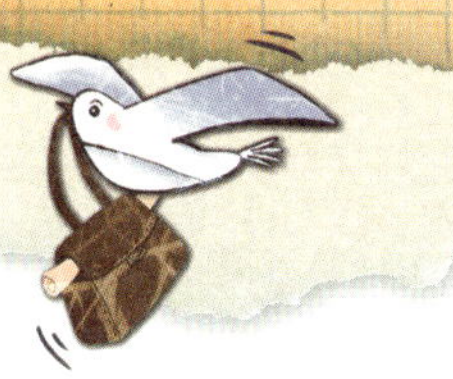

4. 이번 답사에서 가장 기억에 남는 것은 무엇인지 그린 다음, 그 까닭을 써 보세요.

가장 기억에 남는 것
그린 까닭

27 분연히 일어난 백성들

바다에서 이순신 장군이 전투를 승리로 이끌고 있을 때, 육지에서는 의병들이 일어났다. 농민, 선비, 승려들이 가족과 고장과 나라를 지키려고 충의를 내걸고 싸웠기 때문에 의병이라 불렀다. 의병들은 자기 고장 지리를 잘 알고 있었기 때문에 그에 알맞은 전술을 짜서 일본군에게 큰 피해를 입혔다. 의병들은 일본군이 쳐들어오는 속도를 늦추어 관군에게 전열을 가다듬을 수 있는 시간을 벌어주었다. 나중에는 관군에 합쳐졌고, 그 덕분에 관군이 전투를 치르는 데에도 큰 도움이 되었다.

곽재우는 경상도 의령에서 의병을 일으켰는데, 붉은 옷을 입었다고 해서 '홍의장군'이라고 불렀다. 진주목사 김시민 장군이 이끈 진주성 전투에서 일본군 뒤를 기습 공격하고 일본군 보급로를 막았다.

조헌은 충청도 옥천에서 승병인 영규와 함께 의병을 일으켜 일본군에게 빼앗긴 청주성을 되찾았다. 그 뒤 금산 전투에서 일본군과 싸우다 영규, 고경명과 함께 전사했다. 전쟁이 끝난 뒤 큰 무덤을 만들었는데 이를 '칠백의총'이라 부른다.

전라도 장흥에서는 고경명이, 나주에서는 김천일이, 담양에서는 김덕령이 의병부대를 이끌었다. 함경도에서는 함경북도 북평사인 정문부가 의병을 일으켜 경성과 길주에서 일본군을 물리쳤다. 숙종 때 그 공을 기려 함경북도 길주에 북관대첩비를 세웠다.

묘향산에서는 서산대사(휴정)가 승병들을 지휘해 일본군에게 빼앗긴 평양을 되찾는 데 큰 공을 세웠다. 제자인 사명대사(유정)도 평양을 되찾는 데 공을 세웠다. 또 황해도에서는 의엄, 지리산에서는 처영, 공주에서는 영규가 의병을 일으켰다.

일본이 다시 쳐들어온 정유재란이 일어나자 남원에서 관군과 의병, 그리고 백성들이 힘을 합쳐 나섰다. 하지만 남원성이 끝내 일본군에 함락되면서 1만 명이 전사했다. 전투가 끝난 뒤 피란 갔던 주민들이 돌아와 남원성 북문 옆에 만 여구나 되는 전사자를 모아 큰 무덤을 만들었는데 이를 '만인의총'이라고 부른다.

하지만 전쟁이 끝난 뒤 공을 나누는 과정에서 의병들은 공신명단에 오르지 못했다. 오히려 선조와 함께 의주로 피난 간 사대부들을 호성공신이라 부르며 공신명단에서 가장 높은 자리에 올렸다.

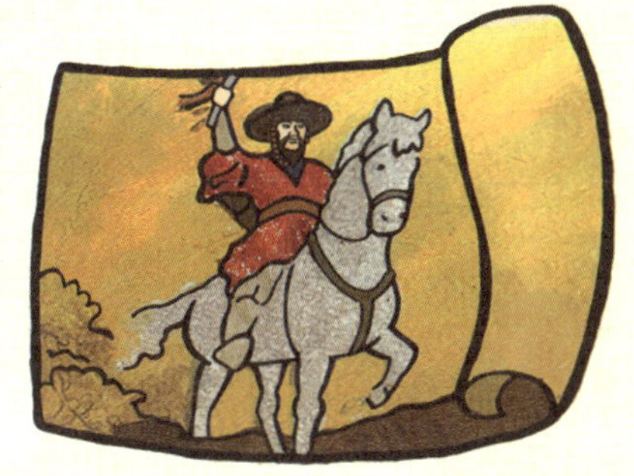

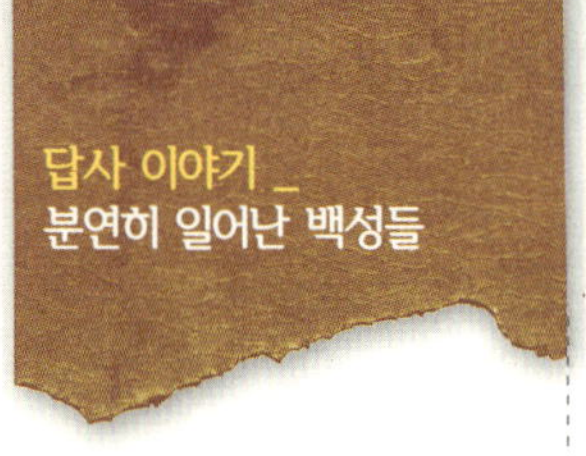

충익사

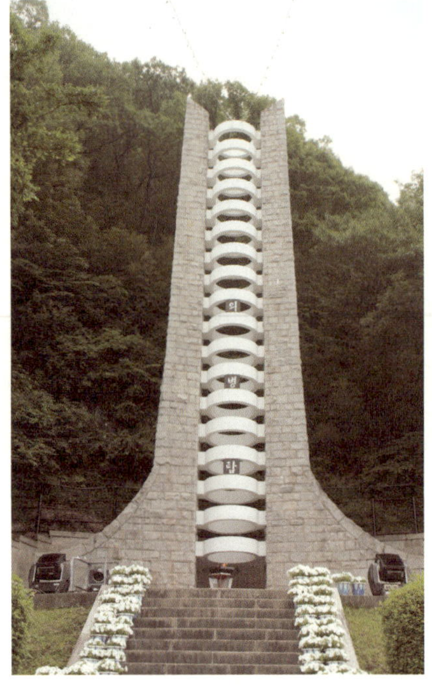

의병탑

● 충익사
●● 곽재우 장군도

의령 9경 가운데 제1경으로 꼽히는 충익사는 임진왜란 때 처음으로 의병을 일으킨 곽재우와 휘하 장수 17명을 기리는 위패를 모신 사당이다.

'충익'이란 나라에 충성하고 생각이 깊다는 뜻으로, 숙종이 곽재우 장군에게 내린 시호다.

충익사 입구 의병교를 건너면 의병탑이 서 있다. 높이가 27미터에 이를 정도로 웅장한 의병탑은 중간에 둥근 띠 18개를 둘렀는데 이는 곽재우 장군과 17명 장수를 기린다는 뜻이다. 의병탑을 지나 오른쪽에 있는 충익사는 내·외

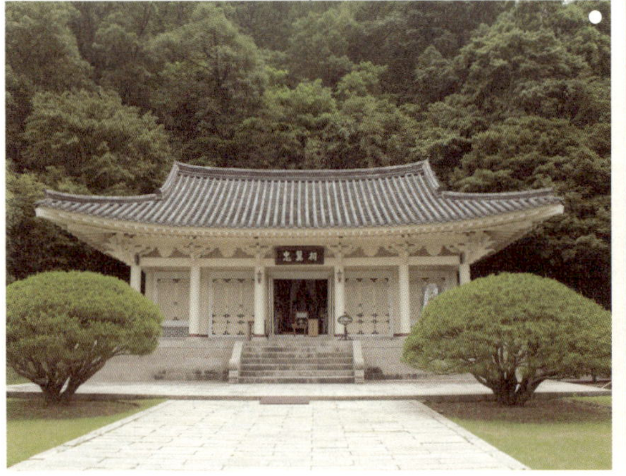

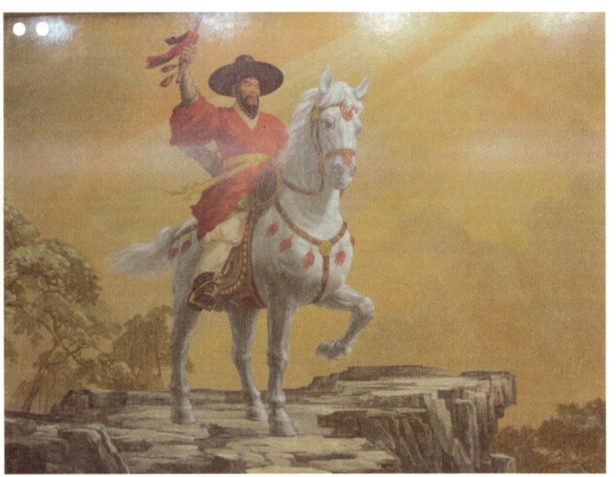

삼문, 기념관, 충의각, 홍의문, 사당 등 9개 동으로 이루어져 있다.

경내에는 도 기념물로 지정된, 수령이 500년이 된 모과나무가 있는데 우리나라에서는 가장 오래된 모과나무로 알려져 있다.

의령군에서는 매년 6월 1일을 '의병의 날'로 지정해 충익사를 중심으로 많은 문화행사를 진행하고 있다.

의병 박물관

충익사 옆에 자리 잡고 있는 의병 박물관은 옛 홍의정 활터 과녁자리 앞에 세워졌다. 전시실에는 곽재우 장군 유물과 휘하 17장군 관련 유물이 전시되어 있으며 임진왜란 때 활약했던 관군과 의병에 관련된 유물들이 많이 전시되어 있다.

위치 경상남도 의령군 의령읍 충익로 1-25

의병 박물관

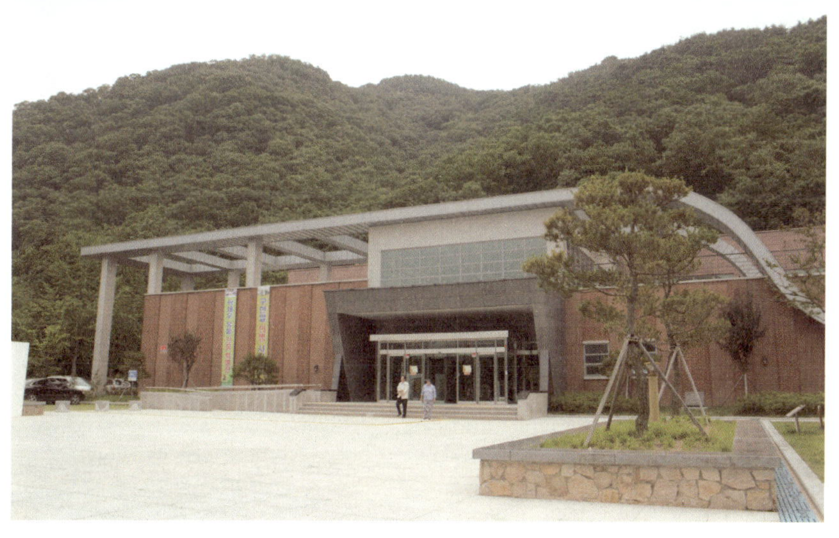

의병 유물 외에도 의령지역 선사시대 유물 및 가야, 신라, 고려, 조선, 근대로 이어지는 각 시대 유물들이 전시되어 있어 의령 역사를 한눈에 볼 수 있다.

 정암루

의령 9경 가운데 5경으로 꼽히는 정암루는 의령으로 들어오는 관문인 정암교와 이어진 언덕에 있는 누각이다. 조선 중기에 취원루가 있었던 자리였는데 불타고 난 뒤에 그 자리에 정암루를 지었다고 한다.

정암루 바로 아래가 정암진이 있었던 자리로 임진왜란 때 곽재우 장군과 의병들이 왜군을 물리친 곳이다. 의령은 전라도로 통하는 관문으로, 왜군은 전라도로 가기 위해서 의령을 여러 차례 공격했다.

정암루

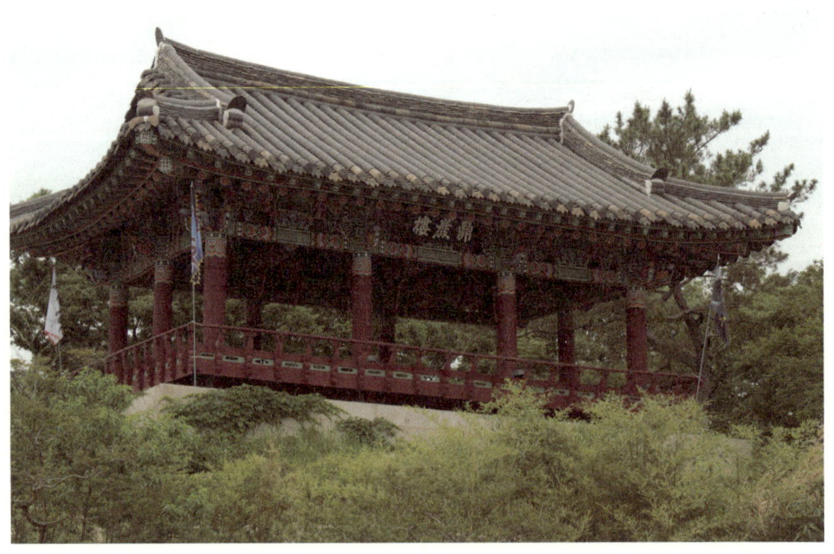

곽재우 장군은 정암진에 의병 50여 명을 매복시켜서 강을 건너는 왜
군을 기습 공격해 크게 승리했다.

　지금은 정암교와 정암루 주변을 관광단지로 만들었는데 밤에는 정
암교를 빛내는 화려한 야경을 볼 수 있다.

 칠백의총

　조헌과 승병장 영규가 이끄는 의병 칠백여 명이 일본군과 싸우다가
장렬히 전사한 자리에 하나로 만든 무덤이다.

　1592년 8월, 왜군에 함락당한 청주성을 되찾은 조헌, 영규 부대는
남은 의병 칠백 명을 이끌고 금산으로 진격했다. 금산 전투에서 일본
군 고바야카와 부대와 싸워서 모두 전사했다. 그 후 조헌 제자인 박정

위치 충청남도 금산군 금성면
의총길 40

칠백의총 추모 무덤

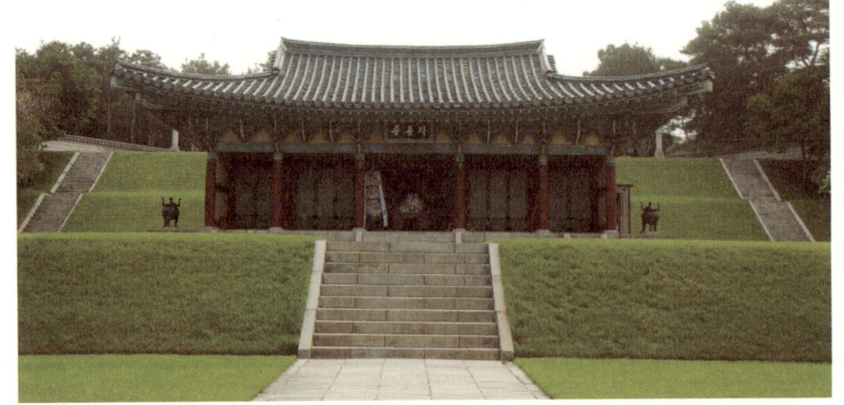

량과 전승업 등이 시체들을 거두어 큰 무덤으로 만든 다음 '칠백의총'
이라는 이름을 붙였다.

임진왜란이 끝나고 조헌 선생 순의비, 순의단, 종용사가 차례로 세
워졌으며 종용사는 현종 때 사액서원이 되었다.

일제강점기인 1940년에 의총이 허물어지고 순의비가 폭파되는 치
욕을 겪기도 했지만 해방이 된 뒤인 1952년에 금산군 사람들이 모은
성금으로 의총과 종용사를 다시 지었다. 기념관, 순의탑도 새로 지어
사적으로 지정했다.

 ## 만인의총

위치 전라북도 남원시
만인로 3

정유재란 때 일본군으로부터 남원성을 지키기 위해 싸우다 죽은 백
성들과 군인들 시신을 하나로 합장한 무덤이다.

정유재란 때 일본군은 전라도를 점령한 뒤에 북쪽으로 쳐들어가려고 전라도와 충청도를 잇는 요충지인 남원을 공격했다. 이틀에 걸친 전투 끝에 중과부적으로 남원성은 일본군에게 함락되었고, 군인 2천여 명과 백성 1만여 명이 전사했다.

전쟁이 끝난 뒤 전사한 군인들과 백성들을 한곳에 합장하였고, 광해군 때는 충렬사가 세워지면서 순절한 충신들에게 제사를 올렸다.

일제강점기에 단소가 파괴되고 제사를 금지 당하는 수모를 겪었지만 해방된 뒤부터 다시 제사를 지낼 수 있게 되었다.

원래 남원역 근처에 있었으나 1964년 지금 자리로 옮겨졌다. 한때 원래 자리가 아니라는 이유로 사적에서 해제되기도 했지만 현재는 사적 제272호로 지정 보호되고 있다.

만인의총 옆에는 정유재란 당시 일본에 강제로 끌려간 남원 도공들이 지어 현재까지 전해져 오는 '오늘이 오늘이소서' 노래탑이 세워져 있다.

● 만인의총
●● 충렬사

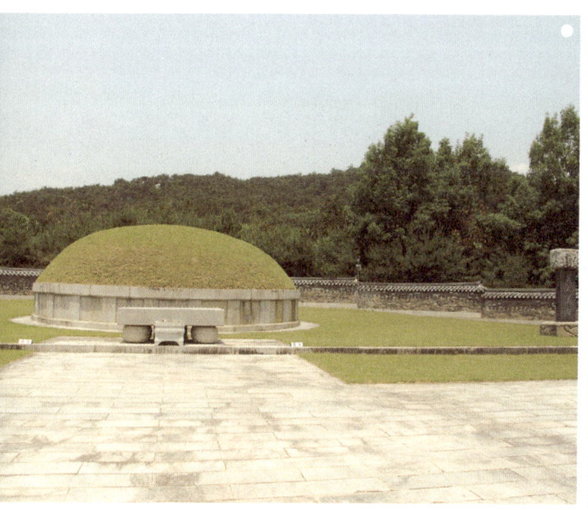

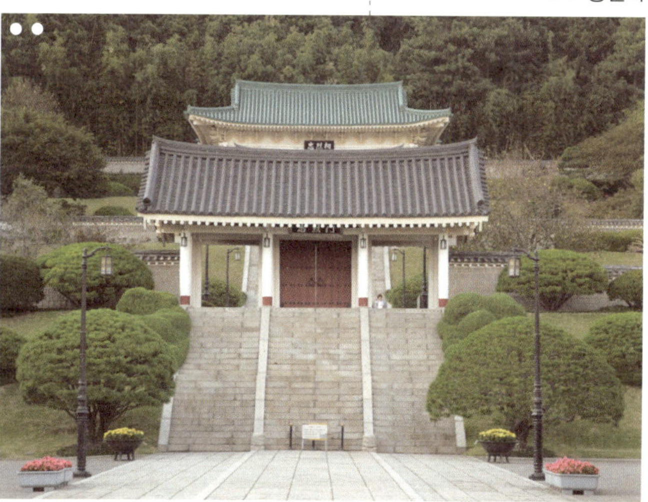

포충사

임진왜란 때 왜군에 맞서 싸운 의병장 고경명과 충절 5명을 기리기 위한 서원이다.

임진왜란이 일어나자 이미 예순이 넘은 고경명은 두 아들인 고종후, 고인후와 함께 전라도에서 처음으로 의병을 모아 싸우러 나갔다. 고경명 부대는 평안도에 있는 선조 행궁으로 가는 도중에 금산에서 일본군과 싸웠고, 고경명은 아들 고인후와 함께 전사했다. 장남 고종후는 금산 전투에서 아버지와 동생을 잃고도 다시 의병을 일으켜 진주성에서 김천일과 합세해 일본군과 싸웠으나 끝내 진주성이 함락되자 김천일과 함께 남강에 몸을 던져 죽고 말았다.

충절 5명 가운데 유팽노와 안영도 금산 전투에서 전사했다. 임진왜란이 끝나고 호남 유생들이 포충사를 세웠고, 선조에 의해 사액서원이 되었다. 옛 사당 입구에 있는 홍살문 옆에는 충노비가 세워져 있는데

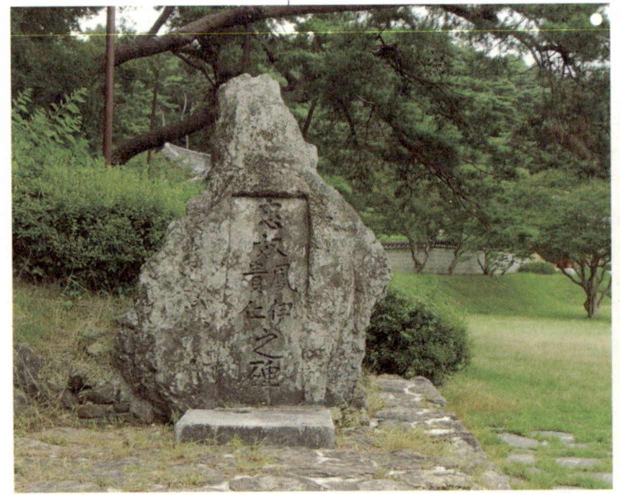

● 충노비

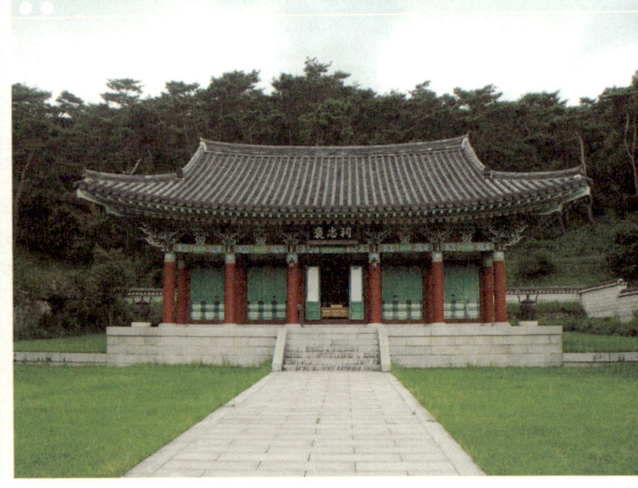

●● 포충사

고경명과 함께 의병에 참가한 노비 봉이와 귀인을 기리는 비석이다.

고경명 신도비

의병장 고경명을 기리는 신도비로 18세기에 세워졌고, 귀부와 지붕돌을 갖추고 있는 비석이다.

신도비란 왕이나 높은 벼슬을 지낸 사람들이 죽으면 그 무덤 앞 또는 길목에 세워 업적을 기리는 비석이다. '신도'란 죽은 자가 사는 곳으로 가는 길, 다시 말해 '신령이 가는 길'이라는 뜻이다. 그러니 신도비 주변에는 제실과 묘가 있을 것을 짐작할 수 있다.

신도비를 지나 마을 쪽으로 올라가다 보면 오른편에 제실인 제봉각과 고경명 가족 묘역이 조성되어 있다.

위치 전라남도 장성군 장성읍 영천리 430-2

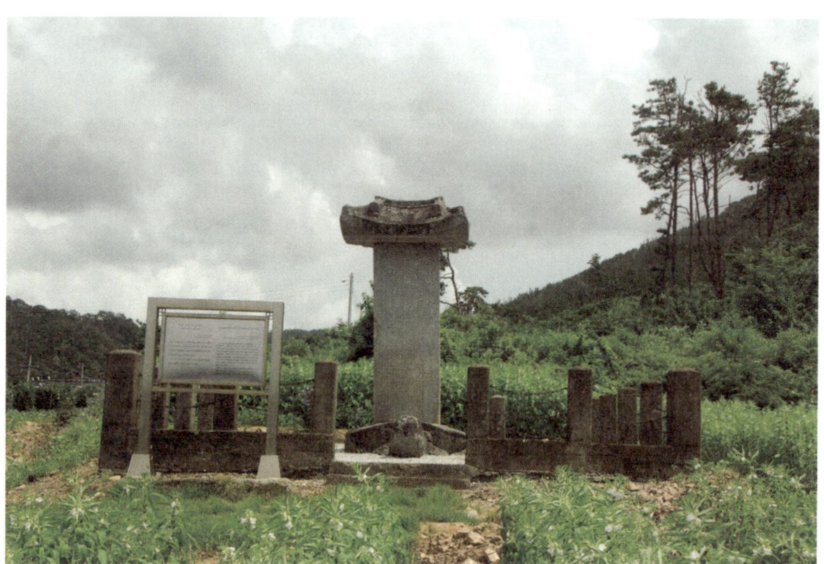
고경명 신도비

더 깊이 알기

1. 충의를 내걸고 싸웠다는 뜻으로 농민, 선비, 승려들이 스스로 조직한 부대를
   무엇이라 하나요?

2. '홍의장군'으로 불리며 경상도 의령에서 의병을 일으킨 사람은 누구인가요?

3. 왜군에게 빼앗긴 청주성을 되찾고 금산 전투에서 전사한 의병대장은 누구인가요?

4. 금산 전투에서 전사한 의병들을 기리며 하나로 만든 큰 무덤은 무엇인가요?

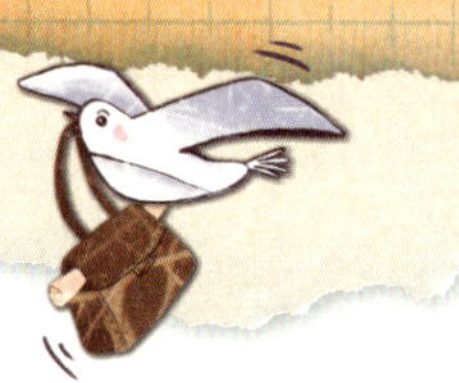

5. 임진왜란 때 의병으로 활약한 승려는 누구와 누구인가요?

6. 정유재란 때 남원성에서 전사한 의병들을 기리며 시신을 모아 만든 큰 무덤 이름은 무엇인가요?

7. 함경도에서 의병을 일으킨 정문부를 기리기 위해 숙종 때 세운 비석은 무엇인가요?

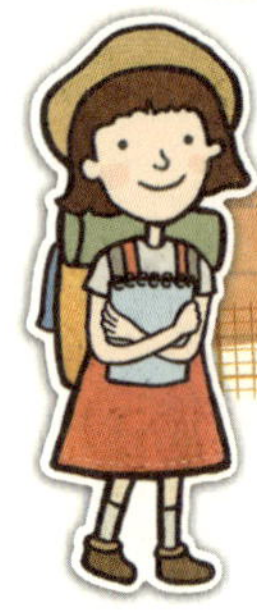

1. 의병 활동이 왜군에게 큰 피해를 준 까닭은 무엇일까요?

2. 전쟁이 끝난 후 논공행상 과정에서 의병들이 소외된 까닭은 무엇일까요?

3. 각 지방마다 의병들이 들고 일어선 까닭은 무엇일까요?

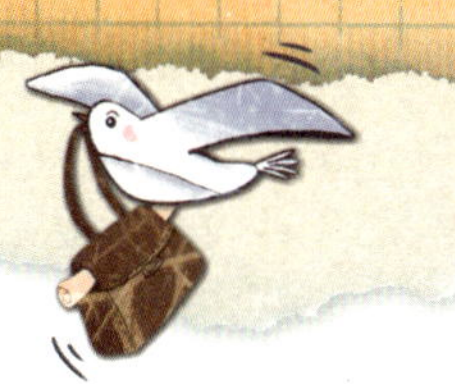

4. 이번 답사에서 가장 기억에 남는 것은 무엇인지 네 컷 만화로 그려보세요.

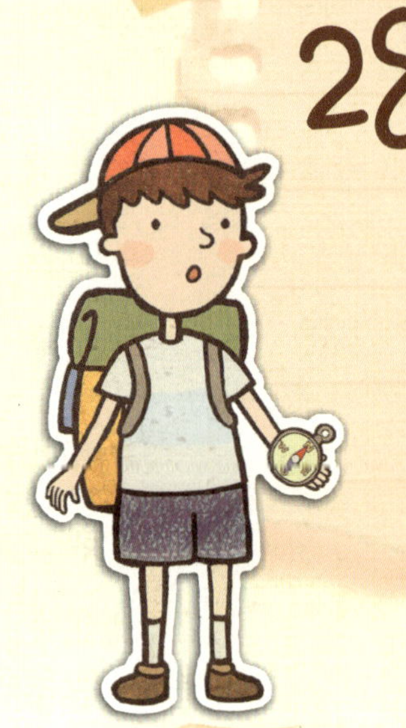

28 외교 실패로 일어난 병자호란

임진왜란이 일어나자, 조선은 명나라에 구원을 요청했다. 명나라는 전쟁이 자기 나라에까지 확대되지 않고 조선에서 끝내기 위해 구원병을 보냈다. 그 덕분에 조선에서 일본이 물러가기는 했지만, 정작 자신들을 직접적으로 위협하던 후금을 막지는 못했다. 후금은 명나라가 약해지자, 만주에서 힘을 키우고 있던 누르하치가 세력을 모아 세운 나라이다.

선조가 죽고 왕위에 오른 광해군은 국력이 약해지고 있는 명나라와 새로운 강자로 떠오르고 있는 후금 사이에서 중립외교를 펼쳐 전쟁을 막고 나라를 부강하게 만들려고 했다.

하지만 인조반정으로 광해군을 몰아내고 왕위에 오른 인조는 대의명분을 내세워 후금을 멀리하고 명나라와 친하게 지내는 '친명배금' 정책을 펼쳤다. 17

세기로 접어들면서 변해가는 국제정세를 제대로 읽지 못하고 명나라만 섬기는 기존 외교정책을 고집한 것이다.

조선이 광해군 시절과 달리 명나라 쪽으로 기울자 후금이 이를 핑계로 1627년에 쳐들어왔다. 정묘년에 오랑캐가 쳐들어왔다고 해서 정묘호란이라고 부른다. 이 전쟁은 후금이 조선을 정복하기 보다는 명나라로 쳐들어가는 전쟁 물자를 조선에서 얻어가려는 목적이었기 때문에 조선과 후금 사이에 화의가 쉽게 이루어졌다.

몽골을 정복한 다음, 나라 이름을 청으로 바꾼 후금이 조선에 형제관계를 임금과 신하관계로 바꾸자고 요구했다. 그러자 조선은 거절하고 외교관계를 끊어 버렸다. 청나라는 조선이 약속을 어겼다며 병자년인 1636년에 10만 대군을 이끌고 쳐들어왔다.

청나라군은 임경업이 지키고 있던 백마산성을 멀리 돌아서 곧장 한양으로 진격했다. 당황한 조선 조정은 강화도로 피신하려고 했으나, 청나라 군대에게 길이 막혀 남한산성으로 들어갔다. 하지만 남한산성이 포위되고, 식량이 부족해 더 이상 버틸 수 없게 되자, 성문을 열고 나가 항복했다. 인조가 항복한 자리에 세워진 비석이 삼전도비라고 부르는 대청황제공덕비이다.

수십만 명이 포로로 청나라에 끌려갔고, 엄청난 조공품도 보내야 했다.

임진왜란으로 입은 피해를 회복해 가던 조선은 40여 년 만에 다시 일어난 병자호란으로 더 황폐해지고 말았다. 명나라와 후금 사이에서 중립외교를 펼쳤다면 충분히 막을 수 있는 전쟁이었다.

위치 경기도 광주시 중부면
남한산성로 784-16

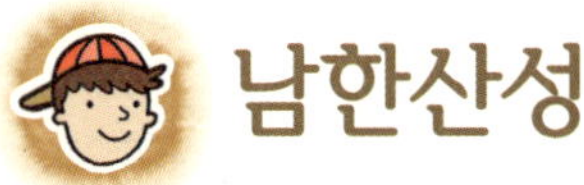

남한산성

남한산성은 한양 동쪽에 자리 잡은 해발 500여 미터 높이인 남한산에 한양을 방어하기 위해 쌓은 성이다. 성곽 둘레는 약 12킬로미터이며, 성안에는 물이 풍부하여 80여 개에 이르는 우물과 50여 개에 이르는 연못이 있었다.

백제 초기 유적이 많이 발굴되어 삼국시대 초기부터 성이 있었던 것으로 짐작하고 있다. 또 신라 문무왕 때 성을 쌓았다는 기록이 남아 있다.

남한산성이 현재와 같은 모습이 된 것은 후금 세력이 커지고, 이괄의 난을 겪고 난 인조가 토성이던 것을 석성으로 고쳐 쌓으면서부터이다. 병자호란때 인조가 이곳으로 피신했고, 그 뒤에도 여러 번 수리를 거쳤다.

지금은 동·서·남 문루와 장대·돈대 같은 방어시설과 비밀통로인 암문, 우물, 관아, 군사훈련시설 등이 있다.

남한산성

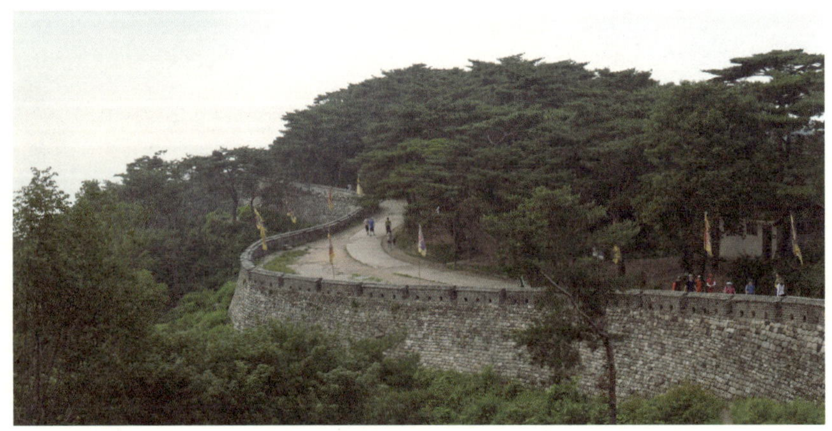

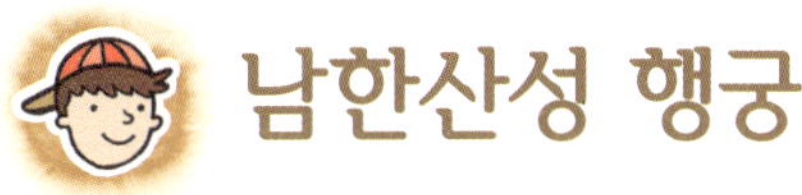

남한산성 행궁

행궁은 임금이 도성 밖으로 행차했을 때 임시로 머물기 위해 만든 궁을 말한다. 조선시대에 만들어진 행궁으로는 온양 행궁, 강화 행궁, 남한산성 행궁, 화성 행궁 등이 있다.

남한산성 행궁은 다른 나라와 전쟁 같은 큰 일이 일어나 지원군이 필요할 때 기다리며 임시로 머물 수 있도록 1626년에 만들었다. 병자호란 때 인조가 한양을 떠나 45일간 머물러 있다가 항복한 곳이기도 하다. 그 뒤에는 왕들이 능행길에 가끔 들러 머물렀다고 한다.

남한산성 행궁은 현재 남아 있는 여러 행궁 가운데 좌묘우사 원칙에 따라 종묘와 사직을 두고 있는 유일한 행궁이다. 한양도성에서 가장 가까운 거리에 있고, 방어하기 유리해서 임시 수도 역할을 할 수 있도록 지었다는 것을 알 수 있다. 최근에 복원을 마치고, 개방을 하고 있다. 다만 입구인 한남루와 매표소가 멀리 떨어져 있어서 관람할 때 조금 불편하다.

위치 경기도 광주시 중부면 남한산성로 784-29

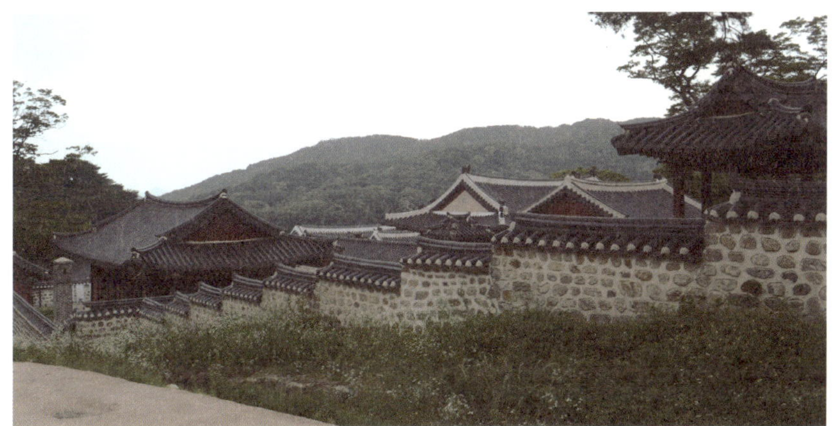

남한산성 행궁

수어장대

위치 경기도 광주시 중부면 남한산성로 784-16

장대란 전쟁을 지휘하는 장수가 머물며 군사 지휘와 적군이 움직이는 방향 등을 관측하기 위해 만든 군사용 건물이다. 수어장대는 남한산성에 만들어진 장대 4개 가운데 유일하게 남아 있는 것이다. 서쪽에 자리 잡고 있어서 서장대라고 불렀다.

서장대가 만들어질 당시에는 단층 건물이었으나, 영조 때인 1751년, 2층 건물로 증축한 뒤 '수어장대'라고 이름을 붙였다고 한다.

수어장대는 남한산성에서 가장 높은 곳에 자리 잡고 있어서, 병자호란 때 인조가 직접 군사를 지휘한 곳이라고 한다. 건물 바깥에는 '수어장대'라는 현판이, 안쪽에는 영조가 직접 쓴 '무망루'라는 현판

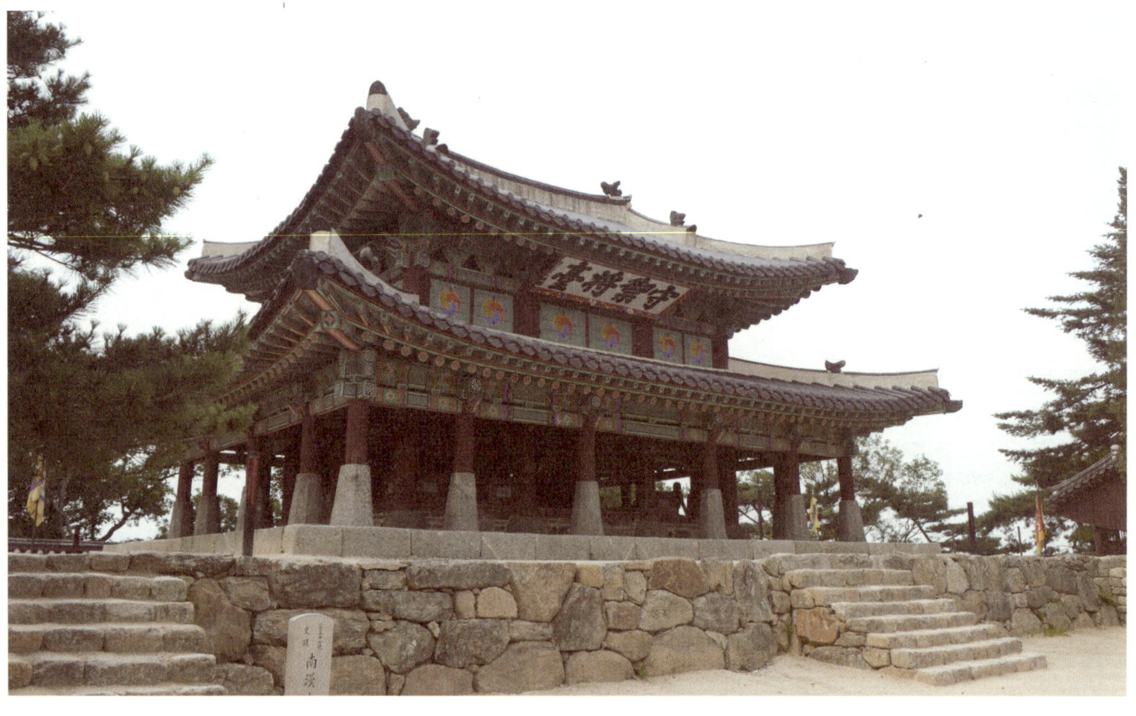

수어장대

"

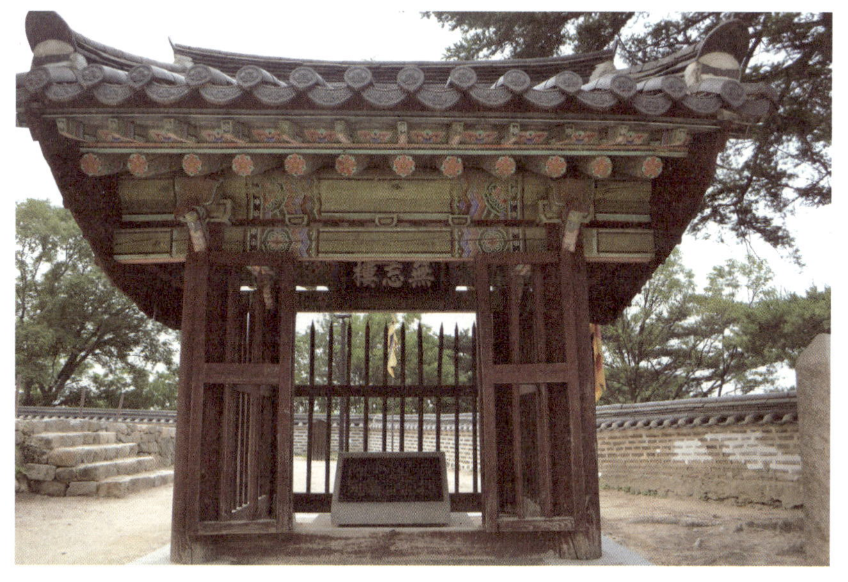

무망루

이 걸려 있다. '무망루'란 병자호란으로 겪은 고통을 잊지 말자는 뜻
이다.

지금 있는 건물은 고종 임금 때인 1896년에 고쳐 지은 것이고 2층
건물 안쪽에 걸려 있던 '무망루'라는 현판은 수어장대 옆에 따로 비
각을 지어 보관하고 있다.

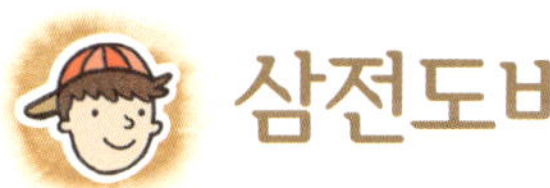 삼전도비

삼전도비는 높이 약 4미터, 너비 1.4미터이다. 인조가 남한산성에
서 나와 청태종 앞에서 세 번 절하고 아홉 번 머리를 조아리는 '삼배
구고두례'를 한 자리에 세운 비석이다. 정식 명칭은 대청황제공덕비
이며, 비문 내용은 이경석이 지었고, 글은 오준이 썼다고 한다. 청나

위치 서울특별시 송파구
잠실동 47번지

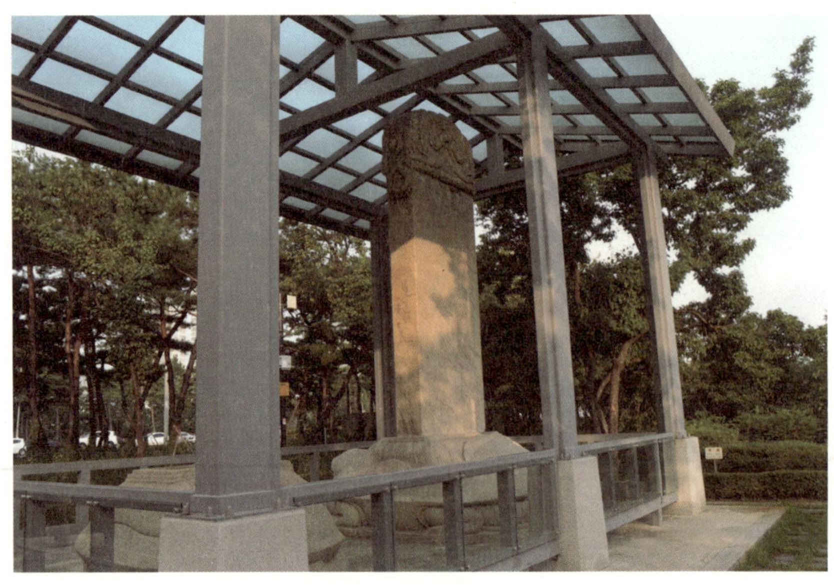

라가 조선에 병사를 보낸 까닭, 조선이 항복한 사실, 청나라가 피해를 끼치지 않고 돌아갔다는 내용이 담겨 있다.

조선이 청나라에 항복한 사실을 기록해야 한다는 청나라 요구에 의해 세워졌고, 같은 내용을 앞면에는 몽골어와 만주어로, 뒷면에는 한자로 새겼다.

조선이 당한 치욕스러운 역사를 담고 있는 비석이라 비석 자체도 여러 번 수난을 당했다. 고종 임금 때 강물에 버린 것을 일본인들이 다시 세웠고, 해방이 되자 다시 버렸는데 홍수 때 떠올랐다. 그러자 치욕스런 역사도 역사라고 생각해 보존을 하게 되었다.

지난 2010년 송파구 석촌동에 있던 것을 원래 있던 자리와 가장 가까운 곳인 지금 자리로 옮겼다. 문헌에 따르면 처음 세워졌던 곳은 석촌호수 안이라고 한다. 석촌동에 있을 당시에는 인조가 항복하는 장면을 새긴 부조가 함께 있었으나, 옮겨지면서 부조는 설치하지 않았다.

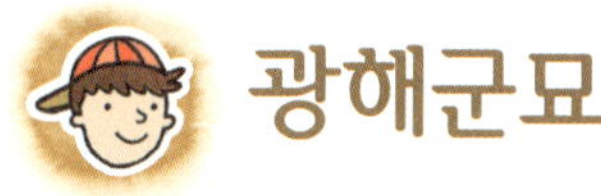

광해군묘

광해군묘는 조선 15대 임금 광해군과 부인 유씨가 묻혀 있는 곳이다. 봉분이 두 개인 쌍분이며, 다른 왕릉들에 비해 규모가 작다. 중간에 쫓겨난 왕이라 능이라 부르지 않고 규모도 작은 것이다.

광해군을 몰아내고 인조가 왕이 되는 인조반정이 일어나자, 광해군은 강화도와 제주도에 유배되었고, 제주도에서 생을 마쳤다. 처음엔 제주도에 묻혔다가 2년 뒤에 지금 자리로 옮겨졌다.

광해군은 임진왜란으로 어려워진 나라를 안정시키기 위해 서적 편찬과 대동법 실시, 국방력 강화 등에 힘을 기울였다.

부인 유씨는 인조반정으로 폐위되어 강화도로 함께 유배를 갔다가 그곳에서 사망했다. 양주에 무덤을 조성했다가, 광해군이 죽은 뒤 이곳으로 옮겨졌다. 울타리 문을 열고 비탈을 내려가면 가까이에서 볼 수 있다.

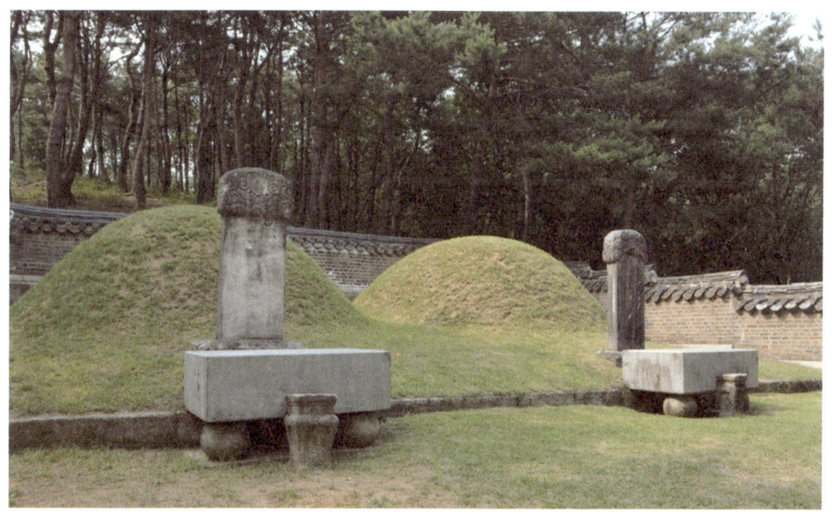

광해군묘

파주 장릉

장릉은 인조반정으로 왕이 된 조선 16대 임금 인조와 왕비 인열 왕후 무덤이다.

인조는 '잘못된 정치를 바로 잡는다'는 반정을 통해 왕위에 올랐으나 재위 중에 이괄의 난, 정묘호란과 병자호란 등이 일어나 백성들을 더 살기 어렵게 만들었다는 평가도 받고 있다.

무덤은 왕과 왕비가 합장된 형태로 전통적인 십이지신상이나 구름무늬가 아닌 모란무늬와 연꽃무늬가 새겨진 병풍석이 장식을 하고 있다. 이밖에도 모란무늬와 연꽃무늬가 새겨진 등이 있어 17세기 돌 장식을 보여주는 예라고 한다. 하지만 지금은 공개를 하지 않고 있다. 파주삼릉관리소 관계자 말에 따르면 언제 공개를 할지, 정해진 게 없다고 한다.

파주 장릉

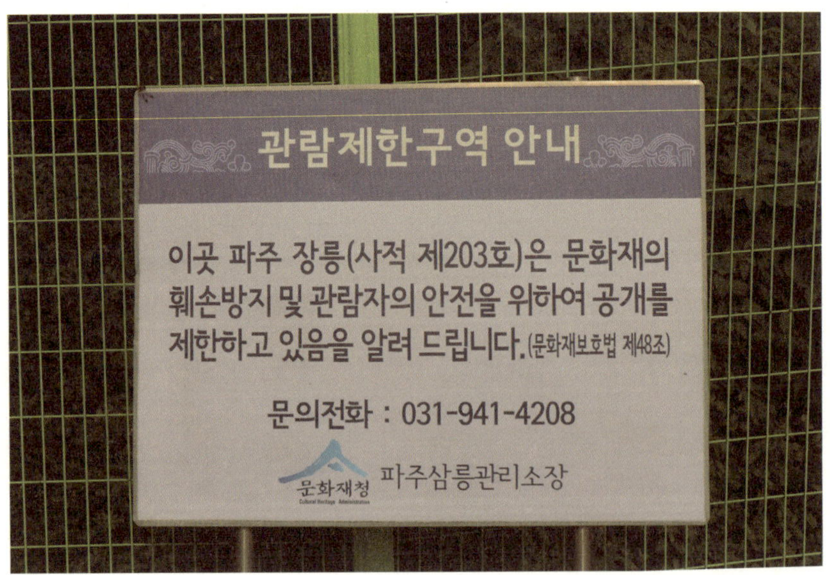

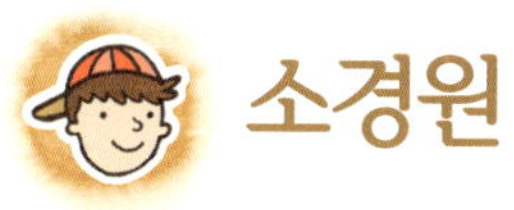

소경원

소경원은 인조 뒤를 이어 왕위를 이을 세자였지만, 청나라에 볼모로 다녀온 뒤에 갑자기 죽은 소현세자 무덤이다. 경기도 고양시에 있는 서삼릉 안에 있지만 현재 비공개 구역으로 남아 있어 관람을 할수 없다. 처음에는 소현묘라고 불렀으나 고종 때인 1870년에 소경원으로 바뀌었다.

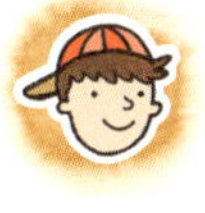

광명 영회원

광명 영회원은 소현세자 부인 민회빈 강씨가 묻힌 곳이다. 강씨는 병자호란 때 남편과 함께 청나라에 볼모로 끌려갔다가 귀국했다. 그런데 소현세자가 갑작스럽게 죽자, 그 역시 인조 후궁 조씨 등이 소현세자를 독살하고 왕실을 저주한다는 모함을 하여 사약을 받고 죽었다. 그 뒤 숙종 때인 1718년 죄가 없음이 밝혀졌고, 세자빈으로 복위됐다.

그동안 광명시가 관리해오던 것을 2013년부터 문화재청이 관리하게 되었다. 현재 무덤을 다시 꾸미는 중이라 가까이 갈 수는 없고, 울타리 밖에서만 볼 수 있다.

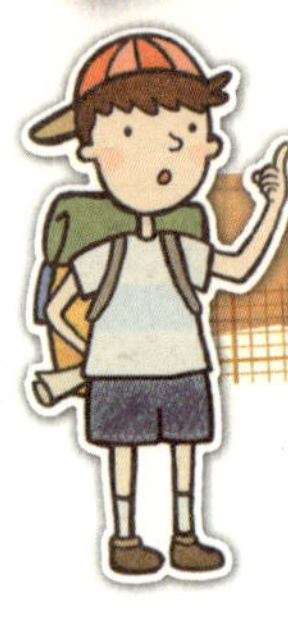

더 깊이 알기

1. 만주에서 세력을 키워 후금을 건국한 사람은 누구인가요?

2. 광해군을 쫓아내고 인조가 왕이 된 사건은 무엇인가요?

3. 청나라가 1636년 병자년에 조선을 침략한 전쟁을 무엇이라고 부르나요?

4. 청나라가 침입하자, 인조는 어디로 피신했나요?

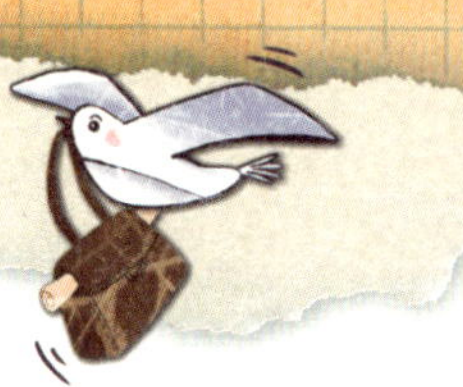

5. 인조 임금은 왜 청나라에 항복했나요?

6. 인조 임금이 청나라 황제에게 항복한 자리에 세워진 비석은 무엇인가요?

7. 광해군이 약해지고 있는 명나라와 강해지고 있는 후금 사이에서 어느 한쪽 편
  만을 들지 않았던 외교 정책을 무엇이라고 부르나요?

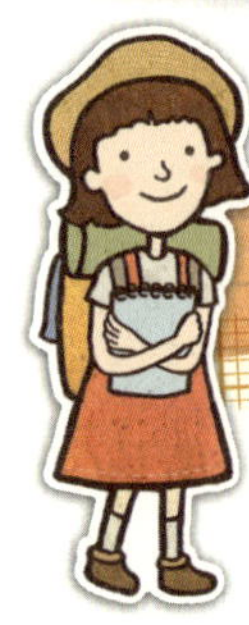

1. 남한산성에 있는 서장대를 2층으로 지은 뒤 영조는 직접 '무망루'라는 현판을 써서 걸었습니다. 영조가 잊지 말자는 뜻으로 '무망루'라는 현판을 쓴 까닭은 무엇일까요?

2. 삼전도비는 치욕스런 역사를 보여주고 있는 비석이라고 합니다. 그래서 여러 번 수난을 당하기도 했는데, 치욕스런 역사도 보존해야 한다고 생각하는 까닭은 무엇일까요?

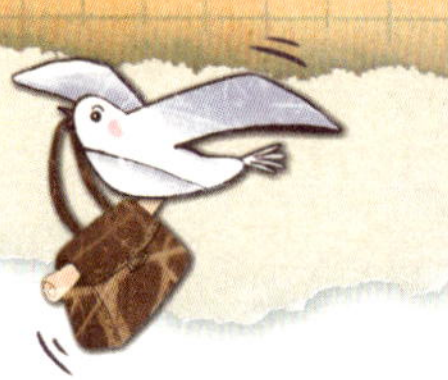

3. 이번 답사에서 가장 기억에 남는 것은 무엇인지 그린 다음, 그 까닭을 써 보세요.

가장 기억에 남는 것

그린 까닭

29 붕당탄생에서 탕평까지

조선시대 붕당정치는 사림(士林)들이 중앙으로 세력을 넓히면서 생겨났다. 고려 말 정도전, 남은, 심효생 같은 사람들은 조선 건국에 공을 세워 '훈구세력'이라 하고 길재에서 김숙자, 김종직으로 이어지며 학문을 공부한 지방 지식인을 '사림'이라 한다. 사림들은 성종 때부터 중앙정치에 진출했으며, 반정으로 왕위에 오른 중종은 반정공신들을 견제하기 위해 조광조 같은 사림 출신을 많이 등용했다.

사림들은 훈구와 대립하며 화를 당했지만, 끊임없이 중앙으로 진출해서 선조 때 이르러서는 정권을 장악하게 되었다. 그러나 선조 7년에 인사권을 가진 이조전랑 문제로 김효원과 심의겸이 다투면서 사림은 동인과 서인으로 갈라지게 되었다.

원래 서인 쪽에 있다가 동인으로 옮긴 정여립은 선조와 서인들에게 미움을 받게 되자 고향으로 내려가 대동계를 조직했다. 선조 22년에 정여립 일당이 반란을 일으키려 한다고 한응인, 박충간이 조정에 밀고를 했다. 이 사건 처리를 송강 정철이 주도했고, 이때 1천명 가까운 사람들이 처형되었다. 이를 기축옥사라고 한다. 이때 동인세력이 크게 약화되고 서인은 정권을 장악하게 되었다. 또 건저의사건이라 불리는 세자책봉 문제를 정철이 선조에게 건의했다가 유배되고 서인들이 파직되었다. 정권이 다시 동인에게 넘어갔다. 이때 동인들은 정철 처벌 문제로 북인과 남인으로 분열했다. 북인은 정철을 사형시켜야 한다고 주장했고, 남인은 유배로 끝내야 한다고 주장했다.

1623년 서인세력은 광해군을 몰아내고 능양군(인조)을 왕으로 추대했다. 광해군 때 정권을 잡은 쪽은 동인에서 갈라져 나온 북인들이었는데 인조반정으로 북인은 완전히 몰락했다. 남인 일부가 정치에 참여했지만, 서인을 중심으로 정치를 했다.

1659년 효종이 죽자 효종 계모인 자의대비가 상복을 얼마동안 입어야 하는지에 대해 서인과 남인이 대립했다. 당시 현종이 19세로 어렸고, 정권을 서인이 잡고 있었으므로 서인들 주장이 받아들여졌다. 이후 효종비가 죽자 다시 자의대비 상복 입는 기간이 문제가 되었는데 이때는 현종이 남인들 주장을 따랐다. 이것을 예송논쟁이라고 한다.

숙종이 임금 자리에 오를 때는 남인이 권력을 잡고 있었다. 숙종은 13세 때 왕위에 올라 46년 동안 있었는데 그 기간에 환국이 세 차례 있었다. 환국이란 정권이 바뀌는 것을 말한다. 환국으로 남인과 서인이 대립했고, 남인들 죄를

묻는 문제로 서인은 노론과 소론으로 나뉘게 되었다. 이렇게 중앙관리들은 치열한 당파싸움을 한 시기였지만, 전쟁이 없어서 사회는 안정되었다. 숙종은 상평통보를 만들고 백두산정계비를 세워 중국과 국경을 정확하게 정하고 평안도와 함경도를 제외한 전국에 대동법을 실시했다. 또 임진왜란과 병자호란이 끝난 뒤부터 추진해온 토지사업을 완료했다.

숙종이 마무리한 이런 제도들은 조선 후기 문화가 발전하는 토대가 되었다. 영조와 정조는 탕평책을 실시해 인재를 고루 등용하고 정치를 안정시켜 나갔다.

그러나 정조가 갑자기 죽자 영조계비 정순왕후가 수렴청정을 실시해 노론벽파 세상을 만들었다. 정순왕후가 죽자 순조 장인 김조순은 벽파를 숙청하고 안동 김씨들이 그 자리를 차지하게 해 주었다. 이렇게 250여 년을 이어온 붕당정치는 끝을 맺고 세도정치가 시작되었다. 세도정치란 외척이나 친척 등 한 집안에서 중요한 요직을 차지하는 것을 말한다.

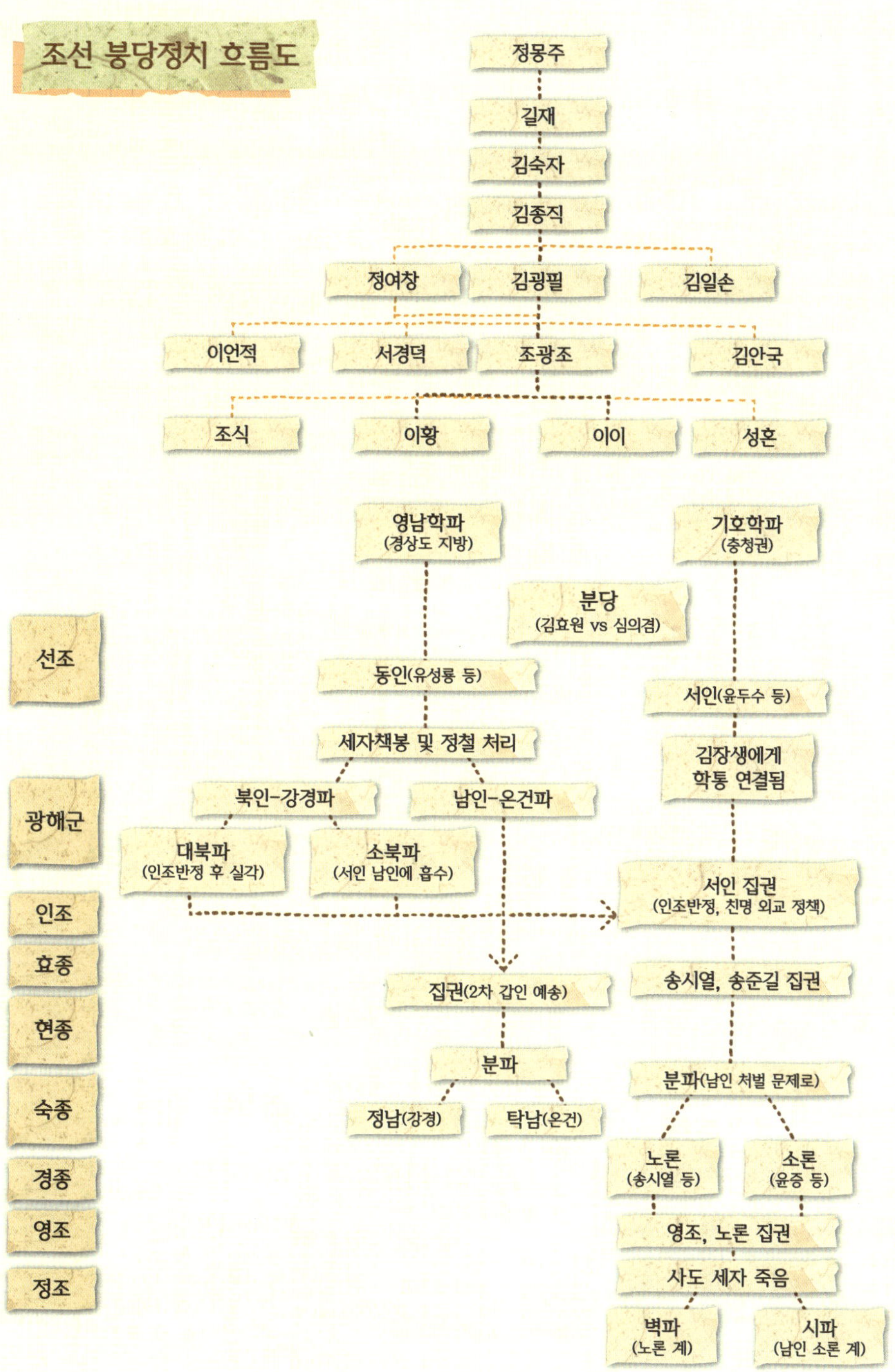

조선 붕당정치 흐름도
정몽주
길재
김숙자
김종직
정여창
김굉필
김일손
이언적
서경덕
조광조
김안국
조식
이황
이이
성혼
영남학파
(경상도 지방)
기호학파
(충청권)
분당
(김효원 vs 심의겸)
선조
동인(유성룡 등)
서인(윤두수 등)
세자책봉 및 정철 처리
김장생에게
학통 연결됨
광해군
북인-강경파
남인-온건파
대북파
(인조반정 후 실각)
소북파
(서인 남인에 흡수)
서인 집권
(인조반정, 친명 외교 정책)
인조
효종
집권(2차 갑인 예송)
송시열, 송준길 집권
현종
분파
분파(남인 처벌 문제로)
정남(강경)
탁남(온건)
숙종
노론
(송시열 등)
소론
(윤증 등)
경종
영조, 노론 집권
영조
사도 세자 죽음
정조
벽파
(노론 계)
시파
(남인 소론 계)

30 실학이 들어오다

17세기에 접어들면서 조선은 정치가 혼란해지고 양반들이 몰락했으며, 왕권도 약해졌다. 농촌에서는 농업기술이 발달해 부자가 된 농민이 생기기도 했지만, 가난한 농민들은 농사지을 땅도 없는 지경이 되어 떠도는 사람들이 많아졌다. 도시에서는 대상인이 상공업을 독점해 영세 상인은 몰락하고 물가가 크게 올랐다.

실학은 '실사구시지학'을 줄인 말이다. 실제 사물에서 진리를 찾아낸다는 뜻이다. 실학은 크게 농업을 중요시 하는 '중농학파'와 상업을 중요시하는 '중상학파'로 나눈다.

중농학파는 유형원, 이익, 정약용 등으로 농민이 잘 살도록 제도를 바로 잡아야 한다고 주장했는데 이를 '경세치용학파'라고 했다. 유형원은 《반계수록

》에서 농민에게 골고루 토지를 나누어 주자는 균전론을 펼쳤다. 이익은 노비, 과거, 양반 문벌제도, 사치와 미신, 승려, 게으름이 나라를 병들게 하며, 먹고 살기 위해서 꼭 필요한 토지를 '영업전'으로 정하고 매매를 금지해야 한다는 '한전론'을 주장했다.

정약용은 《목민심서》를 통해 목민관들을 일깨우고 《경세유표》를 통해 중앙 행정을 개혁하자고 주장했다. 또 마을에서 땅을 공동으로 소유하고 경작해 수확물을 공동으로 나누는 '여전론'을 주장했다.

중상학파는 유수원, 홍대용, 박지원, 박제가 등으로 부국강병과 이용후생에 힘을 쓰자고 주장했으며 이를 '이용후생학파' 또는 '북학파'라고 했다. 이들은 주로 청나라에서 선진문물을 받아들이자고 주장했다. 유수원은 《우서》에서 농업 경영과 기술을 발전시켜서 생산량을 늘리고, 사농공상이 평등하고 전문화를 이루어야 한다고 주장했다. 홍대용은 사대부들이 청나라를 받드는 중화사상을 비판하고 기술을 발전시키고 문벌제도를 없애자고 주장했다. 박지원은 상업을 발전시키기 위해서 수레와 선박을 이용해 물건들을 운반하자고 주장했다. 《열하일기》와 《양반전》, 《호질》, 《허생전》을 통해 체면에만 얽매이는 양반들을 풍자했다. 박제가는 《북학의》에서 절약보다 소비를 늘려서 상공업을 발전시키자고 주장했다.

실증적 방법으로 학문을 연구하고, 사회 모순을 개혁해서 조선을 더욱 발전시키려한 실학은 개화 사상가들에게도 큰 영향을 주었다.

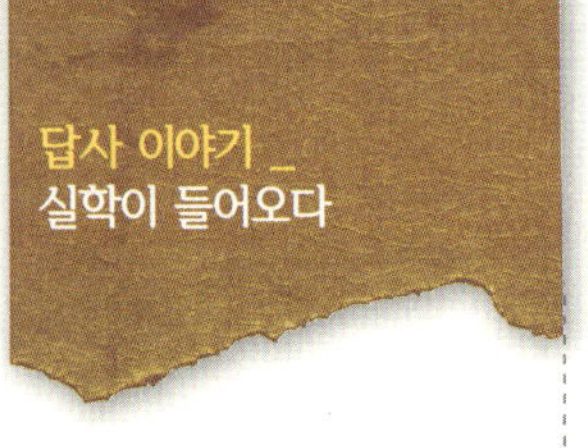

다산생가–여유당

〈여유당〉은 다산 정약용이 태어난 곳이며, 강진 유배에서 돌아와 죽을 때까지 지냈던 곳이다. 지금 있는 건물은 1925년에 난 큰 홍수로 허물어졌던 것을 1986년에 복원한 것이다. 오랜 유배생활을 마친 다산 정약용은 세상을 두려워하고 조심스럽게 살아가고 싶은 마음을 담아 이 집을 〈여유당〉이라고 불렀으며 '겨울 냇물을 건너는 듯하며 사방을 두려워하는 듯하라'는 뜻을 담았다. 다산 정약용묘는 여유당 뒤편에 자리 잡고 있으며 아내인 홍씨와 함께 묻혔다. 주차장에서 생가가 복원된 곳까지 가는 길에 다산 정약용이 집필했던 책들을 표현한 책 모형탑이 있고, 수원화성을 축조할 때 고안하고 이용한 거중기도 모형으로 만들어 전시해 놓았다.

● 배다리와 여유당 전경
●● 다산 정약용 동상

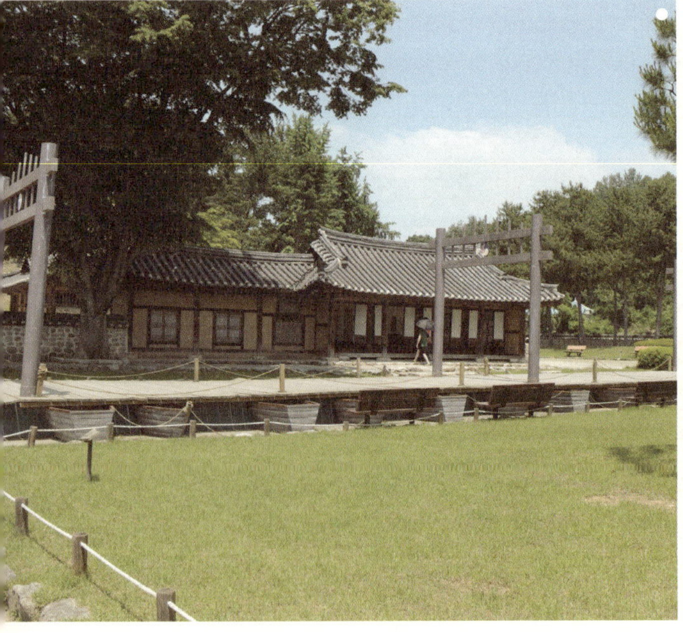

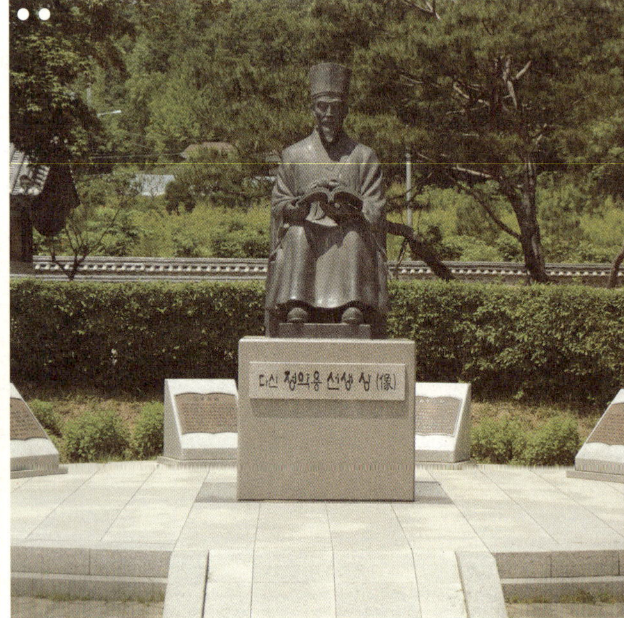

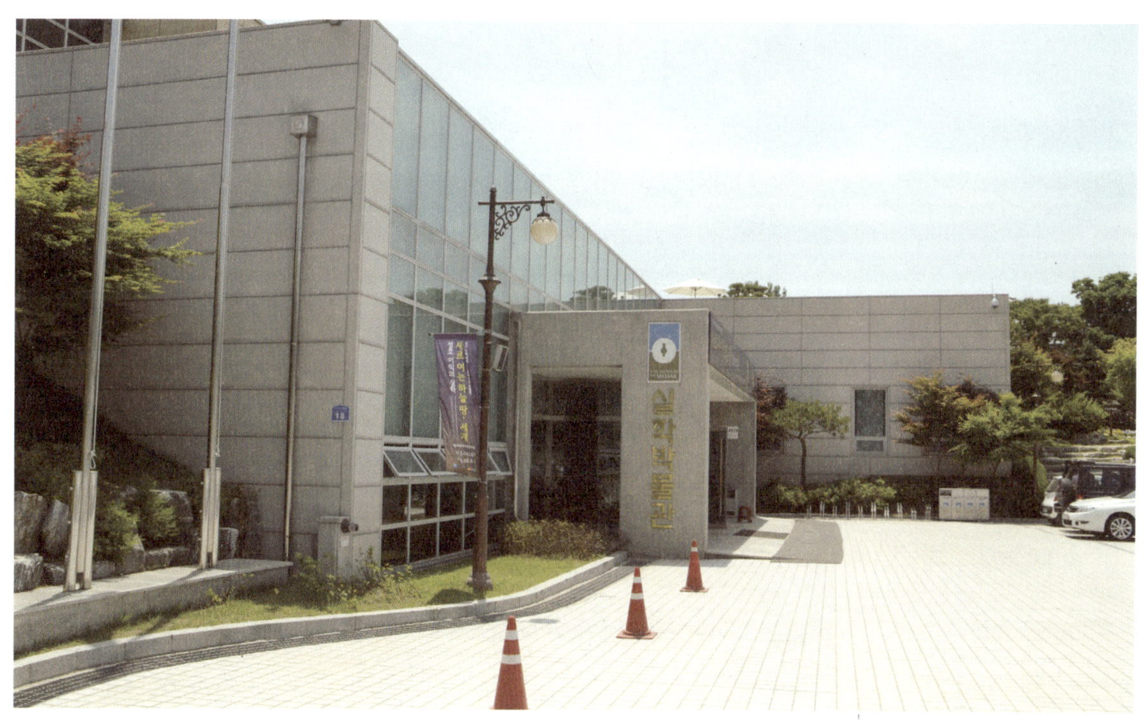

실학박물관 전경

실학박물관

실학박물관은 실학에 대한 자료를 수집해서 연구, 전시하고 있다. 또 체험 교육 등을 통해 실학에 대한 새로운 의식을 키워주고 있다.

상시전시실에서는 실학이 만들어진 과정과 어떻게 실학이 조선 후기 사회에서 이용되었는지, 천문과 지리 등 실학사상에 관련된 것을 체계적으로 해마다 두 번씩 특별전시회를 열고 있다. 이 밖에 기획전시실과 어린이 휴게실도 있다.

위치 남양주시 조안면 다산로 747번길 16

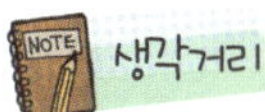 **생각거리** 실학사상을 이루는 바탕은 무엇일까요?

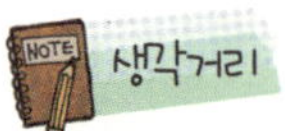

다산초당

위치 전라남도 강진군 도암면 다산초당길 68-35

다산 정약용은 18년 동안 강진에서 유배생활을 했는데, 10여 년 동안 이곳에서 지내며 제자들을 가르쳤고 《목민심서》, 《경세유표》, 《흠흠신서》 등 여러 책들을 썼다.

다산초당은 원래 초가집이었는데, 1957년 강진 다산유적보존회에서 기와집으로 복원했다. 초당마루에 앉아서 오른쪽을 보면 '서암'이 있고, 정약용이 직접 새긴 '정석'이란 글자가 새겨진 바위로 올라가는 길이 있다. 왼쪽으로 고개를 돌리면 '연지석가산'이란 연못과 '동암'이 있다. 동암을 지나 조금만 가면 흑산도로 유배를 간 둘째형 정약전을 그리워하며 마음을 달래던 자리에 세운 '천일각'이 있다. 날씨가 맑으면 멀리 있는 섬들이 눈에 들어온다.

생각거리 다산초당을 복원할 때 초가집으로 복원을 했다면 어땠을까?

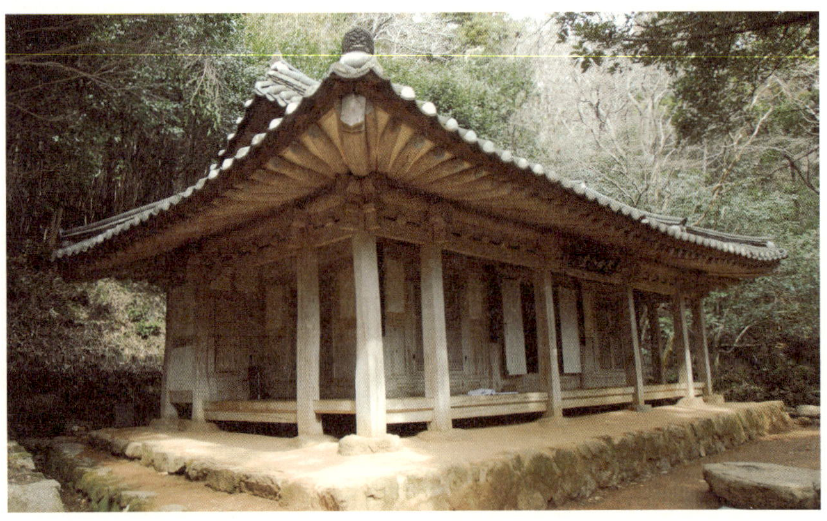

다산초당

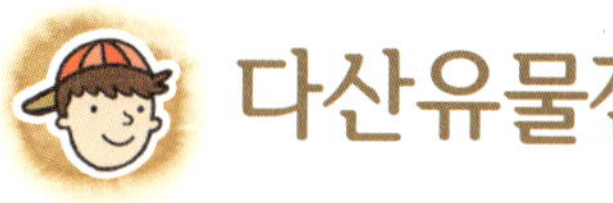

다산유물전시관

이곳은 다산 정약용에 대한 많은 유물과 업적 등을 전시하고 있다. 수원성을 건설할 때 이용했던 거중기 모형도 있고 다양한 업적도 전시되어 있어 다산 정약용을 이해하는 데 도움을 줄 자료들이 많다. 다산유물전시관 뒤쪽으로 약 800미터를 오르면 다산초당이 자리 잡고 있다.

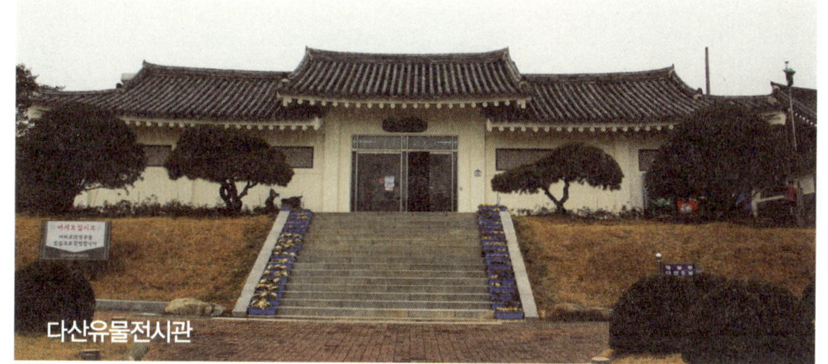

다산유물전시관

사의재

1801년, 다산이 강진에 유배를 와서 4년 정도 살았던 주막이다. 다산 정약용은 주막집 뒷방에서 유배생활을 시작했고, 이 뒷방 이름

사의재 전경

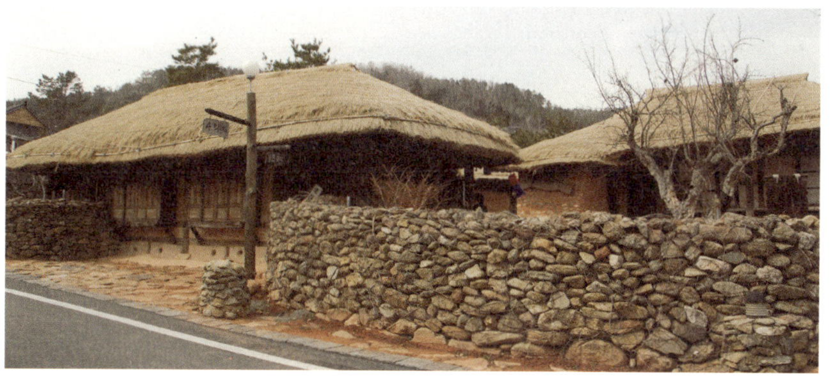

을 '사의재'라고 불렀다. '사의재'란 생각, 용모, 언어, 동작 등 '네 가지를 마땅하게 해야 할 방'이라는 뜻을 담고 있다. '사의재'는 강진에서 제자들을 처음으로 가르친 곳이기도 하다. 동성리 동문 밖에 있는데 지금도 음식을 판다.

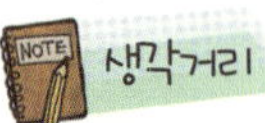

주막집 할머니는 다산 정약용을 어떻게 불렀을까?

 홍대용 생가 터

위치 충청남도 천안시 동남구 수신면 장산서길 95-22

홍대용 생가 터

18세기 북학파를 대표하는 홍대용은 당시 세손이었던 정조를 가르쳤고, 여러 관직을 거치면서 천문학 발전에 크게 이바지했다. 1759년에는 시계장치를 응용해서 천체 움직임을 표현한 '혼천의'를 만들었고, '농수각'을 세워 여러 가지 천문관측기구를 만들어 보관했다.

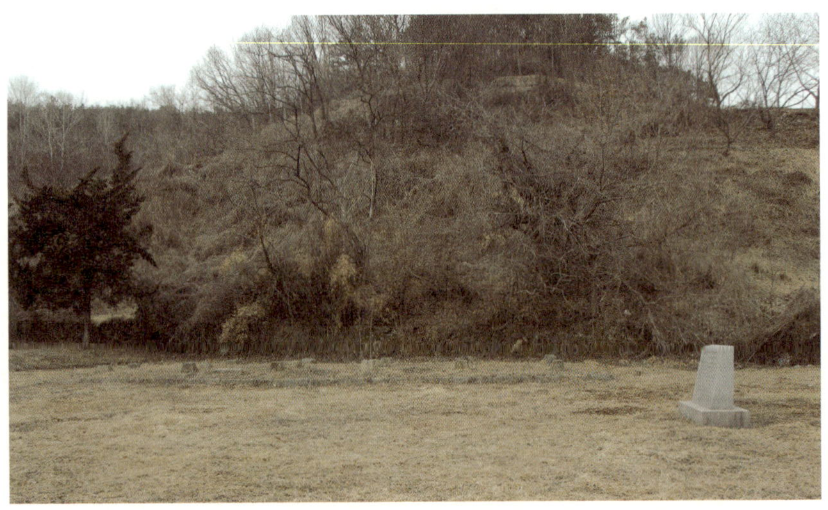

182

1765년, 북경에 간 홍대용은 청나라 학자들과 사귀면서 중국 문물과 서양과학을 알게 되었다. 북경 견문록인 《연기燕記》와 과학사상을 담은 《의산문답》을 썼으며 《의산문답》에서 동양 최초로 지구 자전설도 주장했다.

2005년에는 우리 천문 연구진이 화성과 목성 사이에서 발견한 소행성 두 개 가운데 하나에 '홍대용'이라는 이름을 붙였다.

  생각거리 조선시대에 망원경을 손에 들고 다니는 홍대용을 보고 사람들은 어떻게 생각했을까?

반계서당

반계서당은 유형원이 죽을 때까지 아이들을 가르치며 학문을 연구하던 곳이다. 32세 때 이곳 우반동에 내려와 마을 이름을 따서 호

반계서당

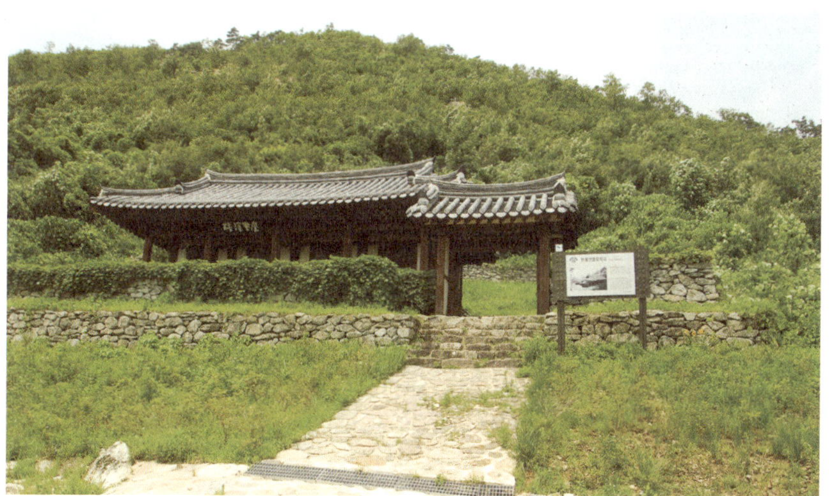

를 '반계'라 지었다. 우동리라는 이름은 일제강점기에 붙여졌다고 한다. 우동리 마을 입구에 들어서면 반계유적을 알려주는 이정표가 있다. 이를 따라 비탈진 산길을 오르면 산 중턱쯤에 서당이 보인다.

유형원은 우반동에서 지내면서 농촌경제를 안정시키고 백성을 구제하는 방법 등을 제시한 《반계수록》을 썼다. 반계서당에서 나와 오른쪽으로 조금만 가면 반계 유형원이 임시로 묻혔던 무덤 터도 있다.

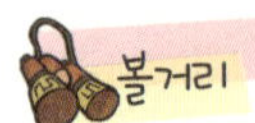

반계서당에서 우반동을 내려다보세요.

안의초등학교

안의초등학교 운동장은 조선시대 후기에 안의 현청이 있던 자리

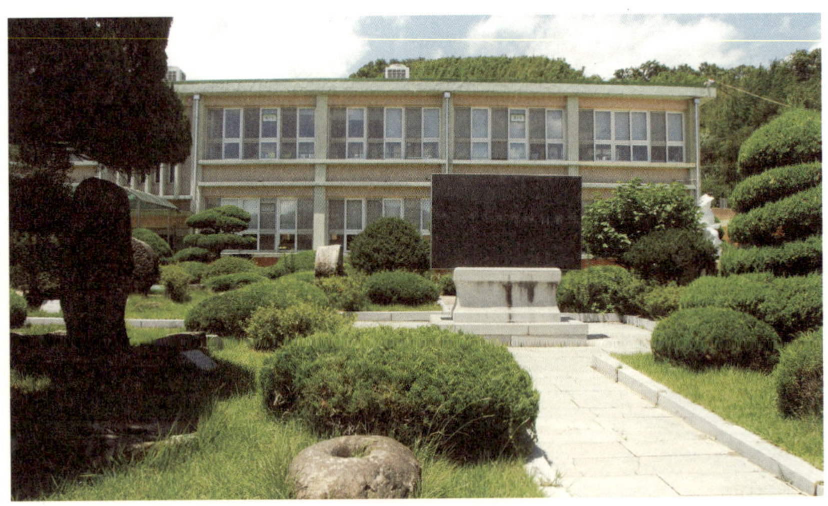

다. 그 흔적으로 운동장 한쪽 구석에 사적비가 있다. 연암 박지원은 55세에 안의 현감으로 부임해서, 5년 정도 머물렀다. 이때 청나라를 여행하면서 배운 기술들을 백성들이 편하도록 연구하고 새롭게 만들었다. 벽돌을 구워서 건물을 짓고, 물레방아를 만들어 백성들 삶을 더욱 편안하게 하였다. 서울에서 태어났으나 그 흔적을 찾아보기는 어렵고, 함양에 남아 있는 이곳이 박지원이 머물렀던 유일한 흔적이다.

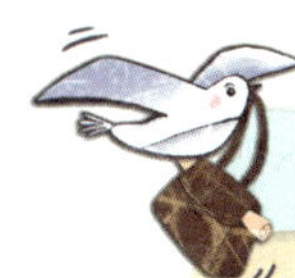

함양상림역사인물공원

(경상남도 함양군 함양읍 운림리 349–1번지)

상림은 역사가 1,100년 정도나 되는 인공 숲이다. 신라 최치원이 천령(함양)군 태수로 재직하고 있을 때 홍수가 자주 났다. 이를 막기 위해 함양 가운데를 흐르는 위천 물길을 돌리고, 둑에 나무를 심었다. 그때 조성된 것이 지금까지 남아 있다. 숲길을 따라 가면 최치원 신도비, 대원군 척화비 등 남아 있는 역사 유물을 볼 수 있으며, 둑길을 따라 가면 역사인물공원을 볼 수 있다. 이곳에는 함양을 빛낸 인물 11명 조각상이 있다.

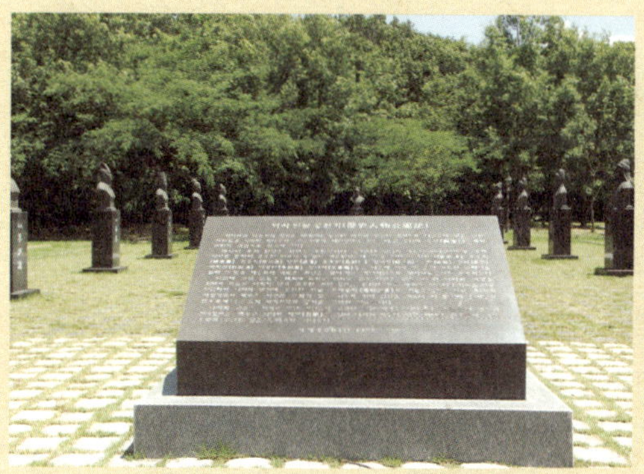

역사인물공원 조각상

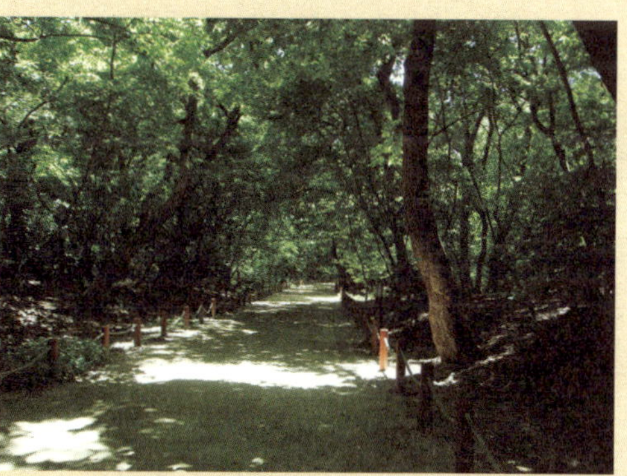

상림 숲길

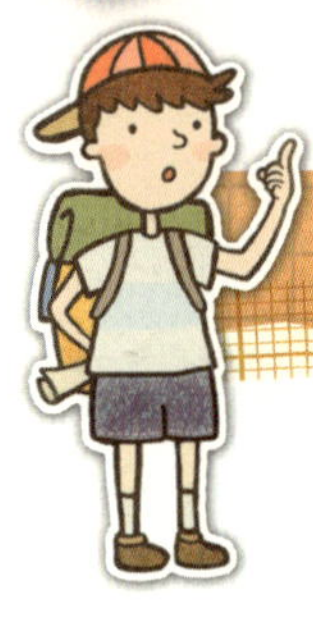

더 깊이 알기

1. 실학은 '실사구시지학'을 줄인 말입니다. 이 뜻은 무엇인가요?

2. 중농학파란 무엇인가요?

3. 《목민심서》로 백성을 다스리는 목민관을 일깨우려 한 사람은 누구인가요?

4. 유형원이 《반계수록》에서 주장한 '균전론'은 무엇인가요?

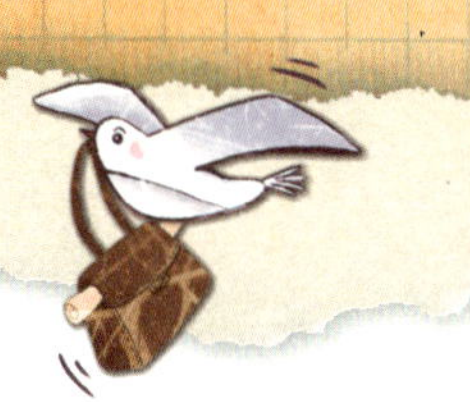

5. '북학파'가 주장한 것은 무엇인가요?

6. 다양한 저서를 통해 체면에만 얽매이는 양반들을 풍자한 사람은 누구인가요?

7. 실증적 방법으로 학문을 연구하고 사회모순을 개혁해서 나라를 발전시키려 한 실학은 나중에 어떤 사람들에게 영향을 주었나요?

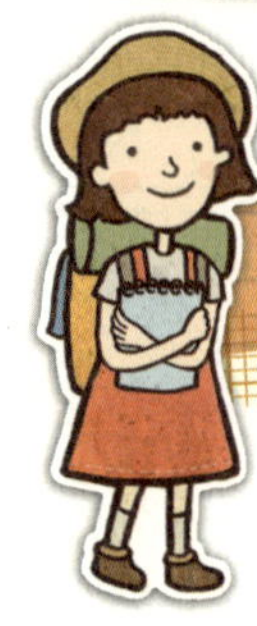

1. 17세기에 조선에 실학이 발달했던 까닭은 무엇일까요?

2. 실학자들이 많은 발명품과 저서들을 남긴 까닭은 무엇일까요?

3. 실학이 개화사상가들에게 영향을 준 까닭은 무엇일까요?

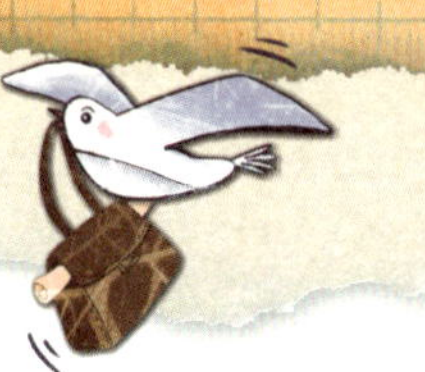

4. 실학에 관련된 유적지 중에서 가장 기억에 남는 것은 무엇인지 그린 다음, 그린 까닭을 써 보세요.

가장 기억에 남는 것

그린 까닭

31 조선을 개혁하려 한 정조

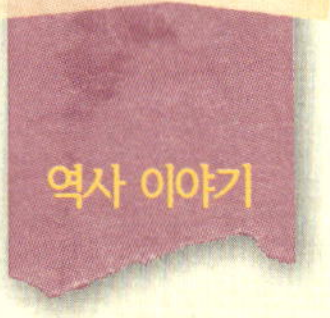

숙종 때부터 안정을 찾아가던 조선은 영조와 정조 때에 이르자 농업이 더욱 발전했고, 상공업도 발달하기 시작했다. 그리고 왕권이 강화되어 안정을 누렸던 시대이다.

영조는 여러 정치세력들을 고루 등용하는 탕평책을 써서 정치를 안정시켰다. 군역을 공평하게 하는 균역법을 실시했고, 납속책과 공명첩을 발행해 나라 재정을 튼튼하게 했다.

정조는 아버지인 사도세자 시호를 장헌세자로 바꾸었다. 그리고 반대 세력이나 반란을 막기 위해 친위 부대인 장용영을 설치했다.

또 숙종 때 만들어진 왕실 도서관인 규장각에 정약용, 채제공 같이 개혁의지가 강한 인물들과 박제가, 유득공, 이덕무, 서이수 같은 서얼 출신들을 과

감하게 등용해 정치 중심 세력으로 키워나가려고 했다.

시전 상인들은 나라에 세금을 내고 특정 상품을 독점하여 판매하는 상인을 말한다. 이들은 길에서 자유롭게 물건을 파는 '난전'을 금지시킬 수 있는 권리인 '금난전권'을 가지고 있었다. 난전 상인들을 마음대로 처벌하고 물건을 빼앗았다. 정조는 시전 상인들을 억누르기 위해 한양 안에서 난전을 허용했다. 이를 '신해통공'이라고 한다. 난전 상인들이 자유롭게 상업활동을 할 수 있게 되자, 난전에서 세금을 거두어 나라 재정을 튼튼하게 했다. 그리고 한양에 버금가는 신도시인 수원화성을 건설해 농업과 상업, 군사가 결합된 새로운 중심지로 삼으려 했다.

정조는 사도세자 묘를 수원 화산으로 옮기면서 화산 아래 있던 관청과 민가를 팔달산 아래로 이주시키고 이곳에 화성 행궁과 함께 화성을 건설했다.

화성건설에 관한 모든 기록인 『화성성역의궤』는 유네스코 세계기록유산이 되었다.

정조 때는 '격쟁'과 '상언'이 늘어났다. '격쟁'은 임금이 행차할 때 꽹과리를 울려서 임금이 멈추면 가까이 다가가 억울함을 호소하는 것이다. 그 전에는 나라에서 정한 것만 격쟁할 수 있었고, 격쟁은 받아들여 주더라도 임금 앞에서 소란을 떨었다며 매질을 당했다. 정조는 격쟁하는 백성들에게 매질을 할 수 없게 하고, 어떤 것이라도 격쟁할 수 있도록 허용했다. 정조가 사도세자 무덤인 현륭원으로 능행을 할 때 격쟁을 할 수 있는 기회를 많이 주었는데 4천 건이나 되는 격쟁을 받아들여 처리하게 했다. 그리고 일반 백성이 국왕에게 올리는 청원서인 '상언'도 허용했다.

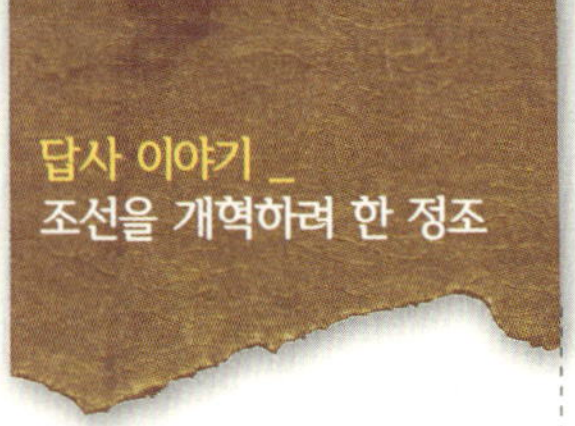

 # 탕평비

위치 서울특별시 종로구
성균관로 25-2

　'남과 두루 친하되 편당 짓지 않는 것은 군자의 공정한 마음이고, 편당만 짓고 남과 두루 친하지 못하는 것은 소인의 사사로운 생각이다.'

　탕평비는 당파에 구애받지 않고 고르게 인재를 등용하려 했던 영조가 직접 글을 써서 세운 비로, 성균관대학교 정문을 들어서면 바로 왼쪽에 있다. 왕세자가 성균관에 입학할 즈음에 세자가 임금이 되었을 때 나라를 이끌어 갈 성균관 유생들에게 바른 정치를 알려 주려고 유생들이 항상 볼 수 있게 성균관 만수교 위에 세웠다.

탕평비

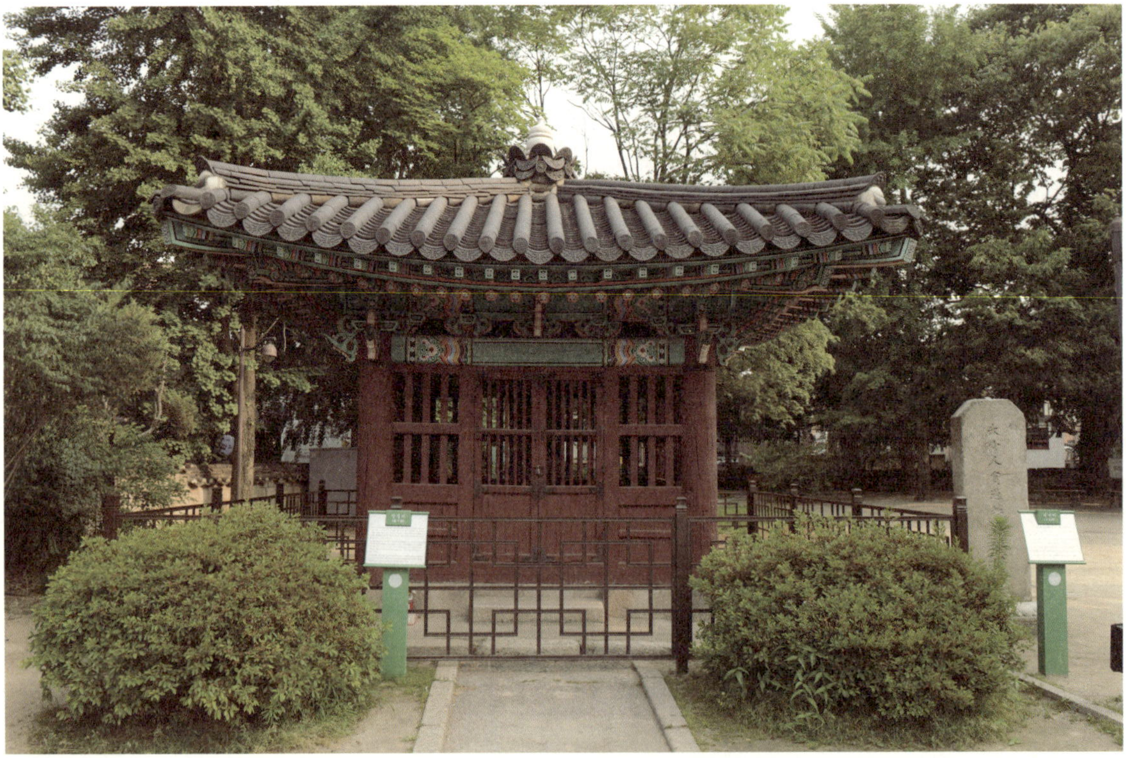

창덕궁 규장각

규장각은 숙종 때 임금들이 쓴 글과 글씨를 보관하던 곳으로 왕실 도서관이었다. 정조 때 창덕궁 후원에 건물을 짓고 국왕 비서실과 개혁 정치를 뒷받침하는 학술 연구 기관으로 만들었다. 이덕무, 정약용, 박제가 같은 실학자들이 규장각에서 일했다.

'규장'이라는 말은 별자리 가운데 문장을 가리키는 '규수(奎宿)'가 빛난다는 뜻이다.

규장각이 있던 창덕궁 후원은 왕실 사람들이 산책이나 휴식을 하는 곳이고 과거시험과 왕이 참관하는 군사훈련도 했다. 또 활쏘기와 낚시, 뱃놀이, 불꽃놀이, 왕실 잔치, 왕이 농사 체험을 하는 곳이기도 했다.

위치 서울특별시 종로구 율곡로 99

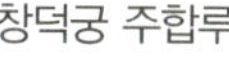

창덕궁 주합루

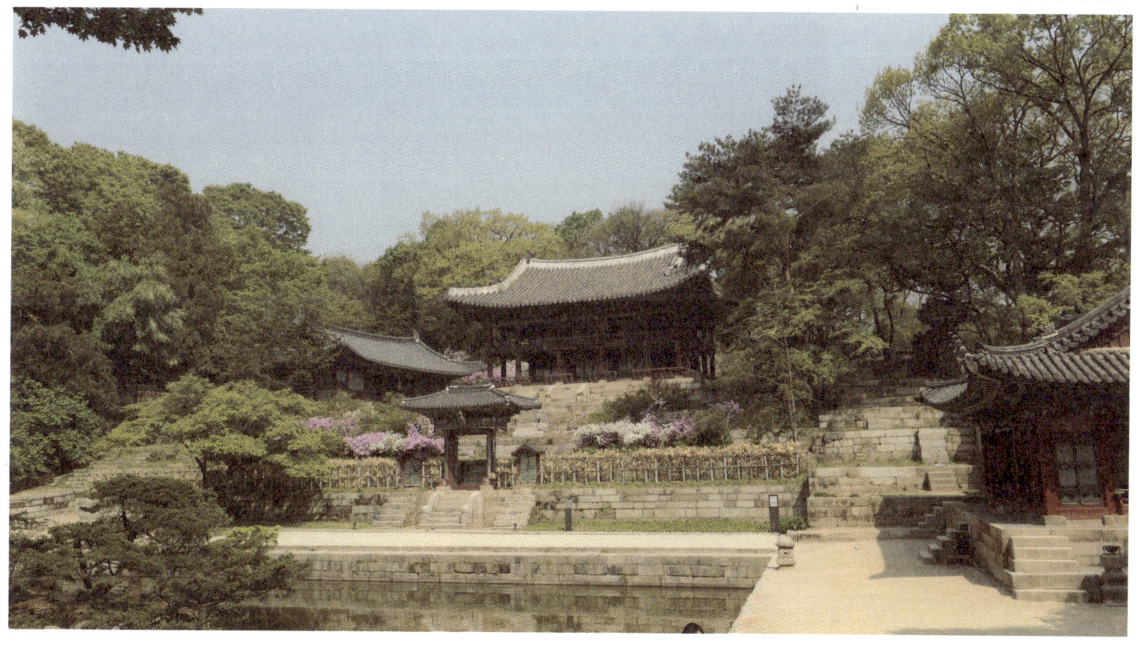

🧑 서울대학교 규장각

서울대학교에 있는 규장각에는 원래 규장각에 있던 자료들을 보존, 정리해 놓았다. 이곳에서는 규장각을 설립한 정조가 쓴 개인문집 홍제전서, 정조 친필, 원행을묘정리의계, 초계문신 명단, 규장각 각신들이 지켜야 할 문구가 적힌 현판 등 규장각 운영에 관한 많은 자료들을 볼 수 있다. 영상실에서 영상을 먼저 보면 관람에 도움을 준다.

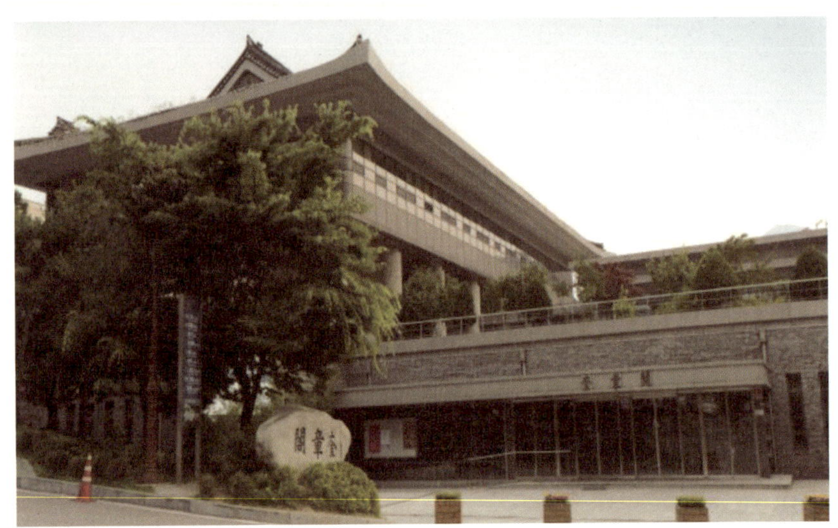

서울대학교 규장각

수원화성박물관

수원화성박물관은 세계문화유산으로 지정된 화성과 정조 시대 문화를 알려주는 전문박물관이다.

전시 공간은 화성 축성실, 화성 문화실, 수원화성과 관련된 야외 전

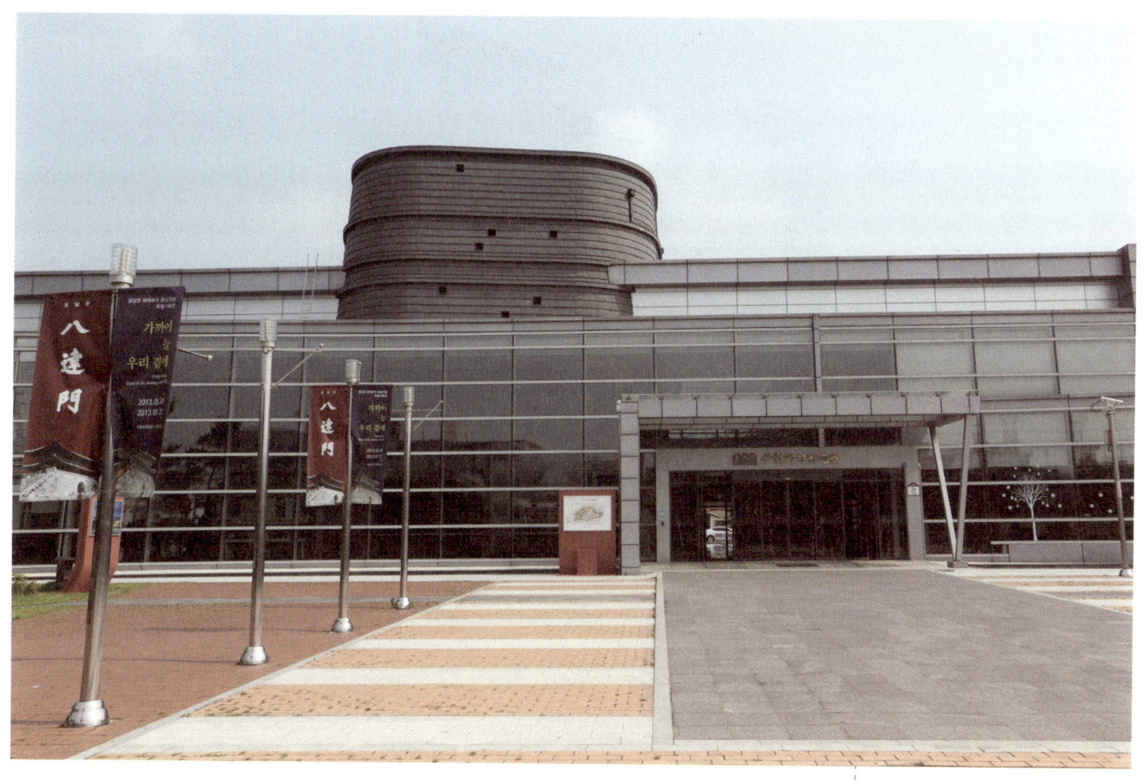

화성박물관

시 공간 등 세 곳으로 구성되어 있다. 화성 축성 과정을 알려주는 화
성 축성실에서는 화성 행차때 정조가 입었던 황금갑옷, 《화성성역의
궤》와 화성 축성 과정을 모형으로 살펴볼 수 있으며, 시장 거리 재연
을 통해 도시로 발전해 가던 조선 후기 수원을 볼 수 있다. 화성 문화
실에서는 1795년 정조 행차와 군사 개혁 핵심인 장용영, 그리고 초대
화성 유수이자 화성 성역 총책임자였던 채제공 기증유물을 전시하고
있다. 왕권강화를 위해 창설된 장용영 군사들이 쓰던 무기와 무예, 서
북공심돈에서 벌어지는 가상전투 모형을 통해 수도 남쪽을 방어하는
화성모습도 알 수 있다. 박물관 밖으로 나오면 화성을 쌓을 때 쓰던 녹
로, 거중기, 유형거, 설마(썰매), 동차를 실물 크기로 복원 전시해 놓았

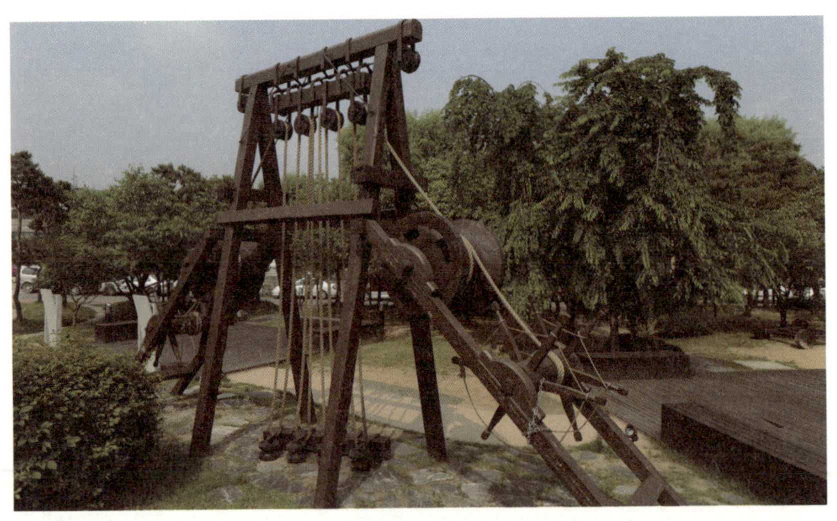

다. 거중기는 실제로 사용해 봤으면 하는 아쉬움이 남는다. 그리고 어린이체험실과 영상교육실 등도 있다.

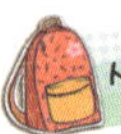
 항상 검소한 생활을 했던 정조가 화성 행차 때 값비싼 황금갑옷을 입었던 까닭은 무엇일까요?

 화성 행궁

행궁은 왕이 전쟁, 휴양, 능원참배 등으로 이동할 때 지방에 별도 궁궐을 마련해서 거처하던 곳을 말한다. 화성 행궁은 현륭원을 참배할 때 머물던 곳이다.

일제강점기 때 철거당했다가 1998년에 복원 공사를 시작해 2003년에 완공되었다.

정조는 아버지인 사도세자 묘소를 현륭원으로 이장하고, 화성을 지으면서 1790년에서 1795년(정조 14~19년)에 이르기까지 서울에서 수원으로 가는 길목에 과천 행궁, 안양 행궁, 사근참 행궁, 시흥 행궁, 안산 행궁, 화성 행궁 등을 세웠다. 그 가운데 화성 행궁은 규모도 크고 역할도 컸던 행궁이다. 화성 행궁은 평상시에는 화성부 유수가 일을 하는 관아로 썼다.

정조는 열두 번이나 능행을 했는데 화성 행궁에 머물면서 여러 가지 행사를 거행했다. 을묘년에는 어머니인 혜경궁 홍씨 회갑 잔치를 열었다. 이 기록이 《원행을묘정리의궤》로 남아 있다. 화성 행궁에 전각들 이름은 정조가 어머니에 대한 효심과 자신이 머물게 될 행궁을 높이려는 뜻으로 지었다. 정문 신풍루는 '새로운 고향'이라는 뜻으로 한나라를 세운 유방 고향 이름에서 따온 것이다. 이곳에서 정조는 백성들에게 쌀과 소금을 나눠주고 백성들이 먹을 죽을 끓여 먹이면서 어머니 회갑을 백성들과 함께 축하하는 행사를 열기도 했다. 신풍루

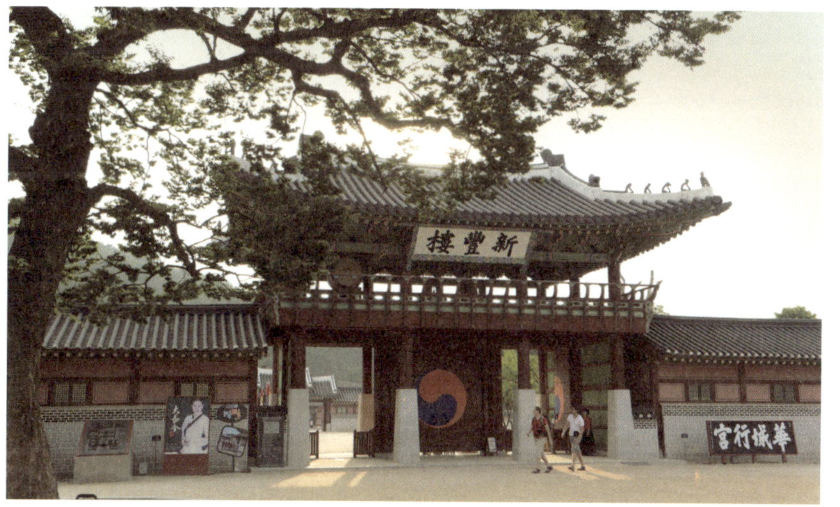

화성 행궁 정문 신풍루

를 들어서면 좌익문과 중앙문을 지나 궁궐 정전인 봉수당이 있다. 봉수당은 어머니가 장수한 것을 축하한다는 뜻이 담겨 있다. 봉수당 바로 뒤에 있는 '오랜 즐거움'이란 뜻인 장락당이 혜경궁 홍씨가 머물던 곳이다. 봉수당 북쪽에 집무실인 '낙남헌'이 있다. 이곳에서는 혜경궁 홍씨 회갑연을 맞이해 특별 과거시험을 열었던 곳이기도 하다.

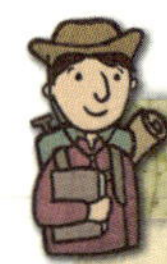

유수 제도

수도 한양을 지키기 위해 한양 동서남북 네 방향에 관청을 두었다. 지금 광역시 정도에 해당된다. 북쪽에 개성, 서쪽에 강화, 동쪽에 광주, 남쪽에 수원을 두었다.

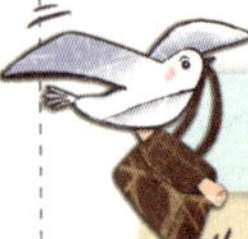

뒤주

행궁 안에는 뒤주가 여러 개 있는데 이는 사도세자가 뒤주에 갇혀 죽은 것을 잠시나마 체험해 보라고 둔 것이다.

무예 24기 공연

신풍루 앞에서는 오전 11시, 오후 3시, 하루 두 번 무예 24기를 공연한다. 사도세자는 임진왜란 이후 내려오던 창검 무예를 18가지로 정리해서 〈무예신보〉를 편찬했다. 정조는 여기에 마상무예 6가지를 더해 24가지 무예를 정리하여 〈무예도보통지〉를 장용영에서 펴내 연습하도록 했다. 이것이 지금까지 전해지는 무예 24기이다.

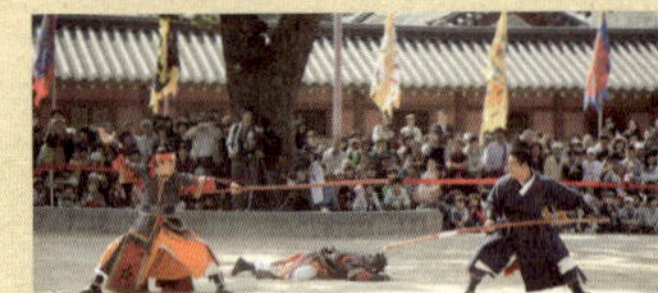
무예 24기, 수원문화재단 제공

화성

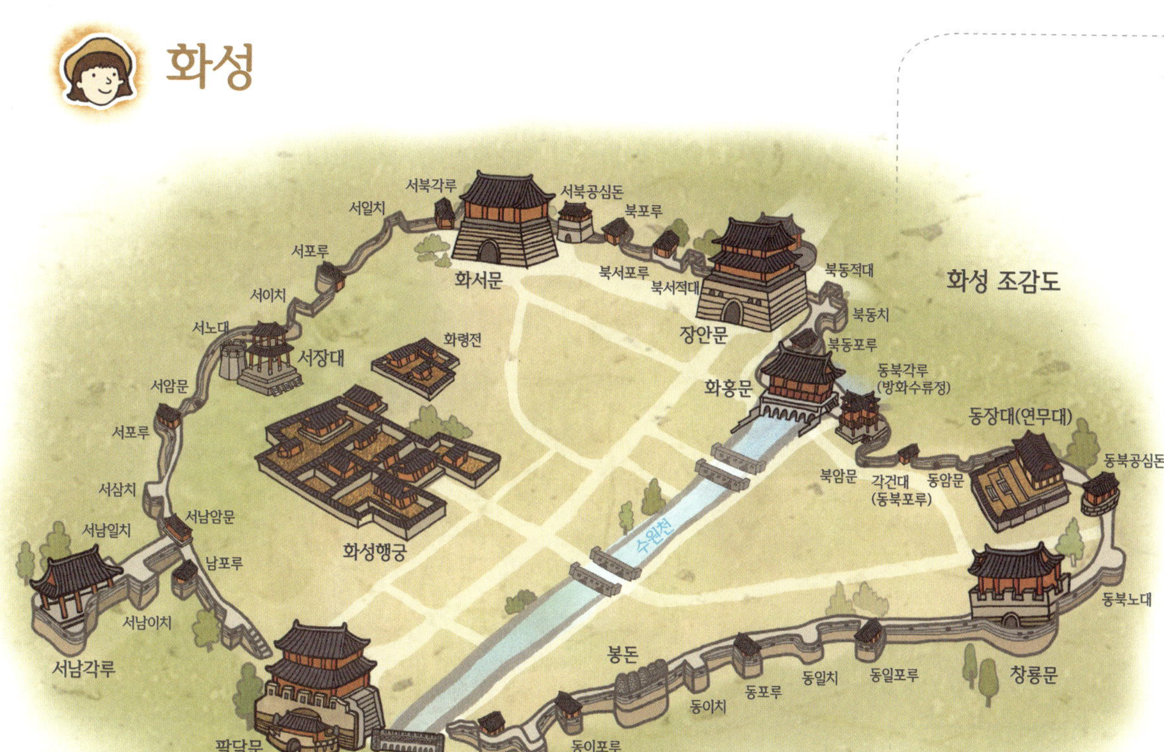

화성은 수원 팔달산과 평지를 이어서 건설했다. 팔달산 옛 이름은 '탑산(탑모양으로 된 산)'이었으나 조선을 세운 태조 이성계가 '사통 팔달 통한다'는 뜻에서 팔달산으로 바꾸었다. 조선 후기 실학자인 유형원이 저술한 〈반계수록〉에서도 수원을 한양과 전라도, 경상도, 충청도를 잇는 교통 중심지라고 했다.

화성 둘레는 8.36킬로미터라고 기록되어 있지만 실제 둘레는 5.52 킬로미터이다. 4대문 양 옆으로 끊긴 것이 계산되지 않은 것인지, 훼손된 것을 보수하면서 줄어들었는지 알 수가 없다. 화성을 건설한 모든 기록을 〈화성성역의궤〉에 남겼다. 한국전쟁으로 대부분 부서진 화성은 이 기록을 기본으로 복원했다. 유네스코에서는 복원된 화성보다도 기록을 보고 더 놀랐다고 한다.

화성은 기존 성들이 안고 있었던 문제점들을 해결하고, 새로운 무기인 대포 공격으로부터 지켜내기 위해서 처음으로 벽돌을 썼다. 성에 들어간 벽돌이 모두 69만 5천장이라고 한다.

동서남북 4대문에는 문을 보호하기 위해 옹성을 쌓았고, 성벽을 돌출시켜 치성을 만들었다. 군사들을 보호하기 위해 여장도 이전보다 높였다. 곳곳에 암문을 설치해 평소에는 사람들이 드나드는 문으로 활용했다, 남북 수문을 두어 물이 흘러갈 수 있게 했고, 위엄을 보이기 위해 동장대와 서장대를 건설했다.

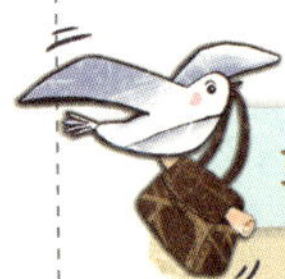

장안문

위치 경기도 수원시 팔달구 정조로 801

장안문은 화성 북문으로 정문이다. 보통 성곽 정문은 남쪽에 있지만 화성은 한양 남쪽에 있으므로 임금이 처음 만나게 되는 북문이 정문이 되었다. '장안'은 수도라는 뜻과 함께 국가 안녕을 상징한다. 공격에 대비할 수 있도록 문 좌우에 적대를 두었다. 적대에는 성벽에 접근하는 적을 공격할 수 있도록 여러 곳에 총안을 두었다. 기초는 모래와 진흙에 물을 섞어 다지면서 시루떡을 앉히듯이 켜켜이 쌓아서 화강함 기단과 문루 무게, 그리고 요즘 자동차로 인한 진동충격에도 버틸 정도로 튼튼하다. 장안문 앞 넓은 도로는 '1번 국도'인데 정조가 다녔던 길이다.

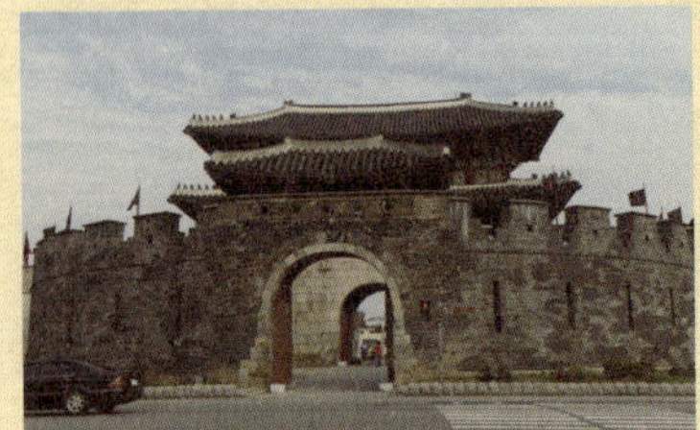

팔달문

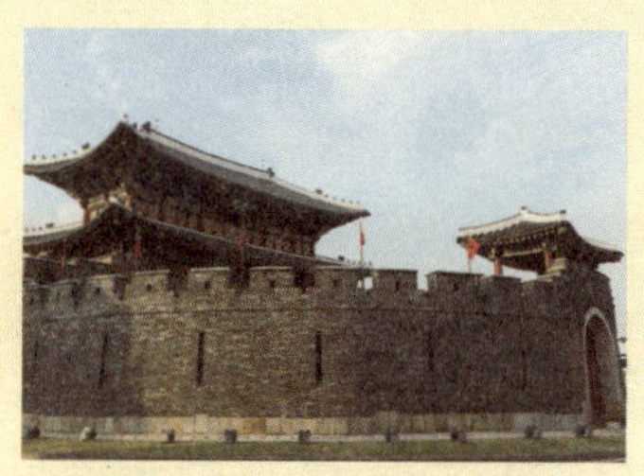

위치 경기도 수원시 팔달구 정조로 780

화성 남문인 팔달문은 숭례문처럼 도로 한 복판에 자리 잡고 있으며, 사방팔방으로 길이 열린다는 의미를 담고 있다. 좌우에 적대가 있었지만 시가지 한 복판에 있어서 복원하지 않았다.

창룡문

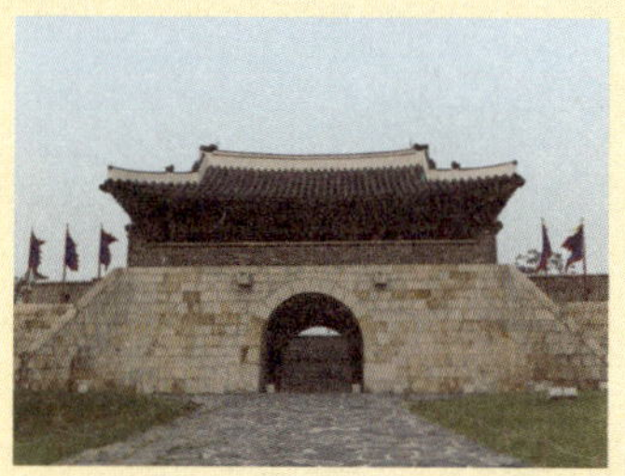

위치 경기도 수원시 팔달구 정조로 801

화성 동문으로, 성문 안쪽에는 돌벽에 성문 공사를 맡았던 사람들과 책임자를 새겨 놓은 공사 실명판을 볼 수 있다.

서장대(수어장대)

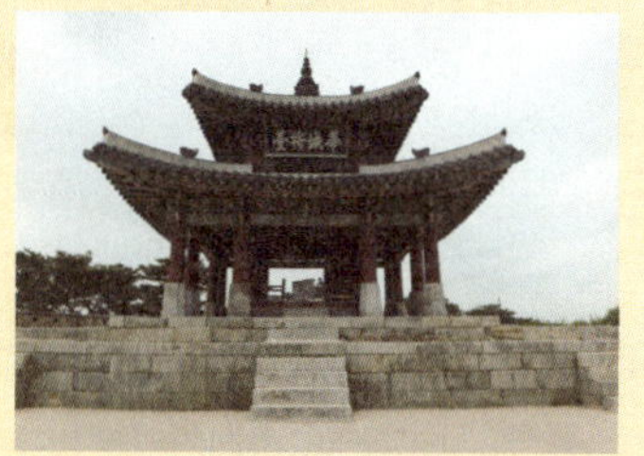

위치 경기도 수원시 팔달구 남창동 55–23

화성장대라고도 부르는 서장대는 팔달산 정상에 있으며 화성을 총 지휘하는 본부이다. 서장대에서는 성이 한눈에 들어오고 멀리 있는 적을 살필 수 있다. 기계 힘을 빌려 쏘는 화살인 쇠뇌를 쏠 수 있는 노대도 함께 볼 수 있다.

방화수류정

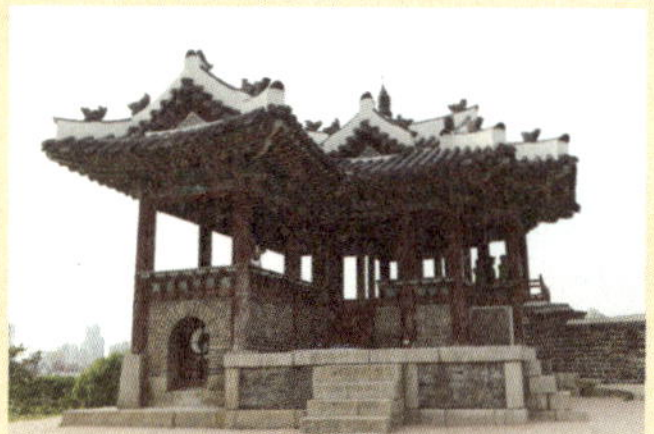

위치 경기도 수원시 팔달구 정조로 884

동북각루라고도 불리는 이곳은 적군 감시와 방어 기능을 갖추고 있다. 평소에는 쉬는 곳으로 사용했다.

동북공심돈

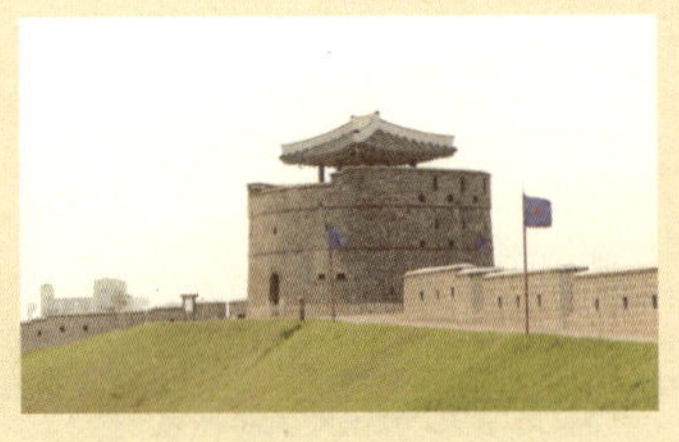

위치 경기도 수원시 장안구 연무동 산 21-8

'공심돈'은 속이 빈 돈대(높이 쌓아 망을 보는 시설)라는 뜻으로 안에서는 밖을 보면서 적을 감시하고 총구를 통해 공격을 할 수 있지만 밖에서는 안쪽을 볼 수 없다. 중앙은 빈 공간을 만들어 대포 같은 것을 둘 수 있다. 화서문 옆에 있는 서북공심돈과 남공심돈, 동북공심돈 모두 3개가 있었는데 남공심돈은 복원하지 못했다.

화홍문

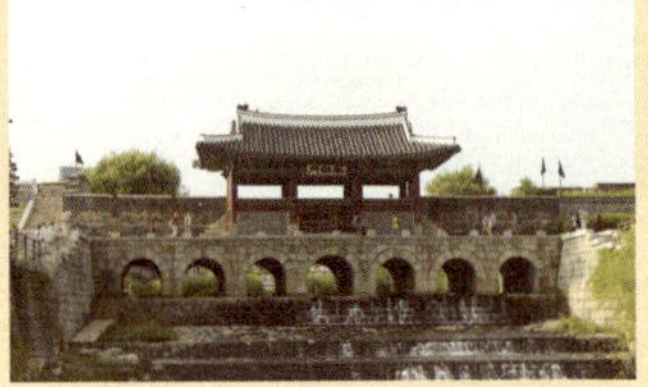

위치 경기도 수원시 팔달구 정조로 884

장마와 홍수에 대비하기 위해 물길을 내고 다리를 놓았다. 다리 위로는 사람들이 지나다닐 수 있도록 하였다.

그 밖에도 통신 시설인 봉돈, 포를 쏠 수 있는 포루, 치성 위에 지은 포루, 군사들이 머물던 각루와 암문 등을 둘러볼 수 있다.

성곽을 따라 걷다 보면 깃발색이 바뀌는 것을 알 수 있다. 북 현무 검은색, 서 백호 흰색, 남 주작 붉은색, 동 청룡 푸른색 깃발 변화를 살펴보자.

융, 건릉

위치 경기도 화성시 효행로 481

융릉은 장조로 추존된 사도세자와 부인인 경의왕후(혜경궁 홍씨)와 합장릉이다. 정조는 동대문 밖에 배봉산(현재 전농동)에 있던 사

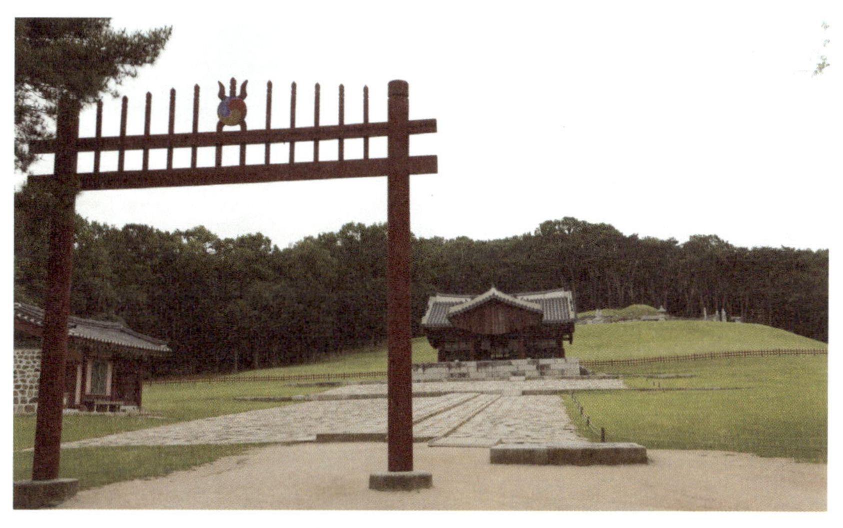

도세자 무덤을 지금 자리인 화성군 화산으로 이장하고 석물들을 화려하게 치장했다.

건릉은 정조와 효의왕후 합장릉이다. 정조가 남기 유언대로 아버지 사도세자 옆에 묻혔지만, 땅이 낮고 평평해서 좋은 무덤자리는 아니었다. 효의왕후가 죽고 지금 자리로 이장했다. 건릉은 융릉과 비슷한 분위기다.

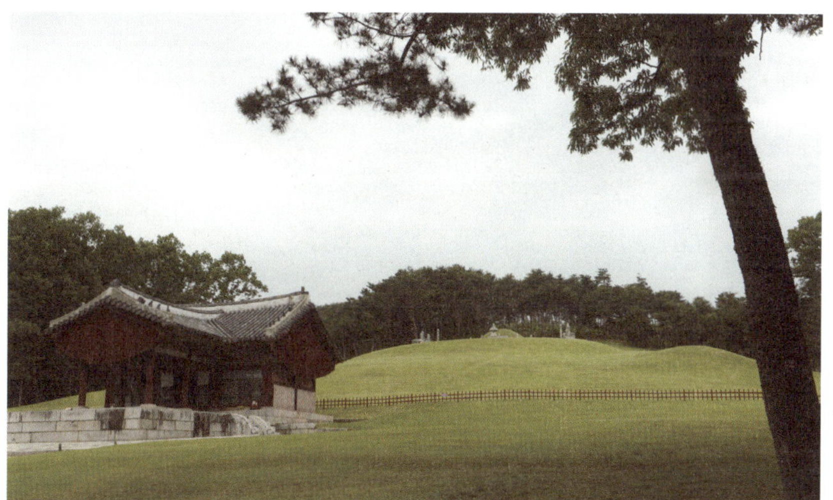

용주사

위치 경기도 화성시 효행로 414

용주사는 본래 신라시대 문성왕 때 세운 갈양사라는 절이었다. 병자호란 때 없어진 것을 정조가 아버지 넋을 위로하기 위해서 크게 다시 지어 융릉을 지키고 제사를 받드는 원찰로 삼았다. 용주사를 지을 때 전국에서 들어온 시주가 8만 냥이 넘었다고 한다. 용주사는 보통 절과는 다르게 사천왕문이 있어야 할 자리에 궁궐 대문 같은 삼문각이 있고 사대부집 행랑채 같은 건물이 정면에 자리 잡고 있다. 그리고 용주사에는 〈부모은중경〉이라는 경전 목판본이 보관되어 있는데 정조가 사도세자 넋을 기리기 위해 단원 김홍도를 시켜서 만든 것이다.

또한 대웅보전 불상 뒤에 있는 그림은 정조로부터 명을 받은 김홍도

● 용주사 후불탱화
●● 용주사

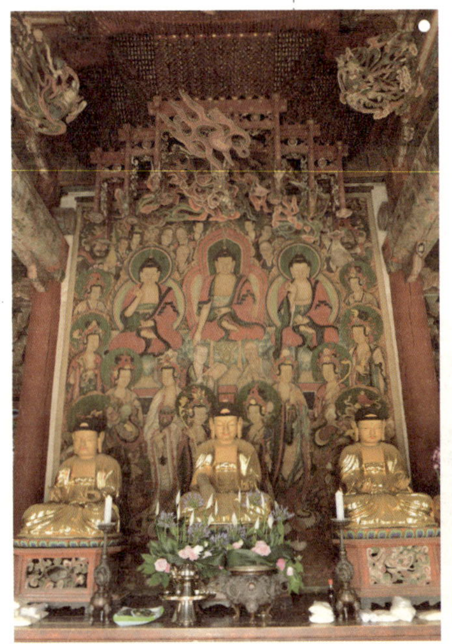

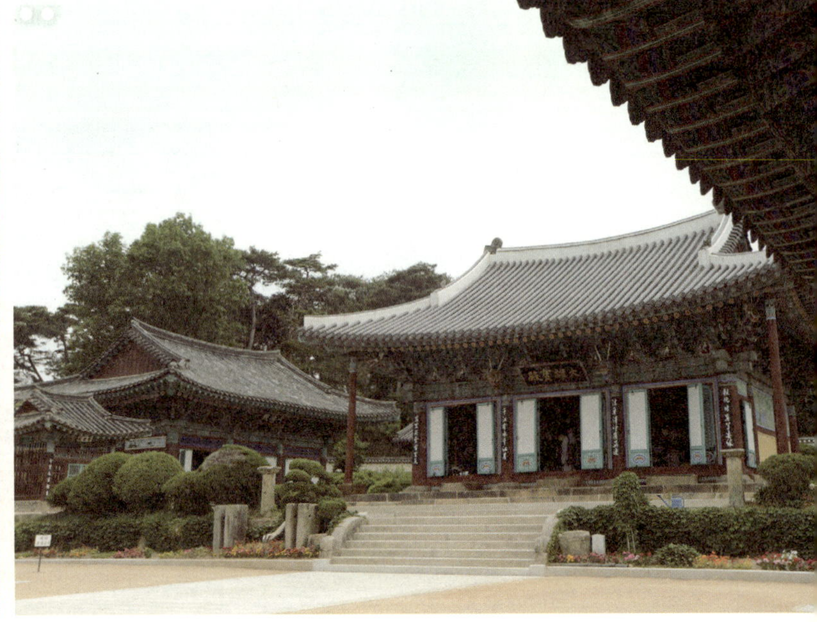

가 감독해서 그린 것이다. 부처님 얼굴을 밝고 어두운 색으로 입체로
표현하는 방식인데 우리나라에서 처음으로 그린 서양화 기법이다.

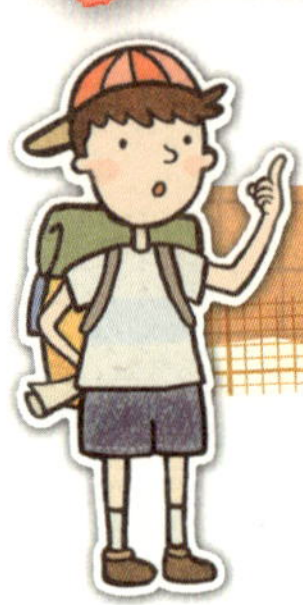

더 깊이 알기

1. 영조가 정치 세력을 고루 등용하기 위해서 쓴 정책은 무엇인가요?

2. 정조가 친위 부대인 장용영을 조직한 까닭은 무엇인가요?

3. 정조가 왕실 도서관인 규장각을 다시 부활시켜 어떤 당파에도 속하지 않는 신
하들을 등용한 까닭은 무엇인가요?

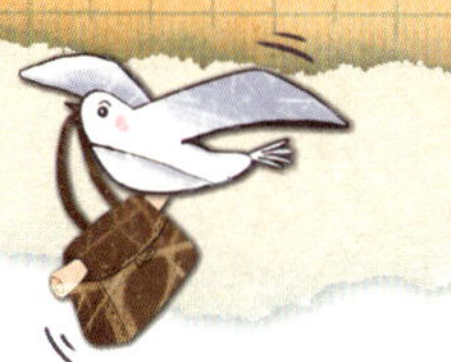

4. 정조가 시전 상인들을 억누르고 난전을 허용한 까닭은 무엇인가요?

5. 정조가 수원화성을 건설한 까닭은 무엇인가요?

6. 정조가 백성들 이야기에 귀를 기울인 방법에는 어떤 것들이 있나요?

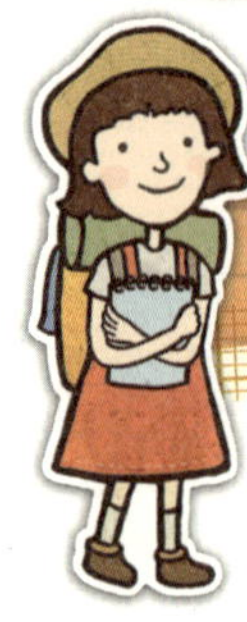

1. 정조가 농업, 상업, 군사가 결합된 새로운 중심지인 화성을 수원에 건설한 까닭은 무엇일까요?

2. 화성으로 도읍을 옮기려고 했으나 실패한 까닭은 무엇일까요?

3. 화성이 최근에 복원된 성곽으로 유네스코 세계문화유산에 등재될 수 있었던 결정적인 까닭은 무엇일까요?

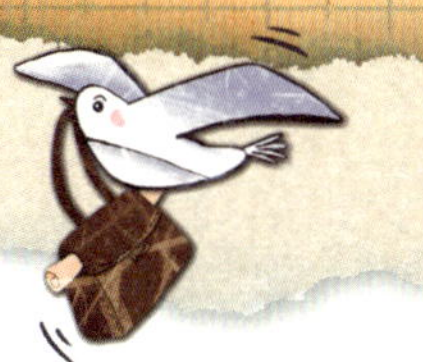

4. 이번 답사에서 가장 기억에 남는 것은 무엇인지 그린 다음, 그 까닭을 써 보
   세요.

가장 기억에 남는 것
그린 까닭

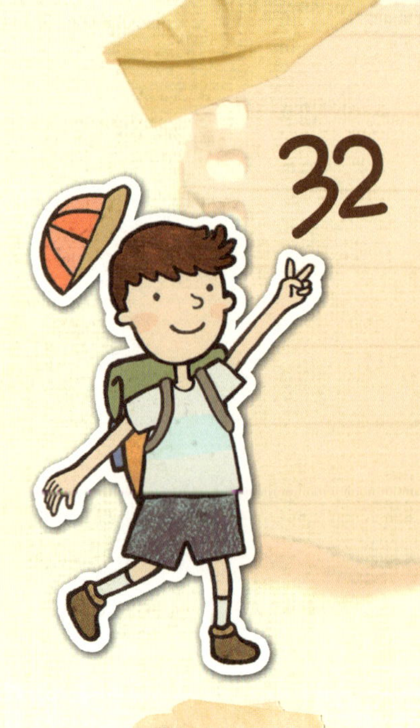

32 천주교가 들어오다

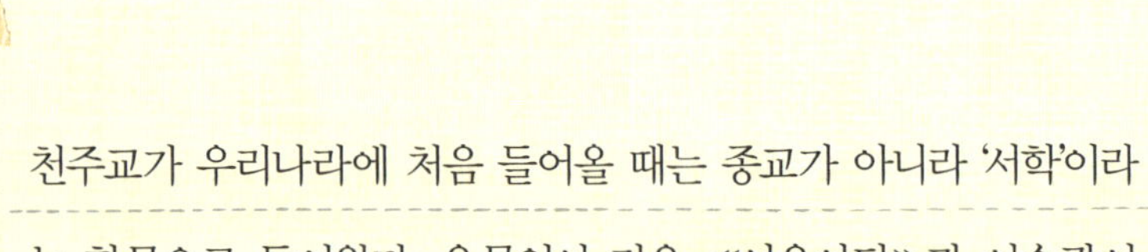

천주교가 우리나라에 처음 들어올 때는 종교가 아니라 '서학'이라는 학문으로 들어왔다. 유몽인이 지은 《어유야담》과 이수광이 지은 《지봉유설》에 《천주실의》에 대한 소개가 실려 있으며, 청나라에 인질로 갔던 소현세자가 교리서인 《천주실의》를 가지고 돌아왔다.

1784년에 베이징으로 간 이승훈이 그라몽 신부로부터 조선인으로는 처음 세례를 받았고, 성서와 십자가, 묵주 등을 가지고 돌아왔다. 그리고 권철신, 이벽, 정약전, 정약종, 정약용 등이 천주교를 정식종교로 받아들였다.

천주교에서는 사람이 죽으면 천국에 가며, 양반과 평민이 모두가 평등하다는 교리를 펼쳤다. 하지만 유교 사상과 신분질서를 무너뜨린다며 탄압과 박해를 받았다.

1785년에는 명동부근인 명례방에 있던 김범우 집에서 천주교 신자들이 붙잡혔다. 양반들은 모두 풀려나고 중인인 김범우만 충청도 단양으로 유배를 갔으나 숨지고 말았다. 김범우 집터에 세운 것이 명동성당이다.

1791년에는 전라도 진산에 사는 윤지충과 권상연이 전주 풍남문 밖에서 처형을 당했다. 윤지충 어머니가 죽었는데 신주와 조상들 위패를 불살라 버렸기 때문이었다. 이를 신해박해 또는 진산사건이라고 부르며, 이들은 한국 천주교에서 처음으로 순교자가 되었다.

또 1794년에는 주문모 신부가 청나라에서 들어와 포교활동을 하자 정순왕후와 노론벽파는 천주교를 믿는 남인들을 탄압하기 위해서 천주교 신자들을 잡아들였다. 주문모 신부는 서울 용산에 있는 새남터라는 한강변 모래밭에서 이승훈, 정약종과 함께 참수되었다. 정약전과 정약용은 유배를 갔고, 천주교 신자 5백여 명이 희생되었다. 이를 신유박해라고 한다.

1839년 기해박해 때는 조선에 들어와 있던 잉베르, 샤스탕, 모방 같은 프랑스 신부와 정하상, 유진길 등 천주교 신자 백여 명이 처형당했다.

1846년인 병오년에도 김대건 신부와 신자 아홉 명이 처형당했고, 1866년에 일어난 병인박해 때는 천주교 신부 아홉 명과 신자 8천 명이 처형당했다. 이때 처형 장소였던 잠두봉은 머리가 잘린 산이라고 해서 절두산이라 부르게 되었다. 처형을 피해 탈출한 리델신부가 텐진에 있는 프랑스 군대에게 이 사실을 알렸다. 프랑스 군대가 보복을 한다며 강화도로 쳐들어온 병인양요가 일어났다.

1886년에 조불수호통상조약이 체결되면서부터 천주교가 허용되었다.

천진암

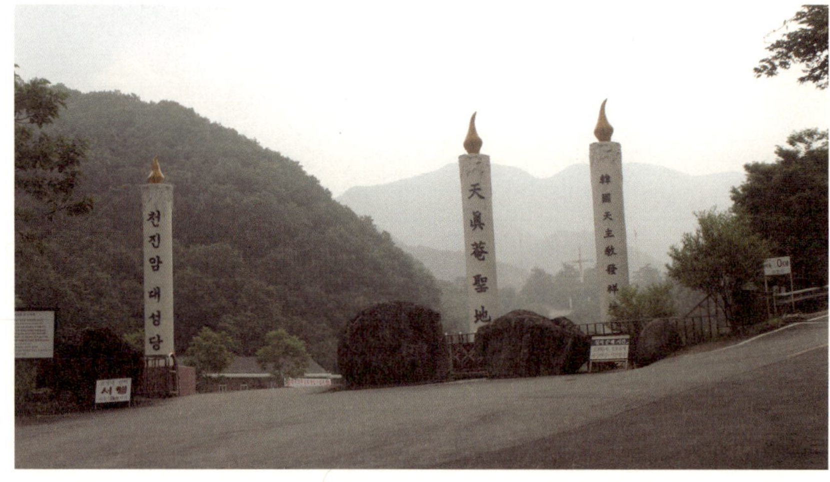

천진암 입구

이벽과 정약용, 권철신, 권일신, 이승훈, 정약종 등이 1779년부터 천진암이라는 절에 모여 천주교 교리를 연구하고 실천했는데, 이렇게 우리나라에서 천주교가 시작되었다.

천진암 성당 입구에서 주차장을 지나 천진암 터를 향해 오르막길을 올라가면 넓은 터가 펼쳐져 있다. 한국천주교회 창립 300주년을 맞는 2079년까지 100년 계획으로 천진암 대성당이 세워질 자리다.

● 천진암 대성당 터
●● 천진암 자리에 있는 창립
선조 묘

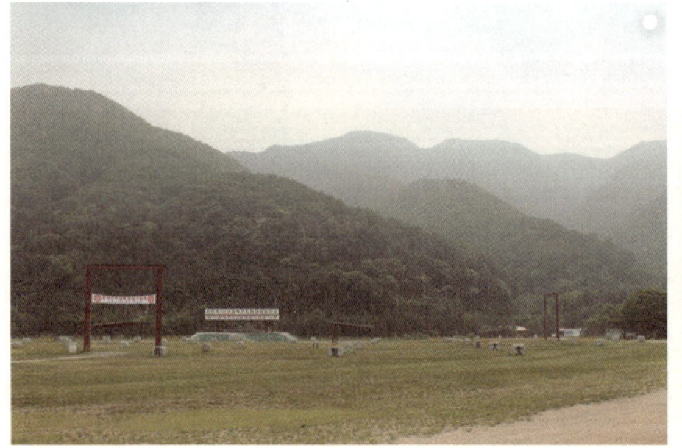

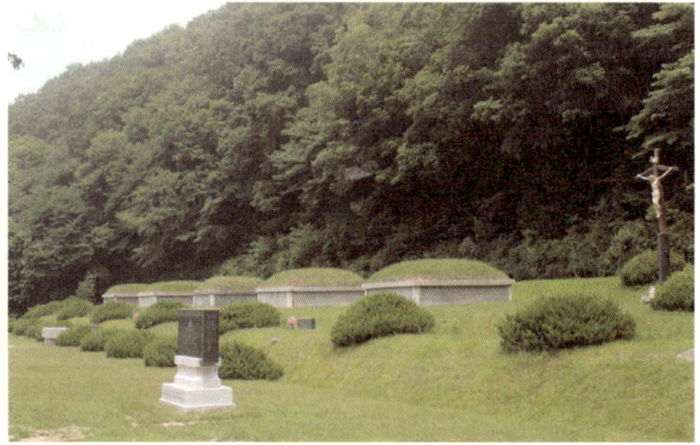

그 터를 지나면 묘역으로 가는 길이 나오고 계곡을 따라 올라가면 돌계단이 보인다. 돌계단 위에는 이벽, 이승훈, 정약종, 권일신, 권철신묘가 있다. 도로 표지판에는 천진암이라고 되어 있지만 천진암이라는 절은 없고 그 자리에 무덤이 자리 잡고 있다.

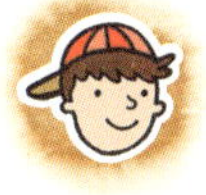

명동성당

명동성당은 한국 천주교를 상징하는 심장과 같다. 1784년에 역관이었던 김범우 집에서 이승훈, 정약전, 정약종, 정약용, 권일신 형제 등이 모여 집회를 가지면서 우리나라에 천주교회가 처음 만들어진 곳으로, 마을 이름이 종현이다. 1892년, 이곳에 프랑스 고스트 신부가 성당을 설계해 1898년에 완공했는데 동네 이름을 따서 종현성당이라 불렀고, 지금은 명동성당이 되었다. 성당 지하에는 병인박해와 기해박해, 병오박해 때 희생된 순교자 유해 79위가 모셔져 있다. 군사 정권 시기에는 민주화운동이 일어난 중심이 되었고 1987년 6월 항쟁도 이 명동성당을 중심으로 퍼져나갔다.

위치 서울특별시 중구 명동길 74

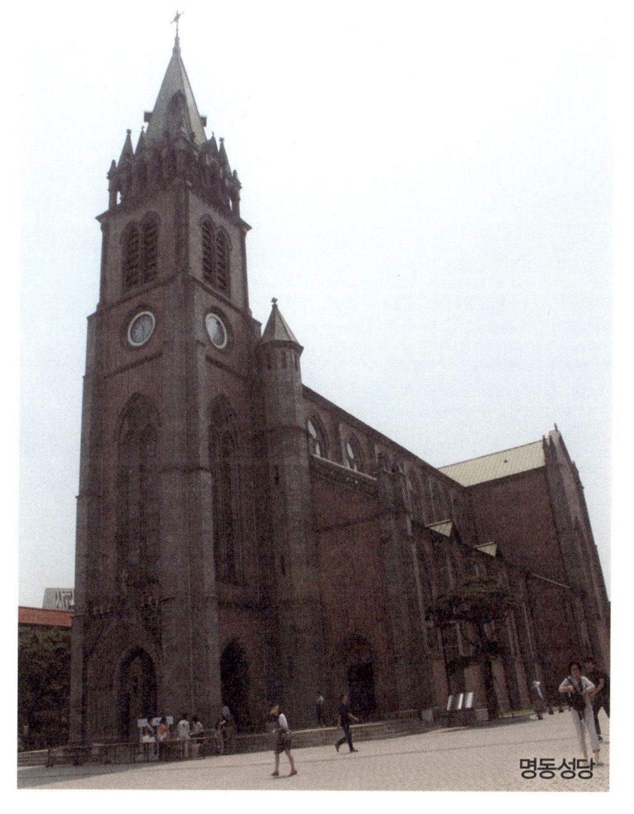

명동성당

새남터

위치 서울특별시 용산구
이촌로 80-8

새남터는 한강 가에 있던 모래밭으로, '노들' 또는 한자로 '사남기'라고도 불렀다. 조선시대에는 군사들이 무예를 연습하던 연무장이었고, 죄인을 처형하는 곳으로도 이용했다.

이곳에서 세조 때 사육신이 처형되었고, 신유박해 때 주문모 신부가 처형당한 뒤부터 천주교 신자들이 처형당하는 곳이 되었다. 병오박해 때는 김대건 신부와 신자들이, 병인박해 때는 서양인 신부 9명과 우리나라 신자들이 처형당했다.

새남터 성당에는 순교한 아홉 성인 유해가 안치되어 있다.

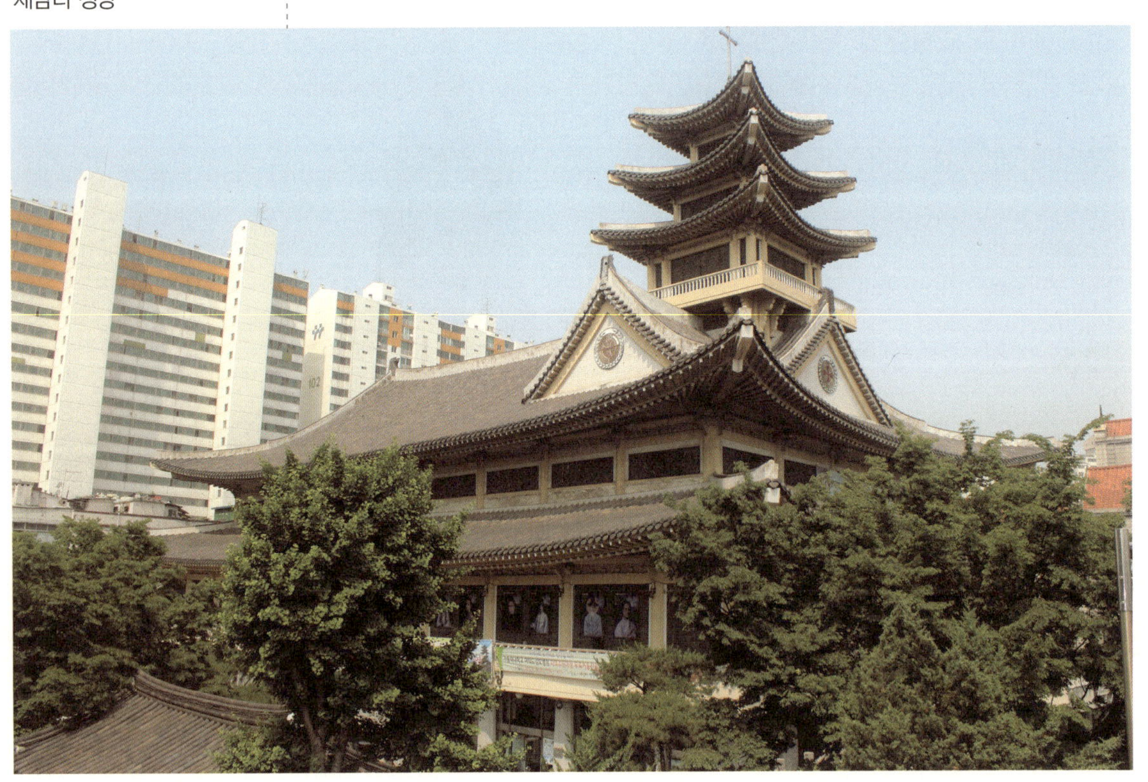

새남터 성당

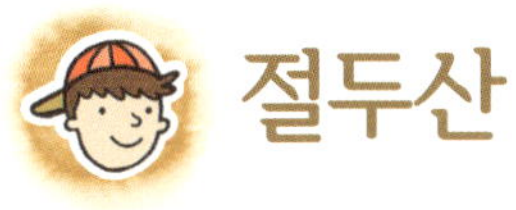

절두산

양화나루 동쪽에 있는 언덕은 경치가 좋아서 옛날부터 사람들이 많이 찾아오던 곳이었다. 누에가 머리를 들고 있는 모습 같다고 해서 옛날에는 잠두봉이라고 불렀는데 지금은 머리 잘린 산이라는 뜻으로 절두산이라고 부른다. 1866년 병인박해 때부터 천주교 신자들이 처형당했기 때문이다.

1966년 순교 100주년을 맞아 성당, 박물관, 지하 묘인 경당, 기념공원을 만들었고, 1984년에는 교황 요한 바오로 2세가 방문했다. 순교한 성인 27명과 순교자 1명 유해가 모셔져 있다. 1967년에 문을 연 박물관은 교회 유물과 자료, 순교자들 유품들을 전시하고 있다. 야외 전시장에는 루르드 마사비엘 동굴을 본뜬 성모동굴, 김대건 신부 동상과 순교자기념상과 순교기념비문 등이 있고 흥선대원군 때 전국에 세운 척화비도 하나 세워져 있다.

생각거리 초기 천주교인들은 왜 죽음을 각오하고 신앙을 지키려 했을까요?

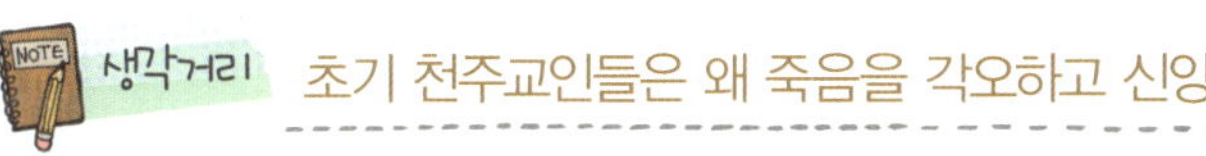

● 절두산
●● 양화나루터

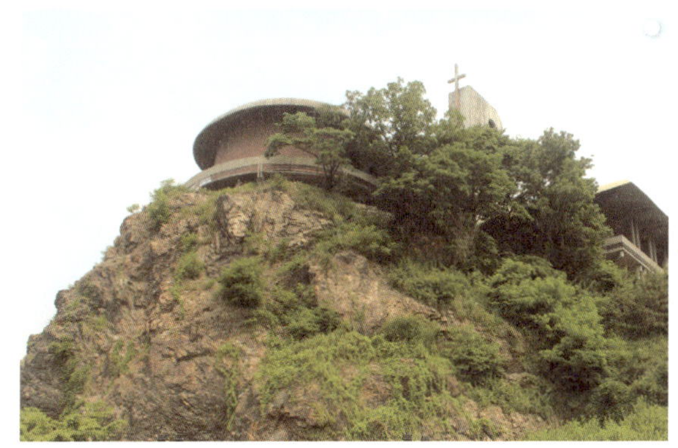

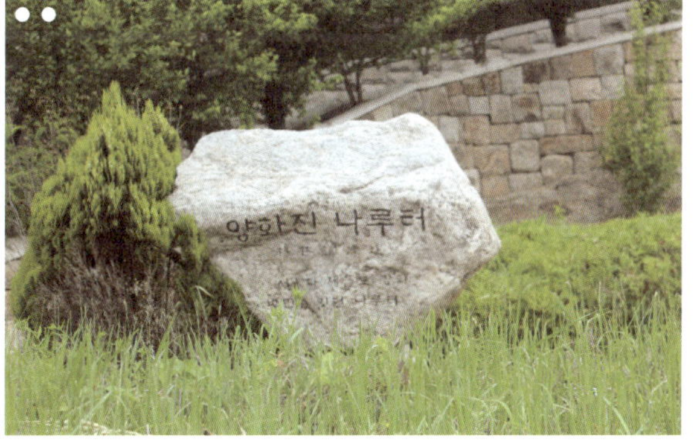

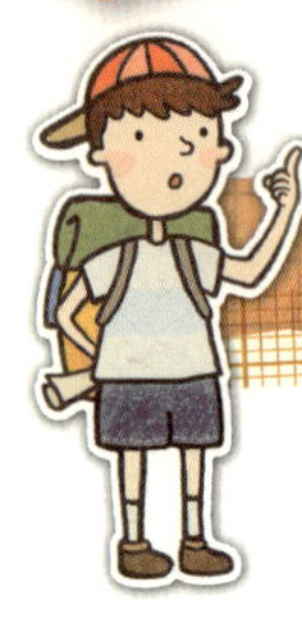

더 깊이 알기

1. 이벽, 정약용, 권철신 등이 서학을 공부하면서 신앙생활을 하게 되었는데 어떤
   종교가 되었나요?

2. 우리나라 사람 가운데 처음으로 세례를 받은 사람은 누구인가요?

3. 천주교 신부 9명과 천주교 신도 8천여 명이 처형당해서 병인양요가 일어난 계
   기가 된 박해는 무엇인가요?

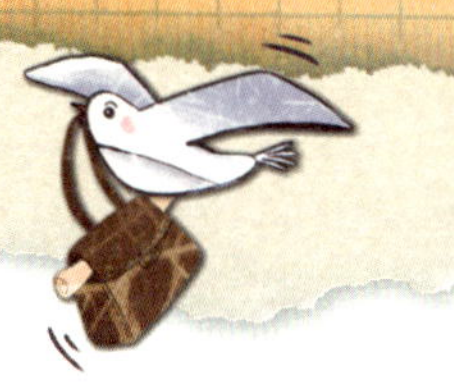

4. 한국 천주교 상징이자 군사정권 시기에 민주화운동 중심에 있었던 곳으로 종
   현성당이라고 불렀던 곳은 어디인가요?

5. 누에가 머리를 들고 있는 것 같다고 해서 잠두봉이라고 했는데 오늘날 그곳을
   왜 절두산이라고 부르게 되었나요?

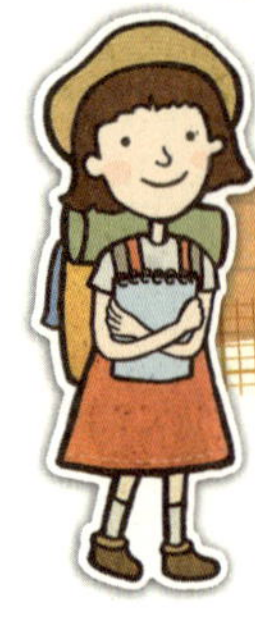

1. 서양문물과 함께 전래된 천주교를 처음에는 학문으로 받아들였다가 왜 종교로 변하게 되었을까요?

2. 조선 정부에서는 천주교를 왜 믿지 못하게 했을까요?

3. 프랑스 군대가 조선에 보복을 한다는 핑계로 쳐들어온 병인양요가 일어난 까닭은 무엇일까요?

4. 이번 답사에서 가장 기억에 남는 것을 선택하여 소개하고 선택한 까닭과 느낌

을 써 보세요.

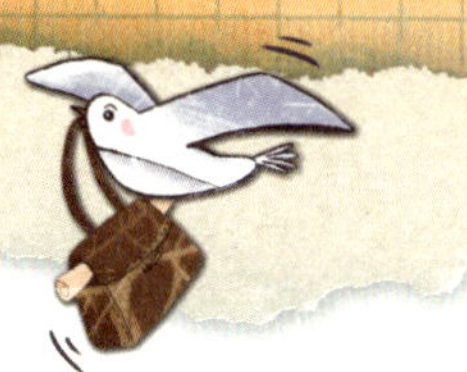

선택한 것 소개

선택한 까닭과 느낌

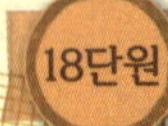 해답지 & 예시 답안

18단원 무신정변과 천민봉기

더 깊이 알기

1 과거제도, 노비안검법. 2 음서제, 공음전. 3 경원 이씨, 경주 김씨. 4 정중부. 5 향, 소, 부곡. 6 망이, 망소이. 7 만적.

생각해 보기 _ 예시 답안

1 문신들이 높은 벼슬을 다 차지하고 무신들을 천대했기 때문에 무신들 분노가 극에 달했고, 무기와 군사를 실제로 이끄는 사람들이 무신이었기 때문이라고 생각한다.

2 권력을 잡은 무신들은 여전히 권력다툼으로 인해 백성들의 생활을 돌보지도 않았고, 사치와 향락을 즐겼기 때문이라고 생각한다.

3 몽골은 수군에 약했고, 바닷길을 통해서 세금을 거두기도 쉬웠기 때문이라고 생각한다.

4 자유롭게 그리고 써 보세요.

19단원 몽골에 맞선 항쟁

더 깊이 알기

1 구저고여 사망. 2 몽골과 싸우지 않고 자기들 권력을 누리기 위해서. 3 부처님 힘으로 몽골을 물리치기 위하여. 4 백성들과 천민들. 5 처벌을 받을 것이 두려워서. 6 제주도.

생각해 보기 _ 예시 답안

1 원나라가 고려를 손아귀에 쥐고 마음대로 하기 위해서 부마국으로 삼으려했기 때문이라고 생각한다.

2 자기가 사는 고장과 자기 가족을 스스로 지키려고 했기 때문이라고 생각한다.

3 권문세족이 등장하여 노비와 토지를 독차지해 버렸기 때문에 살기가 더 어려워졌을 것이라고 생각한다.

4 자유롭게 그리고 써 보세요.

20단원 공민왕과 신진 세력들

더 깊이 알기

1 공민왕. 2 신진사대부. 3 화통도감. 4 홍산전투. 5 진포전투. 6 이성계.

생각해 보기 _ 예시 답안

1 함께 개혁을 추진하던 신돈이 권문세족들에게 탄핵당해 제거되었고, 뒤이어 공민왕도 시해되었기 때문이라고 생각한다.

2 왜구들 배가 빨라서 이들을 격퇴하기 위해서는 화약과 같은 것이 절실히 필요했기 때문이라고 생각한다.

3 이성계와 신진사대부들을 제거하려는 권문세족에 대항하여 개혁을 완성하려고 했기 때문이라고 생각한다.

4 자유롭게 그리고 써 보세요.

21단원 빛나는 고려문화

더 깊이 알기

1 상감기법. 2 강진, 부안. 3 천산대렵도. 4 4번. 5 속요. 6 경천사지 10층 석탑. 7 역옹패설.

생각해 보기 _ 예시 답안

1 고려 말에 홍건적과 왜구, 몽골 등이 침략하여 많은 도공들이 죽거나 잡혀가게 되었기 때문이라고 생각한다.

2

	신라시대	고려시대
불상의 특징	균형미, 조화미 등이 느껴진다.	비례, 균형 등이 맞지 않고 독특한 개성이 드러난다.
그런 특징을 가지는 이유	국가에서 통제했기 때문이다.	지방문화가 발달하고 각각의 개성을 드러내기 때문이다.

3 자유롭게 그리고 써 보세요.

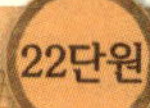

22단원 조선, 한양에 터를 잡다.

더 깊이 알기

1 한양. 2 만년토록 큰 복을 누리라. 3 4대문과 4소문, 8개.
4 4대문–흥인지문, 돈의문, 숭례문, 숙정문. 4소문 – 혜화
문, 창의문, 광희문, 소의문. 5 좌–종묘, 우–사직. 6 경복
궁, 창덕궁, 창경궁, 경희궁, 경운궁(덕수궁). 7 사정전.

생각해 보기 _ 예시 답안

1 개경은 고려수도로써, 고려 중심지였다. 개경에 기반을
둔 세력들 가운데 조선 건국에 찬성하지 않는 사람들도 많
았다. 그래서 조선 건국 세력은 도읍을 옮기기로 결정했고,
한양이 선택되었다. 한양은 고려시절부터 남경으로 불리
며 기반시설이 갖추어져 있었고, 국토 중앙에다가 사면이
산으로 둘러싸여 방어하기에도 쉬웠다. 또한 한강을 이용
한 교역과 세금 운반에도 적합한 지역이었다는 점들이 한
양천도를 한 까닭이라고 생각한다.
2 종묘는 왕실 조상들 위패를 모시고 제사지내는 곳이고,
사직은 토지신과 곡식신에게 제사 지내는 곳이다. 백성들은
땅과 곡식이 없으면 살 수 없다. 그래서 사직은 풍년과 흉년,
나라의 운명을 관장한다고 믿어, 왕실 조상을 받드는 종묘
와 더불어 중시되었다. 백성을 배불리 먹이는 것이 나라를
다스리는 근본이라고 여겼기 때문이라고 생각한다.
3 자유롭게 그리고 써 보세요.

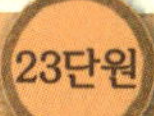

23단원 한글창제와 과학기술 발전

더 깊이 알기

1 삼강오륜을 쉬운 글자로 번역해서 백성들에게 읽히면 통
치이념인 성리학이 널리 퍼질 것이고 백성들이 쉽고 편하

게 글을 읽고 쓸 수 있을 것이라 여겨서. 2 1446년. 3 용
비어천가. 4 삼강행실도. 5 훈민정음 해례본. 6 장영실.
7 칠정산 외편.

생각해 보기 _ 예시 답안

1 성리학이 널리 퍼지고 백성들이 쉽게 읽고 쓸 수 있게 되
어서 똑똑하게 될 것이라고 믿었기 때문이라고 생각한다.
2 양반이 아닌 사람이 벼슬을 하게 되면 신분제도가 무너
져서 혼란에 빠질 것을 걱정했기 때문이라고 생각한다.
3 우리나라 실정에 맞는 농사법이나 날씨를 알고 싶었기
때문이라고 생각한다.
4 자유롭게 그리고 써 보세요.

24단원 삼촌에게 왕위를 빼앗긴 어린 임금

더 깊이 알기

1 문종 임금이 일찍 죽었고, 아들이 단종임금 뿐이어서. 2
김종서, 황보인 등이 뽑으려는 사람 이름 위에 노란 점을 찍
으면 임금이 까만 점을 찍는 '황표정사'로. 3 권력이 황보인,
김종서 등에게 집중되어서. 4 수양대군이 왕위를 찬탈한 것
이므로 다시 단종을 왕위에 올리려고 하였다. 5 청령포에
홍수가 나서. 6 영월관아에서 호장 벼슬을 하던 엄흥도.

생각해 보기 _ 예시 답안

1 수양대군이 계유정난을 일으켜 김종서와, 황보인을 몰아
내고 모든 권력을 차지해 버렸기 때문에 단종 임금은 임금
노릇을 제대로 할 수가 없게 되었기 때문이라고 생각한다.
2 단종을 다시 임금으로 받들어 앉히려는 정변이 끊이지
않을 것이므로 미리 막기 위해서라고 생각한다.
3 순흥에 유배 가 있던 금성대군이 단종 복위를 꾀한 것
처럼 단종을 죽이지 않으면 세조를 몰아내고 다시 단종을
왕으로 앉히려고 할 것이기 때문이라고 생각한다.
4 자유롭게 그리고 써 보세요.

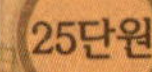 **25단원 유교로 연나라**

더 깊이 알기

1 성리학. 2 불씨잡변. 3 주희(주자). 4 성균관. 5 안향.
6 백운동서원(소수서원). 7 사림파.

생각해 보기 _ 예시 답안

1 당시 고려 말 불교는 부정부패를 일삼고 승려들의 폐단
이 많았다. 그런 불교를 비판하여 성리학이 등장하였고, 성
리학은 충, 효 등을 강조하고 윤리, 질서를 강조하는 학문
이기 때문이라고 생각한다.
2 학문을 연구하고, 자신들의 세력을 키우는 기능을 하
였다.
3 자유롭게 그리고 써 보세요.

26단원 준비 없이 당한 임진왜란

더 깊이 알기

1 명나라로 가는 길을 빌린다. 2 조총. 3 한산도대첩, 진주
대첩, 행주대첩. 4 도요토미 히데요시 사망. 5 다시 쳐들
어오지 못하도록 하기 위해서.

생각해 보기 _ 예시 답안

1 조선을 차지하면 명나라로 바로 쳐들어 갈 수 있으므로
조선으로 쳐들어오기 위한 핑계라고 생각한다.
2 한산해협이 좁아서 밑이 뾰족한 일본군 배는 그 자리에
서 방향을 바꾸지 못하지만 조선 수군 배는 밑이 평평해
서 그 자리에서 돌 수 있어서 방향을 쉽게 바꿀 수 있으니
까 학 날개 모양으로 일본군 배를 에워싸는 학익진 전법
을 쓴 것이라고 생각한다.
3 자기나라에서 전쟁을 치르는 것보다 조선에서 전쟁을
치르는 것이 더 낫고 조선이 일본 손에 들어가면 자기나라

도 위태로워지기 때문이라고 생각한다.
4 자유롭게 그리고 써 보세요.

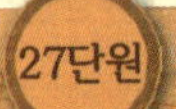 **27단원 분연히 일어난 백성들**

더 깊이 알기

1 의병. 2 곽재우. 3 조헌, 영규, 고경명. 4 칠백의총. 5 영
규, 서산대사, 사명대사 6 만인의총. 7 북관대첩비.

생각해 보기 _ 예시 답안

1 의병들이 자기 고장을 잘 알고 그에 알맞은 전술을 세워
왜군을 공격했기 때문이라고 생각한다.
2 선조가 의주까지 피난하는데 도움 된 사대부들이 공신
명단을 모두 차지했기 때문이라고 생각한다.
3 육지에서 관군들이 왜군에게 크게 패하면서 의병들이
스스로 나라와 고장을 지킬 수밖에 없었기 때문이라고 생
각한다.
4 자유롭게 그려보세요.

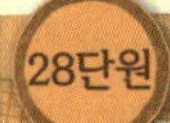 **28단원 외교 실패로 일어난 병자호란**

더 깊이 알기

1 누르하치. 2 인조반정. 3 병자호란. 4 남한산성. 5 남
한산성이 포위되고, 성안에 버틸 식량이 부족해서. 6 삼전
도비(대청황제공덕비). 7 중립외교.

생각해 보기 _ 예시 답안

1 남한산성은 청나라가 조선을 침략한 병자호란 때 인조가
피신했다가 성문을 열고 나와 항복한 곳이다. 그래서 이와
같은 치욕을 되풀이하지 말자는 뜻이라고 생각한다.
2 ·보존해야 한다─나라가 유지되는 동안 좋은 일들만 일
어나지 않는다. 그러므로 나쁜 일도 기록이 되어야 그것을

거울삼아 되풀이 되지 않도록 노력할 것이기 때문이라고 생각한다.

· 보존하지 말아야 한다—삼전도비는 우리 의지와 상관없이 청나라 요구에 못 이겨 세워진 것이다. 그래서 일제 강점기에도 악용되었었다. 삼전도비는 패배자적인 입장만을 심어줄 수도 있기 때문에 보존하지 말아야 한다.

3 자유롭게 그리고 써 보세요.

30단원 실학이 들어오다

더 깊이 알기

1 실제 사물에서 진리를 찾아낸다는 뜻. **2** 농업을 중요하게 생각하는 학자들. **3** 정약용. **4** 농민에게 골고루 토지를 나누어 주자는 것. **5** 청나라에서 선진문물을 받아들이자고 주장함. **6** 박지원. **7** 개화사상가들.

생각해 보기 _ 예시 답안

1 임진왜란과 병자호란을 겪은 후에 정치가 혼란해지고 양반들이 몰락했으며 왕권이 약해져 백성들이 힘든 삶을 살았다. 그 때문에 실학이 발달했을 것이라고 생각한다.

2 백성들의 삶이 좀 더 나아지기를 바라는 마음에서 그렇게 했을 거라고 생각한다.

3 개화 사상가들이 보다 나은 조선으로 발전시키려 하다 보니 이념을 공부하는 성리학보다는 실생활에 맞는 학문을 연구하는 실학이 더 옳은 학문이라 여겼기 때문이라고 생각한다.

4 자유롭게 그리고 써 보세요.

31단원 조선을 개혁하려한 정조

더 깊이 알기

1 탕평책. **2** 반대 세력이나 반란을 막기 위해서. **3** 붕당에 얽매이지 않는 사람들을 정치 중심세력으로 키우기 위해서. **4** 시전 상인들을 억누르기 위해서. **5** 한양에 버금가는 신도시를 건설하여 농업, 상업, 군사가 결합된 새로운 중심지로 삼기 위해서. **6** 격쟁과 상언.

생각해 보기 _ 예시 답안

1 수원이 삼남지방과 서울을 이어주는 곳에 자리 잡고 있어서 사통팔달로 통하기 때문이라고 생각한다.

2 신하들이 반대하였고, 정조가 일찍 죽었기 때문이라고 생각한다.

3 화성건설에 관한 모든 기록인 『화성성역의궤』가 잘 보존되어 있었기 때문이라고 생각한다.

4 자유롭게 그리고 써 보세요.

32단원 천주교가 들어오다

더 깊이 알기

1 천주교. **2** 이승훈. **3** 병인박해. **4** 명동성당. **5** 천주교 신자들 머리를 잘라 처형했기 때문이다.

생각해 보기 _ 예시 답안

1 유교적 규범에서 벗어나기를 원하는 당시 사회 풍조에 안성맞춤이라서 종교로 받아들였을 것이라고 생각한다.

2 평등사상을 외치는 종교라 조선 조정에서는 계급질서가 무너지는 걸 그대로 두고 볼 수 없었기 때문이라고 생각한다.

3 병인박해 때 죽은 아홉 명 신부가 프랑스 사람이었기 때문이라고 생각한다.

4 자유롭게 그리고 써 보세요.